全国"八五"普法领导干部民法典推荐教材

领导干部
民法典十讲

刘锐等 / 著

中国法制出版社
CHINA LEGAL PUBLISHING HOUSE

图书在版编目(CIP)数据

领导干部民法典十讲/刘锐等著 .—北京：中国法制出版社，2021.4

ISBN 978-7-5216-1702-3

Ⅰ.①领… Ⅱ.①刘… Ⅲ.①民法—法典—中国—干部教育—学习参考资料 Ⅳ.① D923.04

中国版本图书馆 CIP 数据核字（2021）第 045906 号

责任编辑：程思　　　　　　　　　　　　　　封面设计：杨泽江

领导干部民法典十讲
LINGDAO GANBU MINFADIAN SHIJIANG

著者/刘锐等
经销/新华书店
印刷/三河市国英印务有限公司
开本 / 710 毫米 × 1000 毫米　16 开　　　　印张 / 13.75　字数 / 210 千
版次 / 2021 年 4 月第 1 版　　　　　　　　 2021 年 4 月第 1 次印刷

中国法制出版社出版
书号 ISBN 978-7-5216-1702-3　　　　　　　 定价：48.00 元

北京西单横二条 2 号　邮政编码 100031　　　传真：010-66031119
网址：http://www.zgfzs.com　　　　　　　　编辑部电话：010-66066620
市场营销部电话：010-66033393　　　　　　 邮购部电话：010-66033288
（如有印装质量问题，请与本社印务部联系调换。电话：010-66032926）

领导干部应当学点民法

（代序）

德国法学家耶林曾言："不是公法而是私法才是各民族政治教育的真正学校。"[1] 我国有学者指出，法治的历史也充分说明，没有民法和民法传统的社会，要实行法治是极其困难的，甚至是不可能的。[2] 有学者更是认为："宪法是万法之父，民法是万法之母。欲明宪法，先知民法。"[3]《中华人民共和国民法典》（以下简称《民法典》）诞生的第二天，中央政治局就围绕"切实实施民法典"举行集体学习，习近平总书记在讲话中指出，"要广泛开展民法典普法工作，将其作为'十四五'时期普法工作的重点来抓"[4]。"广泛开展民法典普法工作"是对普法对象广度的要求，民法典的普及不能局限于某一个或某几个重点群体。"将其作为'十四五'时期普法工作的重点来抓"是对民法典普法工作长期性和重要性的强调，民法典的普及不可能通过一两场报告或讲座就完成。各级领导干部一定要对学习民法的必要性、紧迫性和长期性有充分的认识。

学习民法是领导干部依法、有效处理民事或民事相关事务的需要。法有公法、私法之分，宪法、行政法、刑法、诉讼法等属于公法，民法是典型的私法。公法直接规范调整公权力，公权力的赋予、行使离不开公法，而民法

---

[1] ［德］耶林：《为权利而斗争》，中国法制出版社2000年版，第37页。
[2] 张文显：《中国步入法治社会的必由之路》，载《中国社会科学》1989年第2期。
[3] 郝铁川：《宪法是万法之父，民法是万法之母》，载《法制日报》2018年11月7日。
[4] 习近平：《充分认识颁布实施民法典重大意义 依法更好保障人民合法权益》，载《求是》2020年第12期。

调整平等主体的自然人、法人和非法人组织之间的人身关系和财产关系。提到学法，大多数领导干部首先想到的是宪法，然后是作为行政执法直接依据的行政处罚法、行政许可法、行政强制法等，接着可能是其岗位需要的某个领域的管理性法律，如城市规划法、土地管理法、税收征管法、道路交通安全法等。所以很多领导干部本能地以为依法执政、依法行政之"法"是公法，领导干部没有必要学习民法。其实，这是一个重大误解。地方政府的很多法律事务直接或间接地与民法相关，例如悬赏缉凶、土地出让、政府采购、国企改制、财产征收征用、土地确权、劳动人事争议处理，等等。如果领导干部不知道《民法典》第四百九十九条关于悬赏广告的规定采纳的是单方行为说，即只要行为人完成了悬赏人公开声明的特定行为即有权获得报酬，而不管此前是不是知道悬赏广告的存在，就可能在兑现悬赏报酬时引发纠纷。自然人对姓氏的选择虽然限制很多，但也不是没有空间。民法典在规定自然人应当随父姓或者母姓这一原则的同时，允许自然人可以选取其他直系长辈血亲的姓氏，或因由法定扶养人以外的人扶养而选取扶养人姓氏，或者有不违背公序良俗的其他正当理由而选择其他姓氏，而少数民族自然人的姓氏可以遵从本民族的文化传统和风俗习惯。如果领导干部对民法典的这一规定不甚了解，就很难妥当处理自然人的姓氏设定或变更请求。再如，对于无人继承又无人受遗赠的遗产如何处理呢？《民法典》第一千一百六十条规定，无人继承又无人受遗赠的遗产，归国家所有，用于公益事业；死者生前是集体所有制组织成员的，归所在集体所有制组织所有。又如，实践中有很多因为领导人的更替而撕毁合同或者不认真履行合同的情况，对此，《民法典》第五百三十二条专门规定，合同生效后，当事人不得因姓名、名称的变更或者法定代表人、负责人、承办人的变动而不履行合同义务。实践中，大量地方政府债务的形成与不理性举债、违法违规担保不无关系。另外，从国家和地方的立法和制度改革来看，相当部分涉及民事权利或利益调整，不了解民法，何以做到权利或利益的平衡？至于司法机关的领导干部，尤其是负责民商事案件的领导干部，更是离不开对民法的学习。

学习民法是领导干部妥当处理公权和私权关系的需要。我们常说要将权力关进制度的笼子里，要明确权力的界限或边界，该为的大胆为，不该为的不越雷池一步，可问题是，权力果真存在清晰的边界吗？或者说权力之间、权力和权利之间真的存在"楚河汉界"吗？国与国之间往往存在领土主权冲突，民与民之间也难免出现地块边界纠纷，何况无形的权力和权利之间。我们希望在权力与权利之间划出一条明确的界限，可这条界限并不能轻易找到。我们为了规范约束公权力，推行"权力清单""责任清单"和"负面清单"的三张清单建设，但这种努力只能使一些领域的权力边界明晰或相对明晰，不可能划清所有的权力边界。权利和权力是此消彼长的关系，法谚"行政权力退出的空间有多大，民事权利伸展的空间就有多大"讲的就是这个道理。兵家常言"知己知彼，百战不殆"，对于执掌权力的领导干部来说，只知道公法，只知道手中的公权力，不知道民法，不懂得老百姓的民事权利，是无法真正做到依法执政、依法行政的。何况民法典也规定了不少行政职责，例如：民政部门对监护人有争议时的指定监护人、充当临时监护人职责，以及监护人在紧急状态下无法履行监护职责时对被监护人予以临时照料的职责；公安等机关对高空抛物致人损害责任人不明时调查查清责任人职责。其实，民法典对权利的规定，不仅是在为老百姓之间划清行为自由的界限，也是为公权力的行使者指示行权履责的边界。认真对待权利，不仅是依法行政的要求，也是对依法立法、依法决策和依法办案的要求。总体来看，权力和权利存在以下三种关系。一是权利需要权力的保护和救济。权利遭受其他民事主体，甚至公权力侵犯似乎在所难免，权利与权利之间发生冲突也似乎不可避免，保护遭受侵犯的权利，对权利纠纷予以权威裁决，这是公权力的主要职责。二是权利的实现需要权力的辅助。权利的实现，可能不需要任何他人的主动作为，但更多需要的是他人义务的履行，包括公权力的协助配合。例如，房屋所有权人对房屋的占有、使用权利不需要其他人的协助即可实现，但房屋租赁之后租金收益的取得需要承租人支付租金义务的履行，房屋买卖、赠与情形所有权的变动还需要登记机构的过户登记。从民法典的规定来看，权利的实现需要公权力协助配合的不少，比如不动产权利转让的登记、居住权设定登记、收养的登记等。三是权力对权利进行必要限制。我们强调对权利的保护，但这并不意味着权利不可限制。为了公共利益，政府不仅可以征收征用私人财产、限制公民自由，还可以征收税款。不仅财产权和自由可以被限制，在没有废除死刑的国家生命也可以被剥夺，所以，真正的问题不在于权利能不能被限制，而是权力限制权利的限度在哪里？美国著名法学家霍姆斯曾经说过："长期以来，人们承认价值的享有受到不言而喻的限制。但是，这不言而喻的限制也有其自身的界限……"对于领导干部来说,当运用权力限制权利时,应从以下几个方面把握权力限制权利的限度。一是目的的正当性——公共利益。公共利益是公权力限制私权利的正当理由,也是唯一理由。征收之所以正当,就在于其目的的公益性,从1954年《宪法》到1982年现行《宪法》,从1986年《土地管理法》到2007年《物权法》,再到2020年《民法典》,法律对征收均要求以公共利益为前提,所彰显的就是公权力限制私权利的目的正当性。二是形式的正当性——法定性。对生命、人身自由等的限制只能通过法律为之,《立法法》将犯罪和刑罚、限制人身自由的强制措施和处罚规定为法律绝对保留事项,将税种的设立、税率的确定和税收征收管理等税收基本制度,对非国有财产的征收、征用及民事基本制度确立为法律相对保留事项,体现的就是公权力限制私权利应当遵守的形式正当性。也正是在这个意义上,我们特别强调规范性文件"不得违法减损公民、法人和其他组织的合法权益或者增加其义务,侵犯公民人身权、财产权、人格权等基本权利"。三是程序的正当性——纠纷的可诉性。对权利的限制应当遵守基本的告知理由、听取意见等正当程序,权利人对权利的限制不服的,应当允许其通过诉讼等途径得到救济。2014年《行政诉讼法》修改时将"对征收、征用决定及其补偿决定不服的"纳入行政诉讼受案范围,就是为了满足程序正当性的要求。在疫情防控、突发事件应对过程中,虽然有些程序可以简化,但告知理由、听取意见等基本的程序应当遵守,权利被限制之人不服的,应当允许其通过诉讼等途径寻求救济。四是征收征用情形补偿的正当性——公正补偿。征收征用是对个别人财产权的限制,即使出于公共利益,也不能让少数人牺牲过多。不过,这里的公正补偿,不仅指补偿标准和数额的公正,还要求补偿的及时到位,过于延迟的补偿难谓公正。总之,所谓权力的边界,除个别法律规定对部分领域的明确划定外,最常见的恰恰不是明确的"楚河汉界",而是在于公共利益及权利的反复斟酌、权衡、平衡中存在的原则、精神,很多时候似乎是变动不居的"心里的那杆秤"。从某种程度上讲,不懂民法,不了解民事权利,就很难做到很好地为人民服务,因为人民的根本利益、主要需求就体现在权利之中。"全心全意为人民服务",首先需要"全心全意"学习民法,掌握基本的民法知识,培育民法精神和民法思维。

学习民法是领导干部正确处理政府和市场关系的需要。政府和市场的关系问题，是改革开放40多年来中央着力解决的重大问题。从本质上讲，计划经济是权力经济，市场经济是权利经济。中国推行改革开放的过程，就是政府权力在资源配置等领域不断退出、市场主体权利不断拓展的过程。我们全面深化改革，要让市场在资源配置中发挥决定性作用，首先要相信市场主体的理性、相信市场的力量，从而认真对待市场主体的权利，最大限度地减少政府直接配置资源和干预微观经济，避免行政垄断、行业保护、地区封锁等乱作为。我们要"更好发挥政府作用"，就要对政府发挥作用的领域有清醒的认识，从而更加自觉地在该为的领域大胆、负责地作为，避免不作为、慢作为。比如，市场交换的前提是产权明晰，而不动产确权登记的职责在于政府，如果确权登记不到位、不准确，不仅影响市场交换的活跃度，而且越是交换频繁，可能造成的矛盾纠纷越多。这也就是近一二十年来中央下大力气推动农村土地确权登记、不动产统一登记以及自然资源统一确权登记的原因所在。事实上，我国的农村土地确权、不动产统一登记都取得了不斐成绩，但目前仍有不少的"硬骨头"，尤其是在国有农用地和集体土地的权属界定方面，在林地和其他土地的重复确权方面，争议的面积不小，问题已延续多年。另外，民法典删除现行法律关于不同动产担保由不同机构登记的规定，意在统一动产担保登记机构，提高登记效率和公信力。总的来看，政府的主要职能是宏观调控、公共服务和市场监管，资源配置、微观市场活动应遵循民法确定的基本市场规则。

学习民法是领导干部"修身、齐家、治国、平天下"的需要。 民法以平等、自愿、公平、诚信等为基本原则，平等、自由、公正、诚信是社会主义核心价值观的主要内容。民法视野中的人，是个理性的人、谦卑的人、善良的人。民法以平等为基石，以自治为手段，以公平为尺度，以诚信为纽带，以社会公德、公序良俗为底线，相信每个人是理性的人、是自己利益的最佳判断者，为权力划界以求个体张扬个性、自我实现的空间，定权利明归属以求定分止争、各得其所，尊重个体利益但又不以牺牲公共利益为代价，构筑起了庞大的权利之网，从而为个人自由发展、家庭幸福美满、社会有序运转奠定基本准则。具体而言，民法规范、调整社会普通成员之间的人身关系、财产关系。在市场经济社会，市场交换的基本原则、主体、对象、行为、参与交换造成的不当后果等都由民法规定。在民法的世界里，每个人不仅是平等的人、自主的人，还是一个自己负责、自我担当的人。民法对强者、弱者一视同仁、一体保护，但容不下恃强凌弱、欺诈胁迫、乘人之危。民法所张扬的为人之道就是"诚实生活、不害他人、各得其所"。对于领导干部而言，学习民法无疑具有"修身、齐家"的重要价值。此外，我们还应认识到民法的"治国、平天下"意义。德国著名法学家耶林说："罗马帝国曾经三次征服世界，第一次以武力，第二次以宗教，第三次以法律，武力因罗马帝国灭亡而消亡，宗教随着人民思想觉悟的提高、科学的发展而缩小了影响，唯有法律征服世界是最为持久的征服。"[1]其实，罗马帝国征服世界的法律主要是民法，罗马查士丁尼皇帝时期编纂的《国法大全》也叫《民法大全》。恩格斯曾指出，"罗马法包含资本主义时期的大多数法律关系"，是"商品生产者社会第一个世界性法律"。或许有人对罗马民法征服世界还不太理解，但大陆法系也叫罗马法系就足以说明罗马法影响深远。罗马民法之所以能够征服世界，靠的是民法对平等、自由、公平、诚信不遗余力的追求，靠的是平等、自由精神和制度所焕发出的活力，靠的是公平、诚信精神和制度所奠定的良好秩序。领导干部学习民法，应该认识到民法在"修身、齐家、治国、平天下"等方面的重要作用。在以往的实践中，有的领导干部惯于长官意志，动辄改变规则，"运动式"执法、"一刀切"执法，不能最大限度尊重市场主体的理性，不能平等对待各类市场主体，不能充分尊重市场主体的权利，不善于运用合同安排事务……凡此种种，深层次的原因还是平等、自由、公平、诚信的民法精神没有入脑入心，平等思维、权利思维、契约思维等民法思维还没有养成。我们依法治国、依法行政，不仅要依据公法，同样也应当依据私法。

总之，民法是社会生活的百科全书，是百姓权利的宣言书，是市场经济的基本法。民法在现代治理中的作用不容置疑。但在中国的古代文献中，"法"与"刑"通用，中国几千年的法制史主要是刑法史，而民法却始终欠发达。推进全面依法治国，我们在民法传统、民法文化方面的确有所缺乏，这一课必须补上，而且应当从作为"关键少数"的领导干部开始。

关于本书的写作缘起。《民法典》颁布后，各种形式的普及读物、作品大量涌现，在这一背景下，依然以《领导干部民法典十讲》为题写作本书，主要

---

[1] 习近平：《加强党对全面依法治国的领导》，载《求是》2019年第4期。

有以下几点考虑：一是领导干部是依法治国的"关键少数"。习近平总书记在前不久召开的中央全面依法治国工作会议上强调指出，要坚持抓住领导干部这个"关键少数"。各级领导干部要坚决贯彻落实党中央关于全面依法治国的重大决策部署，带头尊崇法治、敬畏法律，了解法律、掌握法律，不断提高运用法治思维和法治方式深化改革、推动发展、化解矛盾、维护稳定、应对风险的能力，做尊法学法守法用法的模范。要力戒形式主义、官僚主义，确保全面依法治国各项任务真正落到实处。民法是"万法之母"，是国家治理的基础，多数领导干部缺乏基本的民法知识，民法素养亟待提升。二是既有的读物、作品中专门以领导干部为受众的不多，贴近领导干部需要的更是少之又少。长期以来，学界对领导干部法治教育读物的开发重视不够，民法典颁布后出版的大量读物，基本分为两类，一类是法条释义，另一类是介绍民法典的制度创新。法条释义类读物体量庞大，对领导干部而言重点不突出，无法满足领导干部快速掌握民法典基本知识、基本原则的需要。制度创新介绍类读物主要针对有一定民法基础的研究人员和工作人员，显然也不适合领导干部掌握民法典的全貌。三是本书主要撰稿人刘锐长期从事干部法治教育培训工作，曾经在地方挂职锻炼，又经常关注且参与政府法律事务处理，比较了解领导干部对民法的实际需求，又乐于普法工作，尤其是对领导干部的普法，具有一定的写作经验。

关于本书的结构安排。本书共分十讲，第一讲在序言介绍领导干部学习民法典必要性的基础上，进一步深入阐述领导干部学习民法典的重大意义和基本要求，意在激发领导干部学习民法典的积极性和热情，把握学习民法典的重点。第二讲介绍民法典的前世今生，目的是让领导干部对民法厚重的历史和文化有所感知，从而加深对民法典的理解把握。第三讲为民法典的灵魂——基本原则。民法典的基本原则是民法典的价值主线，是民法具体制度规范的基本方向和根本遵循，是领导干部最需要深刻理解的内容。掌握了基本原则，就意味着掌握了民法的"宗"，就容易理解把握民事基本制度，同时也会防止领导干部犯原则性的或低级的错误。第四讲至第九讲依次围绕民事主体制度、民事权利制度、民事行为制度、民事责任制度、婚姻家庭继承制度、民法上的时间展开，分别就其中的基本制度和热点、难点问题进行梳理，突出领导干部需要掌握的重点内容。第十讲为民法典的普法探讨，就"十四五"时期如何推进民法典普法提出一些建议。本书第一、二、五、六、七、八、九、十讲由刘锐撰写（第七讲也有王建的贡献），第三、四讲主要由王建撰写，刘锐亦有一定贡献。全书由刘锐统稿。

  本书的出版得到了中国法制出版社戴蕊和程思女士的大力支持，在此表示衷心感谢！由于本书作者对博大精深的民法及民法典的理解还不够深刻全面，对领导干部的民法需求把握也不是很到位，本书还存在值得进一步完善的地方，甚至需要修改的错误之处，恳请广大读者不吝赐教！

刘锐

民法典实施之日于北京

目 录

领导干部应当学点民法（代序） 刘锐 // 001

第一讲 学习好实施好民法典的突破口和着力点 // 001
  一、充分认识实施好民法典的重大意义 // 003
    （一）充分认识实施好民法典对保障人民权益实现和发展的重大意义 // 003
    （二）充分认识实施好民法典对发展社会主义市场经济、巩固社会主义基本经济制度的重大意义 // 004
    （三）充分认识实施好民法典对提高我们党治国理政水平的重大意义 // 005
  二、把握民法典的基本结构和重点内容 // 006
    （一）民法典的形式框架 // 006
    （二）民法典的制度框架 // 008
    （三）领导干部应关注的主要问题 // 012
  三、全面全力持续推进民法典实施 // 013
    （一）全面推进民法典实施 // 014
    （二）全力推进民法典实施 // 015
    （三）持续推进民法典实施 // 015
    （四）加快树立民法思维 // 016

第二讲　民法典的前世今生 // 018
　　一、民法为何物 // 020
　　二、世界民法法典化之路 // 021
　　三、新中国民法法典化之梦 // 023
第三讲　民法典的灵魂：基本原则 // 029
　　一、民法典基本原则的作用 // 035
　　　　（一）什么是法律的基本原则 // 035
　　　　（二）民法典基本原则的功能 // 035
　　二、平等原则 // 037
　　三、自愿原则 // 039
　　四、公平原则 // 042
　　五、诚信原则 // 044
　　六、守法原则 // 046
　　七、公序良俗原则 // 048
　　八、绿色原则 // 050
第四讲　民事主体制度：民法视野下的组织 // 054
　　一、什么是法人 // 057
　　　　（一）法人制度的作用 // 057
　　　　（二）设立法人的一般条件 // 058
　　　　（三）设立中的法人 // 058
　　二、法人的分类 // 059
　　　　（一）法人分类标准 // 060
　　　　（二）营利法人 // 061
　　　　（三）非营利法人 // 061
　　　　（四）特别法人 // 062
　　三、法人的内部治理和外部意思表达机制 // 063
　　　　（一）法人的内部治理机制 // 064
　　　　（二）法人的外部意思表达机制 // 067
　　四、法人的终止 // 068

（一）法人终止的原因 // 068

（二）清算义务人 // 068

（三）清算程序和清算组职权 // 069

（四）清算后剩余财产的分配 // 070

五、非法人组织 // 070

（一）非法人组织的民事主体地位 // 071

（二）非法人组织的主要类型 // 072

（三）非法人组织的基本特点 // 072

第五讲　民事权利制度：自由及其限制 // 075

一、人格权 // 084

（一）生命权、身体权和健康权 // 084

（二）姓名权和名称权 // 085

（三）肖像权 // 086

（四）名誉权和荣誉权 // 086

（五）隐私权和个人信息保护 // 087

二、身份权 // 090

三、物权 // 091

（一）所有权 // 092

（二）用益物权 // 097

（三）担保物权 // 099

四、债权 // 101

五、知识产权 // 104

六、社员权 // 105

第六讲　民事行为制度：意愿的实现 // 114

一、民事法律行为 // 120

二、民事法律行为的效力 // 121

（一）民事法律行为有效的条件 // 122

（二）可撤销和无效的民事法律行为 // 124

（三）其他类型的民事法律行为 // 125

（四）善于运用民事法律行为制度实现好、维护好权益 // 125

三、了解合同制度 // 128

　　（一）合同基本制度 // 128

　　（二）民法典对合同制度的革新 // 135

四、重视合同的谈判、签订和履行 // 136

　　（一）重视合同的谈判和签署 // 137

　　（二）重视合同的履行 // 139

第七讲　民事责任制度：风险及其防范 // 143

一、在责任体系中，民事责任是重要一员 // 148

二、三、四步识别法判定侵权损害赔偿责任之有无 // 150

三、不惧怕风险，但也应学会识别、控制风险 // 152

四、侵权责任重点制度提示 // 155

　　（一）侵权责任的种类 // 155

　　（二）特殊侵权行为 // 156

　　（三）侵权损害赔偿 // 162

五、莫让英雄流血又流泪 // 163

　　（一）助人为"祸" // 163

　　（二）圣人的智慧 // 166

　　（三）法律的权衡 // 167

第八讲　婚姻家庭继承这些"家务事"真那么难断吗 // 172

一、基本婚姻家庭制度 // 176

　　（一）婚姻自由及婚姻效力的认定 // 176

　　（二）夫妻财产的认定 // 176

　　（三）夫妻债务的认定 // 177

　　（四）离婚 // 178

　　（五）家庭关系 // 180

二、基本收养制度 // 180

　　（一）送养人、被收养人和收养人的资格 // 180

　　（二）收养的特殊限制 // 180

　　　　　（三）收养的成立与生效 // 181
　　　三、基本继承制度 // 181
　　　　　（一）遗产的范围 // 181
　　　　　（二）继承权及其丧失 // 181
　　　　　（三）遗嘱继承和遗赠 // 182
　　　　　（四）遗赠扶养协议 // 183
　　　　　（五）无人继承又无人受遗赠遗产的处理 // 183
　　　　　（六）遗产管理人 // 183

第九讲　攸关权利"生命"的时间 // 186
　　　一、民法典规定的时间及其分类 // 188
　　　二、除斥期间 // 189
　　　三、诉讼时效 // 189
　　　　　（一）诉讼时效的界定、适用对象和种类 // 189
　　　　　（二）诉讼时效的起算 // 190
　　　　　（三）诉讼时效的中止、中断和延长 // 191
　　　　　（四）诉讼时效经过的后果 // 191
　　　　　（五）诉讼时效不得通过约定排除或改变 // 192

第十讲　民法典普法如何"普" // 194
　　　一、"十四五"时期民法典普法工作应坚持的原则 // 196
　　　　　（一）需求导向 // 196
　　　　　（二）目标定向 // 197
　　　　　（三）科学规划 // 197
　　　　　（四）形式多样 // 198
　　　二、领导干部的民法典普法工作 // 198
　　　　　（一）实施好民法典的重大意义 // 198
　　　　　（二）民法典的基本原则 // 199
　　　　　（三）民法典的基本制度 // 200
　　　三、青少年的民法典普及工作 // 200
　　　　　（一）法治教育及其重点 // 200

（二）我国青少年普法教育的问题 // 201
　　（三）青少年民法典教育的重点 // 202
四、社会大众的民法典普法工作 // 202
　　（一）内容上重视权利教育和义务教育 // 202
　　（二）对象上要突出对老年人等弱势群体的民法典普法 // 205
　　（三）推动民法普法优质资源向基层下沉 // 206

第一讲　学习好实施好民法典的突破口和着力点

金句名言

一个细小的、瞬息即逝的期望可以经常地从纯自然的环境中产生出来，而一个强烈而持久的期望，则只能来自于法律。

——［英］边沁

习惯是法律的最好解释者。

法典是人民自由的圣经。

——［德］马克思

罗马帝国曾经三次征服世界，第一次以武力，第二次以宗教，第三次以法律，武力因罗马帝国的灭亡而消失，宗教随着人民思想觉悟的提高、科学的发展而缩小了影响，唯有法律征服世界是最为持久的征服。

——［德］耶林

在民法慈母般的眼神中，每个人就是整个国家。

——［法］孟德斯鸠

真想解除一国的内忧应该依靠良好的立法，不能依靠偶然的机会。

——［古希腊］亚里士多德

要点提示

- 民法是市民社会的法，所表达的是商品生产与交换的一般条件，包括社会分工与所有权、身份平等、契约自由。民法规范、调整社会普通成员之间的人身关系、财产关系，是社会生产、生活的基本准则，被誉为百姓权利的宣言书、社会生活的百科全书。
- 人民的根本利益主要体现在人民的民事权利中。不了解权利，就无法精准把握老百姓的根本利益所在，为人民服务，实现好、维护好、发展好人民的根本利益就可能成为一句空话；不了解权利，就很难做到尊重权利、不侵犯权利，也就很难指望严格依法行政、依法办事。
- 市场经济是交换经济，交换需要适格的交换主体、清晰的可交换权利、有效的交换工具和妥当的责任机制，而这些都是由民法建构起来的，民法典是市场经济的基本法。
- 领导干部学习民法典，应从民法厚重的历史和文化开始，从民法典的基本结构入手，了解其发展脉络、把握其基本框架结构、准确理解其精神要义，切忌只知现状不明历史、只知规定不明原则、只见树木不见森林。
- 民法典实施工作量大、涉及面广，甚至有不少需要克服的困难，需要各级领导用力推、全力推。
- 民事法律规范的体系化不会因为民法典的颁布实施而一劳永逸地终结，我们的民法典只有 1260 条，比 1804 年法国民法典约少 1000 条，比今天的德国民法典少 20 多万字，民法典还有不小的提升空间。
- 领导干部学习民法典，根本目的在于学以致用、活学活用。而学好用好民法典的关键在于树立平等思维、权利思维和契约思维等民法思维。

主要内容

民法源远流长、博大精深。《民法典》7 编 1 附则 84 章 1260 条，是新中国第一部以"法典"命名的法律，第一部超过 1000 条的法律，也是第一部超过 10 万字的法律。对于这样一部承载了 5000 多年中华优秀文化、2000 多年民法传统的厚重的法典，即使是民法专业人员，也不可能做到如数家珍。领导干部学习民法典，应从充分认识实施好民法典的重大意义和把握好民法典的基本框架及重点入手，全面全力持续发力。

一、充分认识实施好民法典的重大意义

领导干部贯彻实施民法典，首先应充分认识到实施好民法典的重大意义，这是推动民法典实施的前提。经过最近一段时期的密集宣传培训，各级领导干部对实施好民法典的必要性、重要性的认识有了一定程度的提高，但依然需要深化。习近平总书记 2020 年 5 月 29 日在十九届中央政治局第二十次集体学习时的讲话中就实施好民法典的重大意义，特别强调了三个"要讲清楚"，即：要讲清楚，实施好民法典是坚持以人民为中心、保障人民权益实现和发展的必然要求；要讲清楚，实施好民法典是发展社会主义市场经济、巩固社会主义基本经济制度的必然要求；要讲清楚，实施好民法典是提高我们党治国理政水平的必然要求。以下围绕总书记的三个"要讲清楚"，在序言关于民法学习必要性的基础上，进一步深入阐述民法典实施的重大意义。

（一）充分认识实施好民法典对保障人民权益实现和发展的重大意义

以人民为中心，首先应保障人民权利的实现和发展。以人民为中心，要求实现好、维护好、发展好人民的根本利益，而人民的根本利益主要体现在人民的民事权利中。民法是权利法，民法典是由人格权、身份权、物权、债权、知识产权、继承权、股权及其他投资性权利等构筑起来的权利大厦，在每一大类权利之中，又包含名称不同、内容各异的众多具体权利，甚至次级权利类型，如物权可再细分为所有权、用益物权和担保物权三类，其中的用益物权又包括国有建设用地使用权、集体建设用地使用权、宅基地使用权、土地承包经营权、土地经营权、居住权和地役权等诸多具体权利。老百姓的根本利益就是通过一个个具体权利的"包装"得以固定、呈现。不了解权利，就无法精准把握老百姓的根本利益所在，为人民服务，实现好、维护好、发展好人民的根本利益就可能成为一句空话；不了解权利，就很难做到尊重权利、不侵犯权利，也就很难指望严格依法行政、依法办事。民法典不仅吸收了既有民事法律中的民事权利，而且根据时代发展需要增加规定了隐私权、居住权、土地经营权等新型权利，进一步丰富了民事权利种类。以人民为中心，就要切实保障权利的实现和

发展。

以人民为中心，还应保障尚未成长为权利的利益的实现和发展。权利自然体现的是人民的根本利益，但人民的根本利益并不以权利为限。《民法典》在其第一条第一句就规定"为了保护民事主体的合法权益"，又在第三条规定"民事主体的人身权利、财产权利以及其他合法权益受法律保护，任何组织或者个人不得侵犯"，足以表明民法典不仅保护权利，还保护不是权利的重大利益。比如，民法典在总则编第五章列举具体人格权之前，在第一百零九条规定"自然人的人身自由、人格尊严受法律保护"，就是强调民法典对人格权的保护不以列举的生命权、身体权等具体人格权为限，没有以具体人格权形式保护的人格利益，也在民法典的保障范围之内。事实上，有些民事权利也经历了从被纳入受法律保护的"利益"进而逐渐成长为"权利"的过程。民法典并未确定个人信息权，但却用不少条文对个人信息保护作出了明确规定，这说明个人信息已经被纳入民法保护的重大利益范围。对于数据和虚拟财产，《民法典》只在其第一百二十七条规定："法律对数据、网络虚拟财产的保护有规定的，依照其规定。"但在法律作出具体规定之前，应当将数据、网络虚拟财产纳入民法保护的利益范畴。而且，《民法典》第一千一百二十二条将遗产界定为"自然人死亡时遗留的个人合法财产"，显然这一开放的界定是有数据、虚拟财产的容身之所的。以人民为中心，权利的保障和实现固然重要，利益的保障和实现同样不可忽视。

（二）充分认识实施好民法典对发展社会主义市场经济、巩固社会主义基本经济制度的重大意义

民法典为健全社会主义市场经济体制奠定了坚实的制度基础。市场经济是交换经济，交换需要适格的交换主体、清晰的可交换权利、有效的交换工具和妥当的责任机制，而这些都是由民法建构起来的，民法典是市场经济的基本法。民法源自古罗马法，罗马帝国征服世界的法律主要是民法。罗马民法之所以发达，是因为罗马的商品经济比较发达，可以说罗马的商品经济成就了罗马民法，而罗马用平等、自由、公平、诚信的民法文化征服了世界。民法表达的是商品生产与交换的一般条件，包括社会分工与所有权、身份平等、契约自由。民法的历史表明，民法的发达程度与市场经济的繁荣程度呈正相关。民法以平等、自愿、公平、诚信、公序良俗为基本价值指引，以"慈母般的眼神"鼓励意思

自治、自由创造和全面发展，又不忘秩序、安全维护和弱者保护，通过主体制度、权利制度、行为制度和责任制度的构建为市场经济运行提供基本遵循。民法典在以往民事规范的基础上，进一步优化了民事主体分类，丰富了民事权利种类，完善了民事交易规则，平衡了民事责任和行为自由，为社会主义市场经济体制的健全提供了良法支撑。

民法典以法典的形式固化了社会主义基本经济制度的新表述。法典的基本特征是体系性、稳定性、权威性，作为市场经济基本法的民法典，就是要将市场经济的根本制度固定下来，从而达到稳预期、利长远的目的。民法典吸收党的十九届四中全会审议通过的《中共中央关于坚持和完善中国特色社会主义制度、推进国家治理体系和治理能力现代化若干重大问题的决定》中关于社会主义基本经济制度的新表述，将《物权法》"国家在社会主义初级阶段，坚持公有制为主体、多种所有制经济共同发展的基本经济制度"的表述，修改为"国家坚持和完善公有制为主体、多种所有制经济共同发展，按劳分配为主体、多种分配方式并存，社会主义市场经济体制等社会主义基本经济制度"[1]，一方面删除了"在社会主义初级阶段"这一时间限定，另一方面丰富了基本经济制度的内容，将"社会主义市场经济体制"等在民法典中固定下来，通过"固根本"，达到"稳预期""利长远"的目的，意义深远。

（三）充分认识实施好民法典对提高我们党治国理政水平的重大意义

治国理政，法治是基本方式。法治的基本要义是规范约束公权力、保障私权利。民法典为我们开出了需要保障的民事"权利清单"和"利益清单"，实现好、维护好、发展好这些民事权利和利益，是对我们党和政府提出的实实在在的要求，唯有不断提高治理能力，方能满足人民的权益需求、法治需求。

实施好民法典，需要处理好政府和市场的关系。从计划经济的权力经济走向市场经济的权利经济，一个核心命题就是如何处理好政府和市场的关系，这在当下突出地表现为如何让市场在资源配置中起决定性作用及更好地发挥政府作用。在资源配置改革中，一方面，要最大限度地减少政府直接配置资源，让市场起决定性作用；另一方面，要更好地发挥政府在资源确权、国有资源产权运行机

---

[1] 《民法典》第二百零六条第一款。

制改革、资源市场体系建设和产权保护中的重要作用。民法典全面总结规定了宪法、物权法及各单行自然资源法关于自然资源的权属规定，原则规定了国有和集体所有自然资源的代表行使主体，明确规定了集体经济组织等特别法人类型，这对于进一步推动自然资源产权制度改革及确权登记制度的完善等具有重要意义。

实施好民法典，需要妥当处理权力与权利的关系。权力和权利的关系，序言部分已有述及，既复杂又敏感。权利需要权力维护、保障，但权力行使不当又会伤及权利，而且与民事主体之间的侵权相比，公权力对私权利的伤害风险更大、影响更坏。规范约束公权力，不仅是公法的使命，民法对权利的明确和丰富也会对权力的规范行使发挥重要作用。实践业已表明，权利越是规定不明，越容易遭受侵犯，我们的集体土地所有权之所以保护得不够、实现得不好，一个很重要的原因就是集体土地所有权主体缺位、集体土地所有权的权能不完善。认真对待权利，不仅是对依法行政的要求，也是对依法立法、依法决策和依法办案的要求。当然，认真对待权利并不意味着权利绝对不可限制。公权力有边界，私权利也非绝对。领导干部一定要把握公权力限制私权利的基本要求，在诸如传染病防控、"合村并居"等活动中涉及限制民事权利时，多问问是否符合公共利益、是否有法律依据、是否履行了正当程序、是否给予了公正补偿，就会平衡好公权力行使和私权利保障的关系，从而少犯一些"低级错误"，减少社会矛盾，降低舆情风险。

二、把握民法典的基本结构和重点内容

领导干部学习民法，应从把握民法典框架结构入手，进而理解掌握重点内容，切忌只见树木不见森林、只知民法规定不明民法精神、只知其然不知其所以然、只知热点焦点不知与己工作相关的重点。

（一）民法典的形式框架

民法典的主体有七编，分别是总则编、物权编、合同编、人格权编、婚姻家庭编、继承编和侵权责任编。各编之间的关系是：总则编主要规定民法的基本原则和各分编共同适用的一般规定，因而统领各分编，除非分编有特殊规定，否则总则的规定要适用于分编。物权编和合同编分别调整财产归属和流转关系，这

两编内容最多，条文数占整部民法典的62%。人格权编、婚姻家庭编和继承编主要调整人身关系或与人身关系更为紧密。侵权责任主要规定权利受损后的救济。从体例结构看，民法典7编制与德国民法典和日本民法典的5编制更为相似。比较有特色的是人格权编和侵权责任编。当今各国、各地区民法典中，人格权独立成编的非常少见，人格权独立成编是我国民法典的一大特色。另外，传统民法典中，合同、侵权责任和不当得利、无因管理均属债法调整范围，有些国家的民法典甚至有债法总则，合同和侵权责任不会单独成编。我国民法典的合同编事实上担负着部分债法总则的使命，不当得利和无因管理这两类本不属于合同的内容也被安排在了合同编第三分编，因为在没有统一债权编的情况下，没有独立成编可能的不当得利和无因管理制度没有其他更好的"去处"。另外，侵权责任的独立成编有利于明确具体规定侵权责任类型、侵权责任方式和损害赔偿，但与同属债法内容的合同、不当得利、无因管理的割裂，对民法典的理解适用有一定影响。

当然，把握民法典的结构，不能忽略民法典编纂过程中争论最大的三个涉及体系结构的问题。一是人格权编是否应当独立的问题。人格权独立成编被认为是民法典的最大亮点，但也是民法典编纂过程中争论最大的问题。反对的主要理由是人格权和物权、债权等权利不同，是消极性权利，不可流转、不能放弃，法律不明确宣示也应当保护，因此，可以通过侵权责任进行保护，个人信息保护等可以规定在总则编；而主张独立的主要理由是在信息社会，个人信息等应当突出保护，在总则部分规定过多人格权的内容会造成总则编不同权利之间的不平衡，独立成编更有利于彰显国家对于人格权、人格尊严的重视。二是是否应当设置知识产权编。一些知识产权法学者极力主张设置知识产权编，理由是知识产权是重要的民事权利类型，民法总则已经在民事权利中对知识产权作了规定，在国家重视创新、强调知识产权保护的知识经济时代，在民法典中设置知识产权编有重要意义。但反对者认为，知识产品日新月异、知识产权法常变常新，且知识产权法的管理法色彩浓厚，因此，不宜在民法典中独立成编，否则既影响民法典的稳定性，也不利于知识产权制度的创新。三是各分编的顺序问题。主张人格权独立成编的有些学者认为应当将人格权排在分编之首，以示对人格权的重视，凸显人权保障的时代特色，从而与其他国家重视财产权的民法典结构区别开来。反对观点认为，人格权编、婚姻家庭编均主要调整人身关系，如果人格权编居分编之首，婚姻家庭编及与此有密切关系的继承编也应随之提前，其结果是占据民法典整体内容将近 2/3 篇幅的物权编和合同编被置后，从整体结构看，显然有失平衡。

（二）民法典的制度框架

民法典的结构也可以从民事主体制度、民事权利制度、民事行为制度和民事责任制度四个方面去把握。民事主体制度主要规定在总则编，即民法典总则编第二、三、四章分别规定的自然人、法人和非法人组织。民事权利制度几乎各编都有涉及，总则编设置了民事权利的一般规定，物权编、人格权编更是以"权"为名，合同编的编名中虽未冠以"权"字，但主体内容是合同债权及不当得利、无因管理债权，婚姻家庭编、继承编的主要内容为身份权和财产权，侵权责任编规定的是侵权损害赔偿债权。民事行为制度主要体现在总则编和合同编，其他各编也有涉及，如婚姻家庭编规定的婚姻、收养协议，继承编规定的遗嘱和遗赠抚养协议。民事责任制度主要规定在总则编及合同编中的违约责任和侵权责任编。以下分别简单介绍民事主体制度、权利制度、行为制度和责任制度，以便领导干部对民法典有一个概括的印象。

1. 主体制度

民法典规定的主体包括三类，分别是：自然人、法人和非法人组织。

自然人是依照自然规律出生的人。自然人的权利能力始于出生、终于死亡。我们常说民法对人的关怀是从生到死的终极关怀，其实，民法典对人的关怀不仅仅是从生到死，还包括出生之前的胎儿阶段及死亡之后特定利益的保护。《民法典》第十六条规定："涉及遗产继承、接受赠与等胎儿利益保护的，胎儿视为具有民事权利能力。但是，胎儿娩出时为死体的，其民事权利能力自始不存在。"第九百九十四条规定："死者的姓名、肖像、名誉、荣誉、隐私、遗体等受到侵害的，其配偶、子女、父母有权依法请求行为人承担民事责任；死者没有配偶、子女且父母已经死亡的，其他近亲属有权依法请求行为人承担民事责任。"自然人的行为能力是指能够独立实施依其意思表示内容发生法律效果的行为的能力，根据年龄、心智发展状况分为无行为能力人、限制行为能力人和完全行为能力人。法律对无行为能力人和限制行为能力人规定了监护制度。与《民法通则》相比，《民法典》将无民事行为能力的年龄从"不满 10 周岁"降低为"不满 8 周岁"，而且成年无行为能力或限制行为能力人的认定不再局限于精神病人，而是涵盖所有不能辨认或者不能完全辨认自己行为的成年人。另外，民法典增加了成年人事先通过协议确定自己的监护人的制度，即《民法典》第三十三条规定："具有完全民事行为能力的成年人，可以与其近亲属、其他愿意担任监护人的个人或者组织事先协商，以书面形式确定自己的监护人，在自己丧失或者部分丧失民事行为能力时，由该监护人履行监护职责。"值得领导干部注意的是，民法典在监护制度中，规定了居民委员会、村民委员会和民政部门指定监护人、承担临时监护人以及紧急情况监护人无法履行监护职责时对被监护人的照顾义务等职责。此外，领导干部要注意民事行为能力制度在其他制度中的贯彻，如《民法典》第一百九十一条规定，未成年人遭受性侵害的损害赔偿请求权的诉讼时效期间，自受害人年满十八周岁之日起计算。这里之所以规定受害人年满十八周岁之日起计算，就是出于保护未成年人的需要，让其成年之后依然有权对受损的权利进行救济。再如，父母离婚时孩子的抚养问题，《民法典》第一千零八十四条第三款规定："离婚后，不满两周岁的子女，以由母亲直接抚养为原则。已满两周岁的子女，父母双方对抚养问题协议不成的，由人民法院根据双方的具体情况，按照最有利于未成年子女的原则判决。子女已满八周岁的，应当尊重其真实意愿。"这里"子女已满八周岁的，应当尊重其真实意愿"，体现的就是已满8周岁的未成年人为限制行为能力人，有一定的辨别、判断能力。又如，《民法典》第一千一百四十三条第一款规定，无民事行为能力人或者限制民事行为能力人所立的遗嘱无效。法人是能够独立享有民事权利和承担民事义务的组织，分为营利法人、非营利法人和特别法人。营利法人是以取得利润并向股东等出资人分配为目的成立的法人，包括有限责任公司、股份有限公司和其他企业法人等。非营利法人是为公益目的或者其他非营利目的成立，不向出资人、设立人或者会员分配所取得利润的法人，包括事业单位、社会团体、基金会、社会服务机构等。特别法人是指机关法人、农村集体经济组织法人、城镇农村的合作经济组织法人（主要指供销合作社等）、基层群众性自治组织法人。需要注意的是，营利法人与非营利法人的根本区别并不在于是否能够营利，非营利法人也有可以营利的，而在于取得利润之后以及在法人终止时能不能向其设立人、出资人、会员等分配利润。我国实践中的民办学校既有营利性的，也有非营利性的，这是值得关注的。机关法人、农村集体经济组织法人、城镇农村的合作经济组织法人、基层群众性自治组织法人这四种法人，既不同于营利法人，也不同于非营利法人，因此归入特别法人类型。比如农村的集体经济组织法人，其最初入社的成员基本已经不在人世，如今的成员可能对集体经济组织并无实质性贡献，但法律依然保护这些成员的利益。同时，农村经济集体组织的成员享有类似股东的收益分配、重大决策等权利，但无论如何不能共同决定解散集体经济组织，从而搞土地的私有化。民法典赋予这些组织以法人资格，目的在于方便这些组织参与民事活动，保护其自身及其成员的合法权益，同时也保护与这些组织建立民事法律关系的相对人的合法权益。

非法人组织是不具有法人资格，但是能够依法以自己的名义从事民事活动的组织，也称为非法人团体。非法人组织是介于自然人和法人之间的一种组织，虽然没有法人资格，但能够以自己的名义从事民事活动；非法人组织也是依法成立的合法组织，不是"非法组织"，在设立程序上须履行法定的登记手续，经有关机关核准登记；非法人组织不能独立承担民事责任，不要求有独立的财产，但需有一定的财产或经费；非法人组织不需要健全的治理结构，但也要有一定的组织机构。非法人组织与法人的主要区别即在于法人以其财产独立承担责任，因此其投资人以其出资为限承担有限责任；而非法人组织并不能独立承担责任，非法人组织的财产不足以清偿债务的，除法律另有规定外，其出资人或者设立人承担无限责任。如在合伙企业中，又有有限合伙这一特殊类型，即其合伙人由普通合伙人和有限合伙人组成，普通合伙人承担无限（连带）责任，有限合伙人承担有限责任。非法人组织包括个人独资企业、合伙企业、不具有法人资格的专业服务机构等。《个人独资企业法》规定，个人独资企业，是指依照该法在中国境内设立，由一个自然人投资，财产为个人所有，投资人以其个人财产对企业债务承担无限责任的经营实体。合伙企业分为普通合伙企业和有限合伙企业两种类型。值得领导干部注意的是，国有独资公司、国有企业、上市公司以及公益性的事业单位、社会团体不得成为普通合伙人。另外，以专门知识和专门技能为客户提供有偿服务的专业服务机构（如律师事务所、会计师事务所、医师事务所、设计师事务所等），可以设立为特殊的普通合伙企业。这种特殊的普通合伙企业与一般普通合伙企业不同的是，一个合伙人或者数个合伙人在执业活动中因故意或者重大过失造成合伙企业债务的，应当承担无限责任或者无限连带责任，而其他合伙人以其在合伙企业中的财产份额为限承担责任。合伙人在执业活动中非因故意或者重大过失造成的合伙企业债务以及合伙企业的其他债务，由全体合伙人承担无限连带责任。不具有法人资格的专业服务机构主要是指律师事务所、会计师事务所、资产评估机构等，律师事务所、会计师事务所一般采用合伙制。根据《资产评估法》的规定，评估机构应当采用合伙或者公司形式设立。

2. 权利制度

民事权利分为人身权和财产权两大类型。人身权包括人格权和身份权，财产权包括物权、债权、知识产权（知识产权中有人格性权利）和股权等。

人格权包括生命权、身体权、健康权、姓名权、名称权、肖像权、名誉权、荣誉权、隐私权、婚姻自主权等权利。

身份权包括亲权、监护权（监护在某种意义上是一种职责）、亲属权等。

物权包括所有权、用益物权、担保物权，用益物权前已介绍，担保物权有抵押、质押和留置等不同分类。

债权主要包括合同债权、不当得利债权、无因管理债权和侵权损害赔偿债权。

知识产权主要包括著作权、专利权、商标权、植物新品种权、地理标志权、商业秘密权、集成电路布图设计权等。

3. 行为制度

民事法律行为是民事主体通过意思表示设立、变更、终止民事法律关系的行为。代理是民事主体通过代理人实施民事法律行为。

合法的民事行为应当具备三个条件：行为人具有相应的民事行为能力；意思表示真实；不违反法律、行政法规的强制性规定，不违背公序良俗。

无效的民事行为主要包括：以虚假的意思表示实施的民事法律行为、违背公序良俗的民事法律行为、恶意串通损害他人合法权益的民事法律行为以及违反法律、行政法规的强制性规定的民事法律行为。

可撤销的民事行为主要包括：因欺诈、胁迫、重大误解以及利用对方危困、缺乏判断能力等实施的民事法律行为。

效力待定的民事行为主要包括附条件、附期限的民事行为和无权代理的民事行为。

4. 责任制度

民事责任有违约责任和侵权责任之分，还有按份责任和连带责任之别。违约责任因合同当事人违反合同约定而产生，侵权责任则是不当侵犯他人权利的结果，同一不当行为有可能同时构成违约责任和侵权责任，这时权利受损人有选择的权利，既可以要求他人承担违约责任，也可以要求他人承担侵权责任，不同的救济方式在举证责任、损害赔偿标准等方面可能不同。不过，在选定救济渠道之后，不能改变。连带责任只有在法律明确规定或合同约定的情形下才产生，因此，民事责任的常态是按份责任，即责任人仅按各自责任份额承担责任。

主要的责任方式是损害赔偿，损害赔偿以填平损害为原则，但《民法典》在第一百七十九条原则规定"法律规定惩罚性赔偿的，依照其规定"的基础上，规定了三种情形的惩罚性赔偿，分别是：第一千一百八十五条规定，故意侵害他人知识产权，情节严重的，被侵权人有权请求相应的惩罚性赔偿；第一千二百零七条规定，明知产品存在缺陷仍然生产、销售，或者没有依据前条规定采取有效补救措施，造成他人死亡或者健康严重损害的，被侵权人有权请求相应的惩罚性赔偿；第一千二百三十二条规定，侵权人违反法律规定故意污染环境、破坏生态造成严重后果的，被侵权人有权请求相应的惩罚性赔偿。

（三）领导干部应关注的主要问题

以上民法典的基本框架是领导干部需要掌握的重点内容。此外，民法典规定的平等、自愿、公平、诚信、公序良俗、绿色等基本原则也是领导干部应当掌握的重点，这些原则是民法的价值，是民事法律规范必须坚守的准则，也代表了民事法律制度未来发展的方向。鉴于民法典基本原则在整部民法典中的重要地位，尤其是对于领导干部的重要意义，本书第三讲专门介绍民法基本原则。2020年5月29日习近平总书记在十九届中央政治局第二十次集体学习时的讲话中，对各级领导干部如何贯彻落实民法典提出了全面、明确要求，以下仅就民法典实施中需要关注的几个具体问题谈一些体会。

第一，关于民法典配套制度建设。民法典的配套制度建设任务很重，既有法律法规的制定或修改，如个人信息保护法、数据和虚拟财产保护的法律、农村集体经济组织法、住宅建设用地使用权续期费用的法律或法规、动产统一担保登记的法律法规、物业管理的法律法规等,又有司法解释甚至立法解释的清理。配套制度建设的主要责任主体固然是最高立法机关、国务院及其部委、最高人民法院和最高人民检察院,但地方的配套制度建设也不应忽视,尤其是在中央制度供给到位之前,地方在一些领域并非没有作为的空间。

第二,关于民法典时代的执法。 民法典的颁布实施,民事主体权利意识的快速提升,必然会对执法提出更高的要求,民法典时代的执法,更应在严格规范公正文明上下功夫。同时,民法典规定了不少政府或其部门的责任,如民政部门的临时监护义务或紧急情形对被监护人的照料职责,公安机关对高空坠物致损的调查职责等,各部门有必要提前研判民法典实施对本部门的影响,认真梳理民法典提出的新要求。

第三,关于民法典时代的司法。 最高人民法院对司法解释的清理不可能在民法典实施时一步到位,民法典实施后新情况、新问题、新案件的出现不可避免,各级法院尤其是最高人民法院和高级人民法院有必要提前研究民法典实施后可能出现的新情况、新问题、新案件,及时应对,统一裁判尺度。

第四,关于民法典时代的普法。 民法典是"十四五"时期普法的重点。未来民法典的普法应坚持需求导向、目标定向、科学规划、形式多样原则。领导干部的民法典普法应突出实施好民法典重大意义、民法基本原则和基本制度的宣传教育;青少年的民法典普法应尊重青少年的成长规律、教育规律,突出民法价值引领,培养积极、负责任公民;广大群众的民法典普法要贴近生活,既要重视权利教育也要强调权利界限和义务教育,要重点关注老年人和小微企业的民法典教育,使优质普法资源向基层下沉。

第五,关于对民法典的研究。 民法典的规定还有不少值得研究的问题,如数据权利界定问题、土地经营权的性质问题、自然资源权利体系问题、宅基地"三权分置"的落地问题等等。民法典实施后,新的问题还将不断产生,对民法典的研究应有前瞻性、针对性。

三、全面全力持续推进民法典实施

实施好民法典,是当下及未来很长时期各级领导干部的一项重要任务。习近平总书记之所以特别强调实施好民法典,不仅因为实施好民法典具有重大意义，而且在于实施好民法典还有很多繁重工作要做，①需要各级领导干部全面、全力、持续推进。

(一)全面推进民法典实施

之所以强调全面推进，是因为民法典的实施需要立法、执法、司法、法治宣传教育及研究等各个方面共同努力。民法典的编纂完成，意味着我国民事法律规范的体系化取得了阶段性重大成果，1260条的庞大体量也承载了民商事法律的基本规则。但必须指出的是，民法典仅仅固定了民商事法律中的"根本制度"，在民法典之外，还有大量的民商事法律，如著作权法、专利法、商标法等知识产权法，公司法、证券法、保险法、票据法、破产法、海商法等商事单行法，以及土地管理法、农村土地承包法等法律。民法典的实施，不仅需要一些配套法律法规的出台，如不动产登记法、集体经济组织法及住宅国有建设用地期限届满续期费用缴纳或减免的法律或行政法规，而且需要出台配套的国家规定，如宅基地管理、借贷利率均需国家出台相应的管理规定；不仅需要对现行其他法律法规的修改，如修改不动产登记条例或其实施细则增加居住权登记、土地经营权登记等内容，还需要在对大量的司法解释全面梳理之后重新发布实施或者作出衔接性规定；不仅需要中央层面加快民法典配套制度的立改废释，地方层面也有不少的法规规章及规范性文件要按照民法典规定予以适应性修改完善。可以说，民法典配套制度的建设任务繁重，相关制度的适应性修改完善任务也不轻，这是需要各级领导干部高度重视的。执法方面，随着民法典的颁布和宣传普及，老百姓的权利意识普遍增强、法治需求快速提高，这对执法工作提出了更高要求，市场主体的权利保护需要行政机关提前做好适应性对接，比如居住权、土地经营权的登记。司法方面，民法典虽然尽可能地追求规则具体化、明确化、体系化，但依然有不少原则、模糊、甚至不一致的条款，这些问题的解决不可能一步到位，但法院不能因为规则不到位而拒绝裁判，这都需要各级司法机关提前研判、积极应对。在民法典的宣传普及尤其是进入国民教育方面，需要集中组织优秀团队集中攻关，编制出好教材、开发出好课程。在

---

① 习近平：《充分认识颁布实施民法典重大意义 依法更好保障人民合法权益》，载《求是》2020年第12期。

民法研究方面，还有不少重大课题需要尽快破解，比如自然资源权利体系及民法典自然资源所有权规定的科学性，国有自然资源所有权的代表行使机制，土地经营权的权利属性之争及承包地流转情形各方利益的平衡，以及宅基地"三权分置"改革、住宅国有土地使用权期限届满自动续期费用缴纳，等等。

(二) 全力推进民法典实施

民法典实施工作量大、面广，甚至有不少需要克服的困难，需要各级领导用力推、全力推。一方面，民法典新建立的制度不少、新规定的权利种类和利益类型也不少，相对于早已成熟、定型的民事权利，对新生权利和利益的保护要困难得多，毕竟对这些新生权利和利益的全面认识、普遍认同还需要学习、需要时间，准确把握保护的界限还需要实践探索，有些甚至还需要进一步完备相应条件。另一方面，民法典对既有制度作出实质性变革的也不少，这涉及不同主体利益的根本调整，很多制度改革不仅需要公权力机关的密切配合，甚至需要全力推动。比如，民政部门兜底监护责任的承担，如果没有相应人力、物力的及时到位，就不会达到相应的立法效果。再如，小区业主大会和业主委员会的成立长期以来就是一个老大难问题，民法典虽然规定政府有关部门和居民委员会要给予指导，但从实践来看，简单的指导是很难发挥实质性作用的。另外，民法典为了有效解决小区物业服务纠纷，专门增加规定了物业服务合同，并明确规定业主委员会或者业主有任意终止建设单位与物业服务人订立的前期物业服务合同，以及前后物业服务人之间及时交接相关材料等的义务，但从实践看，没有政府部门的有力指导，民法典的立法目的不会轻易实现。至于在个人信息保护、性骚扰预防和处理等方面，同样存在需要政府部门全力推进的必要。

(三) 持续推进民法典实施

民事法律规范的体系化不会因为民法典的颁布实施而一劳永逸地终结，我们的民法典只有1260条，比1804年法国民法典约少1000条，比今天的德国民法典少20多万字，民法典还有不小的提升空间。民法典配套法律法规及司法解释的出台也不会在短期内一步到位，大量的民法法律规范和司法解释还必将随着改革的深化和实践的发展而不断修改完善。民法典的制度创新需要实践检验，也需要实践进一步探索优化，更需要与之相应的理论创新。民法典可能会解决一些问题，但也可能带来新的问题，何况既有问题的解决也不会一蹴而就。领导干部和广大民众民法知识的普及和民法素养也不会因为一两次培训、三五次宣传而实质性提升，青少年的民法教育更是一个百年树人的漫长过程。实施好民法典，需要持续发力、久久为功。

（四）加快树立民法思维

尊法、学法的目的在于守法、用法。领导干部学习民法典，根本目的在于学以致用、活学活用。而学好用好民法典的关键在于树立民法思维，因为正如奥地利哲学家维特根斯坦所言："一旦新的思维方式得以确立，旧的问题就会消失；实际上人们很难再意识到这些旧问题……"

1. 平等思维

平等是民法的基石，民法调整的人身关系和财产关系是平等主体之间的关系。在民法的视野中，各类主体的法律地位平等，自然人的权利能力一律平等，各类物权平等受法律保护，婚姻关系中男女平等，继承权男女平等。可以说，民法处处洋溢着平等的精神。

平等也是市场交换的前提，"无平等无交换"。平等思维要求在资源配置，立法、执法、司法等活动中做到内外资、国企民企一视同仁，公私产权同等保护，反对行业垄断、部门割据、地方保护，反对各种形式的歧视。当然，民法强调平等，但也重视对未成年人、老年人、妇女、消费者等弱者的保护。当市场主体的实力和谈判能力严重失衡时，民法不会坐视不管，强制缔约、强制性规定的设定，就是为了矫正事实上的过于不平等可能造成严重不公平的后果。

2. 权利思维

法律是权利义务的规范系统，权利和义务是法律的最小构成单位。对于法律现象，若从权利义务的角度去衡量、判断就会清晰得多、轻松得多。

权利思维要求认真对待权利。市场经济是权利经济，作为公权力的行使者，权义思维首先要求领导干部认真对待权利，既要认真对待政府的权利，也要重视市场主体的权利。政府等公权力机构不总是以公权力的行使者身份出现，在市场经济舞台上，政府是最大的买家，诚信的政府是诚信社会的基础，领导干部既要重视权利实现，防止国有资产流失，也要重视义务履行，避免不履行或不完全履行合同的市场失信行为。此外，作为权力执掌者的领导干部，不仅要知晓自己手中的公权力，更要明白市场主体享有的私权利，只有如此，方可"知己知彼、百战不殆"。实践中很多社会矛盾的产生、激化，都与对老百姓、企业的权利重视、尊重不够有关。领导干部一定要认识到：相对于公权力，私权利更具有本源性；无财产即无人格；无恒产便无恒心；无救济就无权利。正如美国哲学家罗纳德·德沃金所言：如果政府不认真地对待权利，那么它也不能够认真地对待法律。

权义思维还要求从权利、义务两个维度分析、认识、调整社会关系，解决社会矛盾。法律通过权利和义务调整社会关系，制定法律需要从权利义务的角度平衡好各方的利益关系。法律是解决矛盾的公器，不管是历史遗留问题，还是当下的社会矛盾，都需要弄清事实，明确包括政府在内的各方当事人的权利、义务和责任，进而公平、合理、妥善处理。

3. 契约思维

契约是当事人为自己立的法。企业是各种生产要素所有者之间以及他们和顾客之间的一系列契约的集合。市场是契约的总和，任何形式的交换，必须借助于契约这一形式方可实现。契约连接了企业，构成了市场，影响了社会，培育了平等、自由、独立、诚信的品格和环境，我们没有理由不尊重契约。尊重契约，就要相信市场主体的理性，相信市场的力量，相信社会的自治能力。

契约不仅是市场交换的工具，也是社会治理、政府治理的有效手段。契约不仅存在于私法领域，也存在于公法领域。善用契约，就是要善于运用平等协商的契约方法，通过当事人自主参与，事先理性、周密地安排各种事务，并对自己参与的后果负责。善用契约，不仅仅是简单地借用契约这一形式，而是要用契约精神深化改革、推进创新。要尊重市场主体的理性，更要尊重其正当的利益。善用契约，也要避免滥用契约的问题。

第二讲　民法典的前世今生

> **金句名言**
>
> 法包含着一个民族经历多少世纪发展的故事，因而不能将它仅仅当作好像一本数学教科书里的定理、公式来研究。为了知道法是什么，我们必须了解它的过去以及未来趋势。
>
> ——［美］霍姆斯
>
> 法律的基本原则是：为人诚实，不损害他人，给予每个人他应得的部分。
>
> ——［古罗马］查士丁尼
>
> 我真正的光荣并非打了40多次胜仗，滑铁卢之战抹去了关于这一切的记忆。但是有一样东西是不会被人忘记的，那就是我的《民法典》。
>
> ——［法］拿破仑
>
> 民法典较之刑法、诉讼法等，更足以代表一个民族的文化高度，而且只有一个全中华民族的民法典才能表明中华民族已攀上了历史的高峰。
>
> ——谢怀栻

> **要点提示**
>
> - 罗马用法律征服了世界，大陆法系也叫罗马法系，英美法系也深受罗马法影响。需要特别强调的是，罗马征服世界的法律是民法，东罗马皇帝查士丁尼主持编纂的《国法大全》也叫《民法大全》。从某种意义上讲，

罗马用平等、自由、公平、诚信的民法精神征服了世界，今天，我们的社会主义核心价值观中，就包括自由、平等、公正和诚信。

- 伟大的时代必然出现伟大的法典，1804年《法国民法典》如此，1900年《德国民法典》也如此，两部法典各引领世界100年。当下的中国比历史上任何时期都更加接近实现中华民族伟大复兴中国梦的目标，民法典必将对中华民族的崛起和世界民法文化的繁荣产生重大影响。
- 美国学者艾伦·沃森指出："在整个大陆法系的历史中，民法典诞生的深远意义，是无与伦比的。（法国）民法典的问世，开辟了一个新纪元，整个大陆法系都因而产生了深刻的变化。的确，在典型的近代形式的民法典面前，先前的法律荡然无存，就连辅助性的作用也谈不上了。"
- 法国比较法学家勒内·达维德认为："在19世纪，民法典在法国一直被视为核心，是法律的真正心脏。"
- 1804年《法国民法典》揭开了近代法典化的序幕，其与1900年《德国民法典》和1907年《瑞士民法典》，被称为"世界三大民法典"。

讨论案例

2014年5月，刘某卖掉了自己的老房，获得价款500多万元，计划给自己的儿子购买结婚用房。考虑到当时房价过高，儿子两年内并不需要房子，便产生了将手头的几百万元闲钱投资获利的想法。由于没有合适的投资信息和渠道，他就上百度搜索到了一个A投资中心（有限合伙）的投资基金项目，并直接和该项目的管理人B国际投资管理有限公司的项目管理人员联系。经项目管理人员介绍、劝说，刘某对这个投资项目颇感兴趣。该投资基金项目总认缴出资额为6000万元，由普通合伙人C公司认缴400万元，一般有限合伙人D公司认缴200万元，其他由优先合伙人认缴，每位有限合伙人的出资限额不低于100万元。优先合伙人出资期限为1年，年收益率15%，满半年还本10万元并支付相应收益，届满支付剩余本金和收益，A投资中心（有限合伙）届期不能支付本金和收益的，由普通合伙人C公司和一般有限合伙人D公司承担连带责任。考虑到这个投资项目能够保本，且有稳定的高回报（两个公司担保），担心货币贬值、急于投资的刘某便于当天与普通合伙人C公司和一般有限合伙人D公司签订了《A投资中心（有限合伙）合伙协议》，次日支付投资金100万元。半年后，A投资中心（有限合伙）如期支付了10万元本金和利息75000元。尝到甜头的刘某更加坚定了对该投资项目的信心，之后分两次再向该基金投资共250万元。2015年6月，第一期投资期限届满，刘某并未拿到自己期待已久的剩余本金和高额回报。经与投资管理人联系，双方确定延迟还本并支付投资回报。之后，第二、三期投资陆续到期，刘某遭遇了同样的命运。经查，普通合伙人C公司、一般有限合伙人D公司、项目的管理人B国际投资管理有限公司与A投资中心（有限合伙）均为同一实际控制人投资设立，所谓的投资基金项目并不存在，现在，A投资中心（有限合伙）、B国际投资管理有限公司、C公司和D公司均已处于不正常经营状态，人去楼空无法联系，刘某不仅没有收到预期的高额回报，本金也几乎无收回的希望。

思考问题：

1. A投资中心（有限合伙）的性质是什么？其和公司有什么不同？

2. 刘某与C公司和D公司签订的《A投资中心（有限合伙）合伙协议》的性质是什么？刘某向A投资中心（有限合伙）支付款项的行为是投资吗？

3. 谁应当为刘某负责？

主要内容

一、民法为何物

从本质上讲，"民法准则只是以法律形式表现了社会的经济生活条件"（恩格斯语），民法是市民社会的法，与政治国家的法相对，所表达的是商品生产与交换的一般条件，包括社会分工与所有权、身份平等、意思自治。市民社会不是指生产和交换本身，而是指生产和交换存在于中的组织和制度的总和。[①] 商品生产的首要条件是社会分工，而与分工同时出现的是分配产生的所有权，所有权是市民安身立命的根本。在罗马私法中，所有权是全部财产制度的基础，是身份平等和意思自治的舞台。简单讲，商品交换的前提是商品为不同人所有，交换必然要求不同所有者彼此承认对方是平等的交易对手，而且交换只能发生

[①] 张俊浩主编：《民法学原理》（第三版），中国政法大学出版社2000年版，第17—25页。

在有共同意愿且意愿一致的交易当事人之间。

概括来讲，**民法规范，调整社会普通成员之间的人身关系和财产关系，是社会生产、生活的基本准则**，被誉为百姓权利的宣言书、社会生活的百科全书。人的一生，从摇篮到坟墓，甚至摇篮之前的胎儿阶段和人死亡之后的名誉，都在民法的视野之内。民法以人的全面发展为终极关怀，正如孟德斯鸠所说，"在民法慈母般的眼神中，每个人就是整个国家"。

二、世界民法法典化之路

世界各国的法律，基于法律渊源和传统等的不同，大致可以归入大陆法系和英美法系。大陆法系又称罗马法系、民法法系、欧陆法系、市民法法系、法典法系、罗马日耳曼法系，涵盖的国家和地区广泛，德国、法国是典型代表，日本、韩国、我国台湾地区、澳门地区均属这一法系。英美法系又称普通法法系、海洋法系、判例法系、英国法系，是以英国普通法为基础发展起来的法律的总称，英国、美国是其典型代表，主要涵盖曾经是英国的殖民地、附属国的许多国家和地区。

其实，大陆法系的诸多称谓本身就是从不同角度揭示该法系的特点，民法的法典化也就发生在这一法系之中。民法源于罗马法，罗马法的法律渊源除立法外，还包括习惯、法学家解释、长官告示等，罗马人编纂法典主要是在罗马后期，在查士丁尼皇帝时期达到顶峰。查士丁尼当政后的第二年即颁布一项谕令，任命一个由10人组成的委员会，编纂形成了系统编排并划分为章节的"简单明了的成文法律"——《查士丁尼法典》；之后又将法学家的著述汇编，形成了《学说汇纂》；编辑了一本新的教科书，即查士丁尼的《法学阶梯》，这三部加上之后的新律构成著名的《民法大全》。[1]

罗马帝国崩溃之后，精细的罗马法因很难被其他粗糙的法律所取代而被新统治者继续传播和继受。伴随着文艺复兴，罗马法在意大利出现了复兴，意大利的一些地方也成了欧洲的法律中心，欧洲共同法也随之形成。随着民族国家和民族主权观念的出现（意味着政治国家的形成与社会的分离），民族法兴起，

---

[1] 高富平：《民法法典化的历史回顾》，载《华东政法学院学报》1999年第2期。

但共同法并未完全消失，这也是后来欧陆各国法典化的共同基础。17世纪的欧洲大陆，随着启蒙运动、科技革命，理性主义不断发展，与之相应的便是以自觉设计、构造清晰、内容丰富的法典编纂代替分散凌乱、杂乱无章的单行立法。这一法典化趋势最早发生在丹麦，经由法国和普鲁士的努力，使在1804年的《法国民法典》达到顶峰。

1800年，拿破仑主持成立了由四位著名法学家组成的民法典起草委员会。① 起草委员会经过四个多月的努力，于1801年元旦拿出了草案。据记载，起草委员会先后召开了102次审议该草案的会议，后陆续于1803年2月5日至1804年3月15日分篇章以单行法规的形式颁布。1804年3月21日，拿破仑签署法令，《法国民法典》正式颁布实施。由于拿破仑在编纂民法典过程中所起的重要作用，1807年9月9日民法典被命名为《拿破仑法典》，后恢复《法国民法典》，1852年又改称《拿破仑法典》，1870年以后正式称为《法国民法典》，但习惯上仍称为《拿破仑法典》。拿破仑对自己亲自主持《法国民法典》的编纂十分自豪，当他被流放在外时，他说："我真正的光荣并非打了40多次胜仗，滑铁卢之战抹去了关于这一切的记忆。但是有一样东西是不会被人忘记的，那就是我的《民法典》。"② 法国民法典的重要来源之一就是罗马法特别是《法学阶梯》。1804年《法国民法典》包括总则、3编正文，共36章、2281条。总则是一个简短的序言，只有6条，第1编为"人"法，共11章，主要是关于人法和家庭法的规定。第2编为财产及对于所有权的各种限制，共4章，包括财产分类，所有权，用益权、使用权及居住权和役权或地役权。第3编是取得财产的各种方法，共20章，包括继承、生前赠与及遗嘱、债和契约等。法国民法典确立了一系列资产阶级法制原则，如自由和平等原则、私人财产所有权无限制原则、契约自由原则等。美国学者艾伦·沃森指出："在整个大陆法系的历史中，民法典诞生的深远意义，是无与伦比的。（法国）民法典的问世，开辟了一个新纪元，整个大陆法系都因而产生了深刻的变化。的确，在典型的近代形式的民法典面前，先前的法律荡然无存，就连辅助性的作用也谈不上

---

① 以下关于法国民法典的介绍，主要参考何勤华主编：《法国法律发达史》，法律出版社2001年版，第221-233页。

② 何勤华主编：《法国法律发达史》，法律出版社2001年版，第223页。

了。"① 法国比较法学家勒内·达维德认为："在19世纪，民法典在法国一直被视为核心，是法律的真正心脏。"②

1804年《法国民法典》揭开了近代法典化的序幕，③ 其与1900年《德国民法典》和1907年《瑞士民法典》，被称为"世界三大民法典"。《德国民法典》制定于1896年，1900年1月1日生效。④ 法典分为总则、物权、债的关系、家庭法和继承法五编，共2385条。截至1998年6月29日，它已被修改141次。《德国民法典》结构严谨、规范细密、条理性强，中文译本超过40万字，许多国家在制定自己的民法时都把它作为重要参考文本。

亚洲的日本于1890年制定了旧民法典，1998年颁布了新民法典。据不完全统计，世界上包括奥地利、荷兰、意大利、葡萄牙、西班牙、巴西、埃及、韩国、越南、菲律宾等在内的至少50多个国家和地区有了自己的民法典。

三、新中国民法法典化之梦

马克思说，法典是人民自由的圣经。已故著名民法学家谢怀栻曾言："民法典较之刑法、诉讼法等，更足以代表一个民族的文化高度，而且只有一个全中华民族的民法典才能表明中华民族已攀上了历史的高峰。"⑤

早在解放前夕，民法学家陈瑾昆就于1948年在河北省平山县西柏坡村起草了新中国第一部民法草案，坚持了大陆法系的民法传统，作出了与民国民法不同的原则和制度设计，但未颁行。1949年2月，《中共中央关于废除国民党的六法全书与确定解放区的司法原则的指示》中明确提出了"在无产阶级领导的工农联盟为主体的人民民主专政的政权下，国民党的六法全书应当废除"。

制定或编纂一部民法典，是新中国几代法律人尤其是民法人的梦想，也是

---

① ［美］艾伦·沃森著：《民法法系的演变及形成》，李静冰等译，中国政法大学出版社1992年版，第169页。
② Rene David, The Civil Code in France Today, Louisiana Law Review 34 (1974).
③ 高富平：《民法法典化的历史回顾》，载《华东政法学院学报》1999年第2期。
④ 以下关于德国民法典的介绍，主要参考郑冲、贾红梅译：《德国民法典》，法律出版社1999年版译者的话。
⑤ 谢怀栻：《大陆法国家民法典研究》，载《外国法译评》1994年第3期。

几代中国人的夙愿。党的十八大之前，新中国曾先后四次启动民法（典）制定工作，但前两次不幸夭折，后两次也与民法典失之交臂。可喜的是，第三次诞生了被称为"小民法典"的民法通则，第四次催生了物权法、侵权责任法等基本民事法律，这些为民法典的编纂奠定了厚实基础。党的十八届四中全会作出了《中共中央关于全面推进依法治国若干重大问题的决定》，将编纂民法典作为重点领域立法中的重中之重，为民法典的编纂扫清了障碍。下面简要回顾一下新中国的五次民法法典化历程。

1954年，诞生不久的全国人大常委会即组建了专门的工作班子，组织起草"中华人民共和国民法典"。该班子在对民事习惯广泛调查研究，批判地借鉴外国特别是苏联的民事立法经验的基础上，经过两年多的艰苦努力，于1956年12月完成了《民法（草稿）》，包括总则、所有权、债和继承4编，共525条，加上已经公布的婚姻法，实际上为五编制的德国民法典体例。该草案主要受当时苏联的民事立法，尤其是1922年苏俄民法典的影响。然而，由于随之而来的"整风""反右"等政治运动，该草案被迫夭折。但该草案在新中国民法史上的地位是毋庸置疑的，它标志着新中国民事立法对苏俄民法理论的全面继受。由于苏俄民法典主要是参照大陆法系的德国民法典制定的，因此也就意味着新中国第一个民法草案仍然沿袭了大陆法系德国法的立法技术、编制体例和概念框架。

1962年，在国民经济贯彻实施"调整、巩固、充实、提高"八字方针的同时，毛泽东主席发出指示："不仅刑法要，民法也需要。现在是无法无天。没有法律不行。刑法、民法一定要搞。"遵照这一指示，全国人大常委会组建了以中国科学院法学研究所所长孙亚明领衔的工作班子第二次起草民法典。1964年7月，该班子写出了《中华人民共和国民法（试拟稿）》，包括总则、所有权和财产流转3编，共24章262条。与第一次草案相比，该草案是当时集权型行政经济体制和"左"倾经济思想的反映，同时也受到了国际、国内政治斗争的影响。在指导思想上，一方面试图摆脱苏联模式，另一方面又想与资本主义国家的民法彻底决裂；在内容上，不仅错误地将亲属、继承等排除在外，而且又将预算、税收等纳入了法典；在语言上，不仅拒绝使用"权利""义务""所有权""债权""自然人""法人"等法律术语，而且字里行间充斥着"高举三面红旗""政治工作是一切经济工作的生命线"等政治口号。不幸的是，就连这样一个政治性极强的草案也被接踵而至的"四清运动""社会主义教育运动"和史无前例的"无产阶级文化大革命"所遗弃。

1978年5月15日,《人民日报》摘要发表了董必武1956年9月15日在中国共产党第八次全国代表大会上关于法制问题的发言——《进一步加强国家法制,保障社会主义建设事业》,董必武在发言中将民法作为急需制定的基本法规之一。同年10月30日,在中央政法小组召开的法制问题座谈会上,政法小组成员陶希晋作了修改、起草法规的说明,将民法作为急需制定的法规之一。1978年12月13日的中共中央工作会议闭幕会上,邓小平同志作了题为《解放思想,实事求是,团结一致向前看》的报告,提出了"为了保障民主,必须加强法律"的口号,并明确指出"应该集中力量制定刑法、民法、诉讼法和其他各种必要的法律"。民法典的制定再次被提上议事日程。1979年11月3日,全国人大常委会法制委员会再次组建民法起草小组,委员长兼该会主任彭真委任副主任杨秀峰、陶希晋领衔。由杨秀峰、陶希晋等七人组成的中心小组经过三年的艰苦努力,三易其稿,于1982年5月起草完成《中华人民共和国民法草稿(四稿)》,包括任务和基本原则、民事主体、财产所有权、合同、智力成果、继承、民事责任和其他规定共8编、43章、465条。该草案后来因经济体制改革刚刚起步,经济模式没有最后确定等因素终未能提交全国人大常委会审议。之后不久,当时领导全国人大法制委员会立法工作的彭真、习仲勋等同志深入研究后,决定按照"成熟一个通过一个"的工作思路,确定先制定民事单行法律。虽然该草案也未最终成为法律,但其后的经济合同法、继承法等单行法及民法通则也都是以其为基础制定的。

在这里,有必要对在新中国民法史具有举足轻重地位的民法通则的制定作一简单的介绍,虽然它仅仅是以民事单行法共同规则的面目出现的。自党的十一届三中全会后第一部民事立法《中外合资经营企业法》(1979年)颁布后,民事单行法大量出现而且矛盾冲突规定不断暴露。而这恰恰反映了制定民事共同规则的迫切需要。1984年夏,立法机关决定在1982年民法草稿的基础上,删繁就简,起草民法通则草案。1984年10月25日,民法起草小组完成《民法总则(草案初稿)》,包括民法的任务、基本原则、民事主体、民事法律行为、代理、期限、诉讼时效7章83条。1985年8月15日,又完成《民法通则(征求意见稿)》,包括任务、基本原则和适用范围,公民,法人,合伙组织,民事权利,民事法律行为和代理,民事责任,时效和期间 8 章 113 条。第六届全国人大第四次会议于 1986 年 4 月 12 日通过民法通则(草案)并于同日公布。民法通则分基本原则、公民(自然人)、法人、民事法律行为和代理、民事权利、民事责任、诉讼时效、涉外民事关系的法律适用和附则 9 章 156 条。虽然民法通则不仅在内容上相当单薄,而且在体例编制、逻辑结构等方面也问题不少,但它填补了我国法律体系中长期存在的空白,功不可没。

民法通则的颁布实施,并未终止民法法典化的征程。制定民法典的呼声一浪高过一浪。在民法通则颁布实施后不久,就有学者提出制定民法典的构想。尤其是社会主义市场经济体制的确立,依法治国方略的提出,众多学者卓有成效的理论准备,使得民法典的制定终于再次提上了议事日程。2001 年,九届全国人大常委会组织起草《中华人民共和国民法典(草案)》。2002 年年末,《中华人民共和国民法典(草案)》正式提交全国人大常委会第 31 次会议审议,草案共 9 编 1209 条,分别为第 1 编:总则;第 2 编:物权法;第 3 编:合同法;第 4 编:人格权法;第 5 编:婚姻法;第 6 编:收养法;第 7 编:继承法;第 8 编:侵权责任法;第 9 编:涉外民事关系的法律适用法。该草案形式上的一个独到之处是草案条文以编单独计算。这是新中国法制史上条目最多、内容最多的一部法律草案。就内容而言,草案中的合同法、婚姻法、收养法、继承法 4 编直接采用了当时单行法的规定,而其他 5 编是在当时既有法律基础上重新起草的。九届全国人大经讨论和研究,仍确定继续采取分别制定单行法的办法推进我国民事法律制度建设。

党的十八大将法治确立为治国理政的基本方式,提出"科学立法、严格执法、公正司法、全民守法"的新法治十六字方针,从而为法治中国建设迈向深入奠定了总基调。党的十八届四中全会更是在党的中央委员会层面上史无前例地讨论了全面依法治国,会议通过的决定是对全面推进法治中国建设的总体部署,其中将编纂民法典列为重点领域立法中的重中之重,这是中央文件中首次明确提出编纂民法典,毫无疑问,这是一个重要的政治决定,彰显了编纂民法典的极端重要性和极其迫切性。

2015 年 3 月 20 日,时任全国人大常委会法工委主任李适时宣布民法典起草工作正式启动。2016 年 6 月 14 日,习近平总书记主持召开中央政治局常委会会议,听取并原则同意全国人大常委会党组关于民法典编纂工作和民法总则草案几个主要问题的汇报，并作出重要指示，为编纂民法典和制定民法总则提供了重要指导和基本遵循。民法典将由总则编和各分编组成（包括物权编、合同编、侵权责任编、婚姻家庭编和继承编等）。编纂工作按照"两步走"的思路进行：第一步，编纂民法典总则编；第二步，编纂民法典各分编，拟于2018年整体提请全国人大常委会审议，经全国人大常委会分阶段审议后，争取于2020年将民法典各分编一并提请全国人民代表大会会议审议通过，从而形成统一的民法典。

2017年3月15日，第十二届全国人民代表大会第五次会议表决通过《民法总则（草案）》，民法典的开篇之作由此诞生，中国民法典的时代也由此正式开启。

民法总则通过后，十二届、十三届全国人大常委会接续努力、抓紧开展作为民法典编纂第二步的各分编编纂工作。2018年8月，第十三届全国人大常委会第五次会议审议了包括物权、合同、人格权、婚姻家庭、继承、侵权责任6个分编在内的民法典各分编草案。之后，对民法典各分编草案进行了拆分审议。2019年12月召开的第十三届全国人大常委会第十五次会议审议了《中华人民共和国民法典（草案）》。2020年5月28日，第十三届全国人民代表大会第三次会议审议通过了《中华人民共和国民法典（草案）》，民法典正式诞生，新中国几代人的夙愿得以实现。

民法典开创了我国法典编纂立法的先河，这种从"零售到批发"的立法模式，对于其他部门法的体系化也具有重要借鉴意义。

案例解析

这是一个根据真实案件改变的案例，也是一个具有一定代表性的案例。近年来，我们老百姓手中的"闲钱"似乎越来越多，在股票市场和房地产市场大起大落、银行储蓄利率过低且货币贬值预期加速的背景下，越来越多的人选择了投资理财。然而，从近几年爆发的大量纠纷来看，我们的很多老百姓显然是在没有一定的准备的情况下获利心切，贸然选择了自己并不熟悉的对手和交易模式，而一些市场投机者也正是瞄准了这类人群，利用甚至滥用自己对规则的优势和对手的"弱势地位""贪财心理"，用美丽的谎言、精巧的圈套，使得善良而又无知的人们逐渐上当、血本无归。

本案中，刘某所犯的一个致命错误就是相信所谓的"低风险高回报"的谎言。对于刘某来讲，不知道合伙与公司的区别不可怕，不知道有限合伙和普通合伙人责任的不同也不可怕，不知道合伙和借贷的区别还不可怕，毕竟这些法律术语早已超出了一般人的知识范围。但在银行最高储蓄利率不到5%的情况下，签订保本且有15%高额回报的所谓合伙协议，本身就违反了"高风险高回报、低风险低回报"的基本原理。从法律上讲，刘某所选择的A投资中心（有限合伙）是一种特殊的合伙企业组织形式，是相对于所有合伙人都承担无限连带责任的普通合伙而言的。在有限合伙中，有限合伙人对合伙债务承担有限责任，普通合伙人则对合伙债务承担无限责任。但必须注意的是，无论是设立合伙企业，还是成立有限公司，出资人的出资都是投资行为，凡投资都有"风险"，无"保本"一说。"保本付息"是借贷的典型特征，在合伙协议中约定"保本且高额投资回报率"，显然不是真正的投资行为，本质上就是"借贷"，实践中，此类行为大量存在，被称为"名为合伙实为借贷"。而且，与银行储蓄不同的是，本案中刘某是将款项支付给了非银行组织，给这类组织放款的风险就是很高，可能会有高额回报，但问题是保不了本。本案中，刘某虽然可以向A投资中心（有限合伙）、C公司和D公司请求剩余本金返还和一定额度资金占用费的支付，但在几家公司被同一人实际控制的情况下，刘某能否最终得到救济似乎仅存在理论上的可能性。

第三讲　民法典的灵魂：基本原则

> **金句名言**

整个法秩序（或其大部分）都受特定指导性法律思想、原则或一般价值标准的支配。

——［德］拉伦兹

法条有限而人事无穷。

法律不能使人人平等，但是在法律面前人人是平等的。

——［英］波洛克

所有进步社会的运动，到此处为止，是一个"从身份到契约"的运动。

——［英］梅因

在民法慈母般的眼神里，每一个个人就是整个的国家。

——［法］孟德斯鸠

我们作为人而有权拥有的平等是环境平等，而不是个人平等。它们是条件平等——地位、待遇和机会的平等。

——［美］摩狄曼·J.阿德勒

法律乃善良和公平的艺术。

——［古罗马］塞尔苏斯

自由意味着责任。

——［英］萧伯纳

诚实生活，不害他人，各得其所。

——［古罗马］查士丁尼

法律是显露的道德，道德是隐藏的法律。

——［美］林肯

人之所以为贵，以其有信有礼；国之所以能强，亦云惟佳信与义。

——［唐］张九龄

信任是比爱更美好的赞美。

——［英］乔治·麦克唐纳

自由不是无限制的自由，自由是一种能做法律许可的任何事的权力。

——［法］孟德斯鸠

要点提示

- 民法的基本原则是贯穿民法各项制度的主线，也是全部民法规范的灵魂。民法的基本原则包括平等原则、自愿原则、公平原则、诚信原则、守法原则、公序良俗原则、绿色原则等。
- 平等原则是指民事主体在民事活动中的法律地位一律平等，是起点平等、机会平等、规则平等、权利平等，而非结果平等。民法强调平等，但也重视对弱者的保护。平等原则是民法最基本的原则，没有平等，何谈自愿？
- 自愿原则是指民事活动应当尊重民事主体的意愿，民事主体可以按照自己的意思设立、变更、终止民事法律关系。自愿原则是民法最核心的原则，自愿即意思自治，不仅鼓励自主参与，也强调自己负责。意思自治是个人创造力之源、社会活力之源。
- 公平原则是指民事主体从事民事活动，应当公平合理确定各方的权利和义务。公平并非指交换对价的客观公道，而是指交易对价的确定不是基于自己的重大误解，也没有受到他人欺诈、胁迫或自己的危困状态、缺乏判断能力没有被他人利用，以及合同生效后情势变更导致权利义务严重失衡。
- 诚信原则是指民事主体在民事活动中，无论是行使权利，还是履行义务，都应当秉持诚实，恪守承诺。诚信贯穿于合同、婚姻家庭及权利行使、义务履行的各种民事活动中，存在于合同谈判、订立、履行及履行后的全流程，既要求行为人秉持诚实，恪守承诺，也强调司法机构、仲裁机构根据诚信原则解释法律、填补法律漏洞。
- 守法原则强调民事主体从事民事活动要遵守法律法规的强制性规定，要守住底线。民法总体来讲是权利法，但也不乏强制性的底线要求。
- 公序良俗原则是指民事主体从事民事活动，不得违背公共秩序和善良风俗。公共秩序包括社会管理秩序、生产秩序、工作秩序、交通秩序和工作场所秩序等。
- 绿色原则是指民事主体从事民事活动，应当有利于节约资源、保护生态环境。这一原则是我国民法典创立的特色原则。
- 领导干部学习民法基本原则有助于培育民法精神、树立民法思维，在行权履责中把握正确方向。
- 民法典规定的基本原则不仅对民法典各分编具体规则的设定有重要统领价值，对未来民法典配套制度的制定、司法解释的出台及具体民事案件的裁判都具有重要指导意义。我们常说万变不离其"宗"，民法基本原则就是民法的"宗"。各位领导干部一定要准确理解把握民法基本原则的精神要义，掌握了基本原则，即使不懂得民法的具体规定，也不至于犯原则性、方向性错误。

讨论案例

案例一：张学英诉蒋伦芳遗赠纠纷案

2001年，四川省泸州市中级人民法院的二审判决书认定：蒋伦芳与黄永彬于1963年5月登记结婚，婚后双方夫妻感情较好。因蒋伦芳未生育，收养了一子黄勇（审判时31岁）。1990年7月，蒋伦芳继承父母遗产取得原泸州市市中区顺城街67号房屋所有权。1995年，该房因城市建设被拆迁，由拆迁单位将位于泸州市江阳区新马路6-2-8-2号的77.2平方米住房一套作为换房安置给了蒋伦芳，并以蒋伦芳个人名义办理了房屋产权手续。1996年，黄永彬与张学英相识后，两人开始在外租房非法同居生活。2000年9月，黄永彬与蒋伦芳将蒋伦芳继承所得的位于泸州市江阳区新马路6-2-8-2号房产以8万元的价格出售给陈蓉，且约定该房屋交易产生的有关税费由卖方承担。2001年春节，黄永彬、蒋伦芳夫妇将售房款中的3万元赠与其子黄勇用于在外购买商品房。2001年年初，黄永彬因患肝癌病晚期住院治疗，住院期间一直由蒋伦芳及其家属护理、照顾。2001年4月18日，黄永彬立下书面遗嘱，将其所得的住房补贴金、公积金、抚恤金和出卖泸州市江阳区新马路6-2-8-2号住房所获房款的一半4万元及自己所用手机一部赠与张学英。2001年4月20日，泸州市纳溪区公证处对该遗嘱出具了（2001）泸纳证字第148号公证书。2001年4月22日，遗赠人黄永彬去世，张学英要求蒋伦芳交付遗赠财产遭蒋伦芳拒绝，双方发生争执，张学英遂提起诉讼。在一审法院案件审理过程中，经蒋伦芳申请，泸州市纳溪区公证处于2001年5月17日作出（2001）泸纳撤证字第02号《关于部分撤销公证书的决定书》，撤销了（2001）泸纳证字第148号公证书中的抚恤金和住房补贴金、公积金中属于蒋伦芳的部分，维持其余部分内容。一、二审法院均认为本案中遗赠人黄永彬所立遗嘱时虽具完全行为能力，遗嘱也系其真实意思表示，且形式上合法，但遗嘱的内容却违反法律和社会公共利益。并根据《民法通则》第七条（民事活动应当尊重社会公德，不得损害社会公共利益，此即民法的"公序良俗"原则）、《婚姻法》第三条（禁止有配偶者与他人同居）等规定，认为遗赠人黄永彬的遗赠行为，应属无效民事行为，作出了不利于张学英的判决。

思考问题： 如何看待法院判决？

案例二：李某专利权侵权纠纷案

2003年8月，扬中市通发公司的董事长陈某突然接到法院传票，原来是原告李某起诉自己生产的阀门侵犯了其名为"消防用球阀"的实用新型专利。原告在诉状中称，2001年2月8日，其向国家知识产权局提出一项名为"消防用球阀"的实用新型专利申请，该申请于2001年12月12日被授予实用新型专利权，专利号为ZL01204954.9。而被告扬中市通发公司却侵犯其专利权，生产同样的产品销往江苏、山东、四川等地，给原告造成了巨大经济损失，请求法院判令被告立即停止侵权行为，销毁侵权产品及生产模具，赔偿原告经济损失10万元，并承担本案全部的诉讼费用。

陈某不得不聘请律师应诉，约定代理费4万元。律师经调查发现：涉案的"消防用球阀"实用新型专利的技术方案在1994年、1998年的国家标准亿位元组/T15185-94《铁制和铜制球阀》以及亿位元组/T8464-1998《通用阀门法兰和对焊连接钢制球阀》中已经充分披露。李某的专利和早就公开的国家标准完全相同，没有任何"创新"。

于是陈某一边向国家知识产权专利局专利复审委员会提出无效宣告请求，一边请求南京市中级人民法院中止专利侵权案的审理。国家知识产权专利局专利复审委员会于2004年8月25日作出第6355号无效宣告请求审查决定书，以缺乏新颖性为由宣告李某的专利权全部无效。

当年9月，李某不服专利无效宣告决定，将国家知识产权专利局专利复审委员会起诉至北京市第一中级人民法院。北京市第一中级人民法院经审理认为，李某的专利与早就公开的国家标准完全相同，没有任何"创新"，不具有新颖性。国家知识产权专利局专利复审委员会作出的第6355号决定书认定事实清楚，适用法律正确，审理程序合法。遂于2005年3月21日，判决维持专利复审委员会第6355号决定。

专利无效宣告程序终结后，南京市中级人民法院恢复审理李某状告扬中市通发公司侵犯专利权一案。扬中市通发公司同时也向南京中级人民法院提交诉状,反诉李某恶意诉讼,索赔相关经济损失。

2005年11月18日,李某向南京市中级人民法院请求撤回对被告扬中市通发公司的专利侵权诉讼。法院审查后认为,鉴于双方已为专利权的案子纠缠了两年多,所产生的费用、损失都已产生,因此在对"恶意诉讼"进行审查之前,不准许李某撤诉。对于专利侵权诉讼,审判法官根据专利复审委员会的"宣告无效决定"、北京一中院的专利行政判决,认定李某所拥有的"消防用球阀"实用新型专利权自始无效,起诉扬中市通发公司侵犯自己专利权的基础条件已丧失。据此,南京市中级人民法院驳回了李某的诉讼请求。

对于恶意诉讼,扬中市通发公司认为,李某担任厂长的吴江市这家阀门厂与扬中市通发公司系同业竞争企业。李某作为生产、销售阀门产品企业的负责人,以该专业领域中公知的国家技术标准内容申请专利并以此提起专利侵权诉讼,明显存在恶意,使扬中市通发公司为应诉不得不聘请律师参加专利诉讼和专利无效宣告程序,对扬中市通发公司造成了损害,李某应当承担相应的民事赔偿责任。请求法院确认李某的诉讼行为为恶意诉讼行为,判令李某赔偿律师代理费、公告费、调查费等经济损失5万元。

李某辩称,扬中市通发公司成立于2002年9月29日,他于2001年12月12日获得"消防用球阀"实用新型专利权时,扬中市通发公司尚未成立,他依据合法专利权提起专利侵权诉讼,系公民依法行使诉讼权利的行为,不属于恶意诉讼。诉权是法律赋予当事人进行诉讼的基本权能,是当事人进行诉讼活动的基础。因此,无论从时间上还是事实上说,他的行为都不构成恶意诉讼,并且扬中市通发公司产生的诉讼费用不属于损失,其要求赔偿损失没有法律依据。请求法院驳回扬中市通发公司的损害赔偿请求[①]。

思考问题: 如何看待李某的专利诉讼行为?

主要内容

民法的基本原则是民事主体从事民事活动和司法机关进行民事司法活动应当遵循的基本准则。民法的基本原则是民法的精神所在,灵魂所系。大道至简,

---

[①] 智敏:《"恶意诉讼者"为"恶意"买单——全国首例知识产权恶意诉讼宣判》,载《法治与社会》2007年第4期,第40—41页。

民法的每一条基本原则虽然看起来都十分简短，却是民事活动实践经验的高度凝练与概括，蕴含了丰富的民事法律规范智慧。

一、民法典基本原则的作用

（一）什么是法律的基本原则

法律原则是某一部门法或法律文件中所体现的共同法律精神，是立法、执法、司法、守法及法学研究各环节必须遵循的基本精神指引。法律原则负载着法律制度的价值，是各个具体规则的来源和依据，是对上述制度价值与制度规则的抽象和概括。我国法学界关于法律原则的一种代表性的定义是："众多法律规则之基础或本源的综合性、稳定性的原理和准则。"[1]

每一个法律规范都有一定的规范目的，都体现着其追求的价值；作为法律规范集合的每一部法律，每一个部门法，也都有超越个别规范目的，统领规范价值的若干灵魂性的共同价值；所有的法律，其背后都蕴藏着人类共同的价值追求——公平正义。正是在一些总体的、根本的价值目标的指导和制约之下，整个法律体系才能实现和谐，法律的功能方可真正实现[2]。德国法学家拉伦兹就指出："整个法秩序（或其大部分）都受特定指导性法律思想、原则或一般价值标准的支配。"[3] 民法作为民事活动的基本法，自然也不例外。

（二）民法典基本原则的功能

民法典在民法通则的基础上，结合 30 多年来民事法律实践，适应我国经济社会的发展和民事活动的现实需要，对民法的基本原则作了丰富和补充。这些基本原则的实践功能集中体现在指导民事立法、民事实践活动和民事法律适用三个方面。

在指导民事立法方面，民法基本原则作为民法规范文本的价值主线和灵魂

---

[1] 参见张文显：《法理学》，法律出版社1997年版，第71页。
[2] 尹田：《论民法基本原则之立法表达》，载《河南省政法管理干部学院学报》2008年第1期，第44页。
[3] ［德］拉伦兹：《法学方法论》，陈爱娥译，台湾五南图书出版有限公司1999年版，第255页。

所在，反映的是民事生活的根本属性和基本规律，从而使得其成为民事立法的指导思想，民事法制和谐统一的坚实基础。要实现科学的民事立法，就需要以民法基本原则为指引方向，不断制定和完善具体民事法律规范，使各项民事法律制度最大限度地保持和谐一致，真正构建和发挥好民事法律制度的体系价值。也正是在这个意义上，我们特别强调领导干部在民法典配套制度建设过程中，要始终以民法基本原则为指引。

在指引民事实践活动方面，民法基本原则也是当事人从事民事活动的基本指针和行动指南。人们进行民事活动，当然首先应以具体的民事法律规范作为自己行动的指南，但是，一方面包括领导干部在内的广大非民法专业人士甚至非法律专业人士不可能对民事法律规范有深入的了解和掌握，另一方面非专业人员有时可能难以寻找到与自己特殊情景一一对应的具体民事法律规范，民法基本原则作为民事活动的最高准则，可以给当事人指引基本的行为方向。

在民事法律适用方面，作为民法精神的集中体现者，法律原则具有填补法律漏洞、解释模糊规定、解决法律冲突的功效。"法条有限而人事无穷"，即使再发达、完备的法律，也可能被发现存在漏洞，这是人类理性有限性和法律的滞后性所决定的；即使再科学、具体的法律，存在一些抽象概括规定也是不可避免的，这是法律的稳定性和立法技术的需要；即使再周全、缜密的法律，法律规范之间、法律承载的各种价值之间存在矛盾冲突也是不可避免的，这是法律追求多种利益平衡的宿命。因而，在民法适用过程中，补充、解释和调和具体法律规范就需要以民法基本原则为依归。

这一点在我国民事法治建设中具有特殊的意义。相比于发达国家，我国民事立法的积累还不太丰厚，民事法律适用的经验积累还不充分，存在更多的法律漏洞、更多的模糊规定，甚至更多的条文矛盾冲突。民法典的颁布，虽然在法律规定的具体化、体系化方面有了长足进展，但必须认识到，我国的民法典只有1260条，10万多字，而200多年前的1804年法国民法典为2281条，100多年前德国民法典为2385条，1997年意大利民法典共2969条，费安玲和丁玫教授于1997年翻译出版的《意大利民法典》中文字数超过60万，郑冲和贾红梅于1999年翻译出版的《德国民法典》中文字数超过40万。因此，我们既要看到此次民法典编纂取得的了不起的成就，也应看到未来民法典的完善和配套制度建设任务之繁重。我们要充分发挥民法基本原则的填补、解释和调和功能，实施好民法典。

二、平等原则

平等原则就是指民事主体在民事活动中的法律地位一律平等。也就是说，在民事法律关系中，民事主体互不隶属，各自能独立地表达自己的意志，其合法权益平等地受到法律的保护。

平等原则是民事法律关系特有的原则，是民事法律区别于行政法律关系、刑事法律关系等其他法律关系的主要标志，也是民法最基础、最根本的一项原则[1]。即使是承担公共管理职责的国家机关，一旦进入民事领域，例如购买商品、服务等，与普通民众、企业也一样是平等的，并不能因为国家机关在履行公共管理职责过程中与相对人存在管理与被管理的关系，而将这种不对等关系带入民事领域。

平等原则是市场经济的内在要求在民法上的具体体现。实行市场经济，必然呼唤市场主体地位平等、机会平等。市场是由一个个市场主体及其活动所组成的。要让市场在资源配置中起决定性作用，就必须平等对待每一个市场主体。自然人与自然人之间、企业与企业之间、自然人与企业之间在市场中的地位都应当是平等的，没有贵贱高低之分，只要依法经营，就应同样得到法律的保护。只有这样，才能真正启动市场竞争，实现优胜劣汰，资金、土地、技术、信息、劳动力等生产要素才能根据各市场主体的效益情况不断优化流向，最终实现社会资源的总体合理配置。如果有的市场主体拥有高人一等的地位，那么就会限制资源的自由流动，导致资源的逆向配置。在制定《物权法》的时候，就曾发生过关于国有、集体和私人的物权是否应当平等对待的争论。对此，《物权法》第三条第三款明确规定，"国家实行社会主义市场经济，保障一切市场主体的平等法律地位和发展权利"，为这场争论给出了结论。《民法典》在吸收物权法这一规定的基础上，进一步增加规定"国家、集体、私人的物权和其他权利人的物权受法律平等保护，任何组织或者个人不得侵犯"（第二百零七条）。

---

[1] 尹田：《论民法基本原则之立法表达》，载《河南省政法管理干部学院学报》2008年第1期，第46页。

平等原则同时也是社会发展进步在民法上的具体写照。从西方社会发展历史来看，在古罗马时代，不同等级的人拥有不同的公权和私权，存在有无人格，以及人格高低之分。只有享有自由、家长和市民身份的人才具有完整的人格，奴隶不享有人格，妇女、家子也不拥有完整的人格。我国同样是等级制度十分悠久的国家，皇室贵族与官僚之间不平等，官僚与平民百姓之间也不平等，同为平民百姓，彼此之间也不见得平等。古代中国法律的突出特点就是"引礼入法"，而礼制的核心之一便是贵贱有别，亲疏有差。但是，这种将人划分为三六九等的做法自然与社会发展趋势格格不入。及至17、18世纪，近代民法否定了古代民法不平等身份的狭隘观念，实现了法律人格的形式平等①。英国法律史学家梅因曾说过一句名言，"所有进步社会的运动，到此处为止，是一个'从身份到契约'的运动"②。今天，平等和独立已经取代依附与等级，成为社会共同认同的理念，法律面前人人平等更是深入每一个人的内心。

当然，随着社会经济的发展，平等原则也被不断注入新的内涵。现代社会，随着在生产、生活领域保护劳动者和消费者的呼声日高，平等原则的内涵正经历从单纯谋求民事主体抽象的法律人格的平等，到兼顾在特定类型的民事活动中，谋求当事人具体法律地位平等的转变。例如，《消费者权益保护法》特别授予了消费者在特定情形下的"无理由退货权"，即经营者采用网络、电视、电话、邮购等方式销售商品，消费者有权自收到商品之日起七日内退货，且无须说明理由。但经营者却没有类似的可以无理由取消交易的权利。这从形式上看或许不平等，但考虑到网络、电视、电话、邮购交易的实际情形，也可以说是保障了双方实质上的平等。

平等贯穿于民法典始终，具体体现在：民法调整平等主体的自然人、法人和非法人组织之间的人身关系和财产关系（第二条），民事主体在民事活动中的法律地位一律平等（第四条），自然人的民事权利能力一律平等（第十四条），民事主体的财产权利受法律平等保护（第一百一十三条），国家、集体、私人的物权和其他权利人的物权受法律平等保护（第二百零七条），婚姻男女平

---

① 马骏驹，刘卉：《论法律人格内涵的变迁和人格权的发展》，载《法学评论》，2002年第1期，第26—41页。

② 梅因：《古代法》，沈景一译，商务印书馆1959年版，第144页。

等（第一千零四十一条第二款），家庭成员应当维护平等、和睦、文明的婚姻家庭关系（第一千零四十三条第二款），夫妻在婚姻家庭中地位平等（第一千零五十五条），夫妻双方平等享有对未成年子女抚养、教育和保护的权利（第一千零五十八条），夫妻对共同财产有平等的处理权（第一千零六十二条第二款），继承权男女平等（第一千一百二十六条）。

准确理解把握民法的平等原则，是"入门"民法的必修课。我们的传统观念和风俗习俗当中，还有不少与平等原则不吻合的，例如"子不教父之过""嫁出去的姑娘泼出去的水"，以及家庭当中的大男子主义、孩子教育中的"狼爸虎妈"、家庭财产分配及遗产继承中只分男不分女等。其实，如果按照民法典的规定，不仅继承权男女平等，夫妻在家事处理中地位平等，父母对未成年子女抚养教育保护的权利义务平等，即使家庭成员之间也应当维护平等的家庭关系，子女是和父母一样享有平等权利的民事主体，父母不能像行使所有权一样对成年子女绝对控制。从实践来看，我们在权利的平等保护方面还有很多不足之处。除了我们经常讲的对民营企业产权的保护还需要加强之外，国有产权的保护问题也应当引起重视。笔者曾去某地方农垦调研，有个农场反映他们农场拥有国有农用地7万多亩，但有2万多亩被当地集体经济组织和农民长期侵占，有些早已办了国有农用地使用权证的土地，有的地方政府部门给集体经济组织或农民再次重复发证。从全国情况看，这种现象还比较普遍。当然，民法强调平等，但也重视对未成年人、老年人、妇女、残疾人、消费者，以及中小企业等弱者的保护。例如，《民法典》第一千零八十七条第一款规定："离婚时，夫妻的共同财产由双方协议处理；协议不成的，由人民法院根据财产的具体情况，按照照顾子女、女方和无过错方权益的原则判决。"2020年9月1日实施的《保障中小企业款项支付条例》对国家机关、事业单位、大型企业等与中小企业交易活动中的款项支付问题作出了明确、有利于中小企业的严格规定，这与民法的平等原则并不矛盾。

三、自愿原则

自愿原则是指，民事活动应当尊重民事主体的意愿，民事主体可以按照自己的意思设立、变更、终止民事法律关系。自愿是指民事主体得自主地进行民事活动的基本准则，其基础是当事人是自己利益的最佳判断者，基本理念是保障和鼓励人们依照自己的意志进行民事活动，允许当事人根据自己的意愿，凭借自身知识、偏好和判断，自主选择和确定自己所希望产生的民事法律关系，并自行承担相应的法律后果，也就是意思自治。意思自治是民法最核心的原则，是民事活动和市场经济的活力之源。民法意义上的自愿是没有受到欺诈、胁迫，也没有被乘人之危的真正的自愿，也即《民法典》第一百四十三条所规定的"意思表示真实"。意思表示真实是合同、遗嘱等民事法律行为有效的基本要件，恶意串通、受欺诈、被胁迫或乘人之危而导致意思表示不真实是合同或遗嘱等无效或可撤销的主要原因。

自愿原则反映在民法的诸多领域，例如物权人可以根据自己的意愿支配和处分财产，男女双方可以根据自己的意愿缔结或解除婚姻，夫妻双方可以约定财产归个人所有或共同所有，受害人可以根据自己的意愿选择宽恕加害人，立遗嘱人可以根据自己的意愿订立遗嘱决定遗产分配等，不过最主要、最集中地反映在合同法领域。合同关系应当是双方当事人经过充分协商，就各自的合同权利和义务达成一致的产物。自愿原则贯彻合同关系的全过程，包括：第一，订不订立合同自愿，当事人自主决定是否签订合同；第二，与谁签订合同自愿，当事人可以根据自己的意愿选择对方当事人；第三，合同内容自愿，双方当事人在不违法的情况下自主约定合同内容；第四，变更、终止合同自愿，当事人可以协议补充、协议变更有关内容，也可以协商解除合同。

自愿原则强调在民事活动中尊重当事人的自由选择，让当事人按照自己的意愿确定民事法律关系。这意味着一方面要排除另外一方当事人的强迫、欺诈及其他不当影响和压力，也意味着另一方面也要排除任何第三方单位和个人，包括政府机关对当事人自主行为的干涉，确实让当事人在法律允许的范围内做到"我的地盘我做主"。

自愿原则和平等原则紧密相连。法律地位平等是自愿原则的前提，如果当事人的法律地位不平等，就谈不上协商一致，谈不上什么自愿。与此同时，自愿也是双方地位平等的必然后果。平等意味着任何一方都不得凌驾于另一方之上，都无法把自己的意志强加给另一方，自愿协商就成为当事人之间互利合作的必然选择。

当然，自由从来都不是绝对的、无限制的自由，不是当事人想怎样就怎样。首先，自由意味着责任。自由与责任是一个硬币的两个面。自主自愿的行为是当事人的一种自我选择，自我选择的同时意味着要承担该项选择可能的代价和责任。当事人选择进入特定的民事法律关系，在享受选择带来的民事权利的同时，也应当履行相应的民事义务，并承担无法履行民事义务所可能带来的民事责任。民法在保障当事人实现自己意愿的同时，也不允许当事人"光拣好的挑"，只要权利而逃避责任。民法典规定的"自甘冒险"制度即是这一精神的典型体现。《民法典》第一千一百七十六条第一款规定："自愿参加具有一定风险的文体活动，因其他参加者的行为受到损害的，受害人不得请求其他参加者承担侵权责任；但是，其他参加者对损害的发生有故意或者重大过失的除外。"这表明，对于"自愿参加"具有一定风险的文体活动而因其他参加者的行为受到损害的，原则上风险自担，即不得向其他参加者请求损害赔偿，除非其他参加者对损害的发生有故意或者重大过失。

其次，自愿是在法律允许范围内的自由。当事人的自主意思只有在法律允许的范围内行事，才能获得法律的支持和保障。因此，自愿原则和公平、守法、公序良俗、绿色等民法其他基本原则密切相关。当事人的自愿行为必须同时符合公平、守法、公序良俗、绿色等民法其他基本原则的要求，否则就无法产生当事人希望的法律效果。即使是在最看重自愿原则的合同法领域，也可以看到有许多自愿原则的例外。例如，在邮政，电信，供用电、热、水、气，交通运输，医疗等事关公众生活的公共事业和公共服务领域，就会存在一定的强制缔约要求。而为了实现特定公共利益，法律也可能规定双方都负有强制缔约义务，如机动车强制责任保险。之所以强制缔约，要么是自愿交易的基础不存在，要么是为了实现特定公共利益。

民法尊重民事主体的选择意愿，如果民事主体的意思表示真实且不违法，民法自然乐观其成，如《民法典》第一千零六条第一款规定，完全民事行为能力人有权依法自主决定无偿捐献其人体细胞、人体组织、人体器官、遗体。如果民事主体没有作出相应选择，民法在替民事主体作选择时，也会尽可能地考虑、揣摩民事主体的意愿，至少不得违背民事主体的意愿。例如，《民法典》第一千零六条第三款规定，自然人生前未表示不同意捐献的，该自然人死亡后，其配偶、成年子女、父母可以共同决定捐献，决定捐献应当采用书面形式。

民法的自愿原则，体现的是对自主选择的尊重，民法典正是通过合同、婚姻缔结解除、收养、遗嘱遗赠等制度安排，赋予民事主体安排当下及未来生产生活、妥当处理身后事务的有效手段。正是在这个意义上，民法典主要不是用来"守"的，而是应当"活学活用"的。比如，民法典规定"居住权无偿设立，但是当事人另有约定的除外"。这就意味着居住权原则上无偿，但也可以有偿，这为"以房养老"打开了制度之门，老年人可以将自己的房子卖掉，然后让买受人为自己在原来的房子上有偿设立居住权，从而达到"不离己屋"即可用自己的房产变现养老的目的。同时，民法典还规定："设立居住权的住宅不得出租，但是当事人另有约定的除外。"这就意味着居住权人如果要将房屋出租，必须事先取得居住权设立人的同意，让其在居住权设立合同或者遗嘱中明确可以出租。从民法典对居住权的规定可以看出，民法为我们创造的施展才华、实现愿望的空间不小，关键就看我们对民法典的规定是否真正吃透、弄懂。

领导干部理解把握自愿原则，关键在于尊重、"容忍"市场主体的自主选择，要给市场主体更多的机会、更广阔的舞台。"当官不为民作主，不如回家卖红薯"的想法如果从为人民服务的角度理解自然没有问题，但如果"替民作主"那是要不得的。我们不仅要尊重民法赋予民事主体的选择权利，还应当进一步推动制度改革，为市场主体开辟更为宏大的自主选择市场。

四、公平原则

公平原则是指民事主体应依社会公认的公平观念从事民事活动，合理确定各方的权利和义务，维持当事人之间的利益均衡。公平原则体现的是民法促进社会公平正义的基本价值，也是正义的道德观在法律上的反映。

古人许慎在《说文解字》中解释"法"字时说，"灋，刑也。平之如水，从水；廌，所以触不直者；去之，从去"，因此人们在形容法律时通常都会讲"法平如水"。古罗马法学家塞尔苏斯也讲过，"法律乃善良和公平的艺术"。中西方的这些法律谚语都充分说明公平是人们最为朴素的法律情感，也是各国法律制度长久以来就孜孜以求的目标，更是法律制度确立自身正当性的内在基础。

"公平的概念只有在人与人的关系上才有意义"[①]。民法上公平的要义就是妥善确定民事活动中各方的权利和义务，避免天平过分地向某一方当事人倾斜。合同约定应当信守，他人财产不可侵犯，伤害他人必须赔偿，见义勇为理应得到支持，这都是公平的应有之意。有偿行为的责任重于无偿行为，如《民法典》第一千二百一十七条规定，非营运机动车发生交通事故造成无偿搭乘人损害，属于该机动车一方责任的，应当减轻其赔偿责任，但是机动车使用人有故意或者重大过失的除外。如此规定也是公平的体现。

要注意的是，公平原则并不简单等同于等价有偿。例如，日常生活中十分常见的赠与行为，只要赠与是赠与人的真实意思，就不能单纯因为赠与本身是无偿的而认定赠与违反公平原则。再如，很多著名的影星、歌星、体育明星的粉丝为了得到他们的一件签名照、运动衫或其他的物品，为了观看一次他们的演出，愿意用高价进行交换。虽价格在常人看起来超乎异常，甚至离谱，但是只要这些粉丝是成年人，能理解自己的行为后果，法律也无从置喙。因此，在民法上就一方给付与对方的对待给付之间是否公平、是否具有等值性，其判断依据采取的是主观等值原则，即当事人主观上愿以此给付换取对待给付，即为公平合理，至于客观上是否等值，法律一般并不过问。

当然，法律也并非一律放任自流，完全任凭当事人决定。例如，一方当事人利用对方处于危险境地，或者陷入"叫天天不应，叫地地不灵"的窘迫，或者缺乏判断能力等情形，致使双方之间的权利义务关系显失公平的，那么基于公平的理念，民法允许受损害的一方向人民法院或者仲裁机构请求予以撤销。

再如，合同的双方当事人可以自行约定违约金条款，确定一方违约时应当缴纳的违约金金额，但是如果约定的违约金低于违约造成的真实损失，或者过分高于造成的损失，机械地执行违约金条款显然都是不公平的。从公平的角度出发，民法也允许当事人请求人民法院或者仲裁机构予以增加或者适当减少。

又如，现代社会生活中许多经济交易往往通行格式合同。一些商家借制定、签订格式合同之际，或者朗朗乾坤之下硬往合同里塞进损人利己的私货，或者大

[①] [英]彼得·斯坦等著：《西方社会的法律价值》，王献平译，中国人民公安大学出版社1990年版，第78页。

布迷魂阵，以偷偷隐藏的蝇头小字、佶屈聱牙的专业词汇等方式，明修栈道，暗度陈仓，或者对合同的条款作异于常理的解释，甚至堂而皇之地宣称合同的全部解释权全归己有，不容他人染指，以便发生纠纷时充分利用解释权条款把自己的义务与责任推卸的一干二净。但在公平原则的审视之下，这些魑魅魍魉的手段都是法律所嗤之以鼻的。可以说，法律关于格式条款的规定，贯彻的就是公平原则，判断格式条款是不是霸王条款，主要也是看其是不是违背了公平原则。

由此可见，公平的价值追求，对于弥补法律具体规定的缺失和纠正贯彻自愿原则过程中可能出现的一些弊端，有着十分重要的意义。

不过，值得注意的是，公平是一个主观性很强的概念，民法强调公平，但对民事交易结果的调整权力予以严格限制，以免对既有交易秩序造成过大冲击，影响当事人预期。典型的例子就是民法典侵权责任编对民法通则侵权公平责任条款的修正。《民法通则》第一百三十二条规定："当事人对造成损害都没有过错的，可以根据实际情况，由当事人分担民事责任。"这一条规定中的"可以根据实际情况"赋予了法官过大的自由裁量权，司法实践中存在不同程度的滥用。《民法典》第一千一百八十六条在删除"可以根据实际情况"的同时，对双方分担损失增加"依照法律的规定"的限制性条件，从而将侵权公平责任的适用限定在必要的范围内。

五、诚信原则

诚实信用原则是指民事主体在行使权利、履行义务过程中，应当秉持诚实，恪守承诺。诚实信用原则在我国之前的民事立法中已多有要求。例如，《民法通则》第四条规定，民事活动应当遵循诚实信用的原则。《合同法》第六条规定，当事人行使权利、履行义务应当遵循诚实信用原则。《民法典》第七条规定，民事主体从事民事活动，应当遵循诚信原则，秉持诚实，恪守承诺。诚实信用原则适用于民法的全部领域。民事主体从事民事活动，即使考虑再周全、约定再详细，也不可能做到尽善尽美、滴水不漏。无论合同约定不明条款的解释，还是合同的履行，甚至合同终止后相关义务的履行，都可能需要诚信原则的指导。正因为诚实信用原则具有高度的抽象性和普遍适用性，也常常被奉为民法中的"帝王条款"，具有"君临法域"的效力。

所谓的"秉持诚实"主要是要求当事人在民事活动中应当秉持善意，一切民事权利的行使，应当合乎权利所保护的目的，不能超过权利的正当界限，一旦超过，即构成滥用。常见的权利滥用的类型有：行使权利以损害他人为目的；以有损于社会利益的方式行使权利；违背权利目的行使权利。例如，假借订立合同，恶意进行磋商，导致他人丧失商业机会；再如，故意隐瞒与订立合同有关的重要事实或者提供虚假情况；又如，专利权人长期不实施其专利，也不以合理的条件允许具备条件的他人使用其专利等。同理，民事义务的履行，也应当善意而真诚，协力实现权利人所受保护的利益。如果未以诚信的方式履行义务，仍然属于履行不到位。例如，《民法典》第五百五十八条规定："债权债务终止后，当事人应当遵循诚信等原则，根据交易习惯履行通知、协助、保密、旧物回收等义务。"违反这些义务，仍然构成违约。

信守承诺则是一条古老而重要的基本社会交往规则。子曰："人而无信，不知其可也。"孔夫子无法想象一个人不讲信用会是什么样子的。法律也同样无法想象一个不需要遵守诺言的社会如何能够运转下去。信守诺言是中华民族的传统美德与信条。自从西汉的董仲舒首先把"仁义礼智信"概括为"五常之道"之后，"信"就成为每一个中国人的自我基本要求之一。恪守诺言同样是世界其他民族的古老传统。古罗马的法律认为当事人双方达成的合同是一种"法锁"。当两个人彼此意思一致，达成了合同，那么他们就被法律锁在了一起。除非法律出于其他原因自己打开这把锁，否则解开这把锁只能是当事人践行自己承诺的行为。

"诚者自然，信是用力，诚是理，信是心，诚是天道，信是人道，诚是以命言，信是以性言，诚是以道言，信是以德言。"（《性理大全·诚篇》）诚实信用原则是市场伦理道德准则在民法上的反映。举止善意、一诺千金不仅仅是一种自我的道德约束，它本身具有重要的社会意义。诚实守信有效地降低了社会的交易成本，使得人与人之间的信任成为可能，让人际之间的合作得以顺利进行。现代市场经济是信用经济。以社会分工为基础的市场交易要求交易的双方都必须讲究信用，才能实现各自的交易目的，真正达到互利共赢。在此基础上，不断扩大的市场交易又会进一步刺激社会分工细化和专业效率的提高。随着社会分工日渐细分，市场交易关系更加频繁，也更为复杂，要维持日益扩展和日渐繁杂的市场关系就需要以诚信为基础确立良性市场秩序。

没有诚信，就没有大规模的交换，也就没有发达的市场，经济活动的广度和深度都会受到极大的限制。事实证明，哪个行业、哪个地区的诚信水平不高，哪个行业、哪个地区的经济发展水平就提不上去。因此，诚信是各类市场主体可持续发展的生存之本，是各类经济活动高效开展的基础保障，也是减少政府对经济的行政干预、完善社会主义市场经济体制的迫切要求。

当前，我国社会信用体系尚不完善，社会诚信意识和信用水平偏低，有些人在生活和商业中以耍小聪明、玩小把戏为荣，履约践诺、诚实守信的社会氛围尚未形成，重特大生产安全事故、食品药品安全事件时有发生，商业欺诈、制假售假、偷逃骗税、虚报冒领、学术不端等现象屡禁不止。坚持民事主体在民事活动中必须讲诚实、重诺言、守信用，有助于改善市场信用环境、降低交易成本、防范经济风险，对于建设诚信社会、规范市场秩序具有重要的现实作用和深远的历史意义。

六、守法原则

守法原则就是指民事主体从事民事活动，不得违反法律。法律规定有强制性规定和任意性规定之分。所谓强制性规定，是指内容具有强制性质，不允许人们加以更改的法律规定。例如，《民法典》第一百五十四条规定，行为人与相对人恶意串通，损害他人合法权益的民事法律行为无效。只要是此类行为就归于无效，当事人即使自己不提出异议也同样无效。再如，《民法典》第二百七十三条第一款规定，业主对建筑物专有部分以外的共有部分，享有权利，承担义务；不得以放弃权利为由不履行义务。又如，《民法典》第一百九十七条规定："诉讼时效的期间、计算方法以及中止、中断的事由由法律规定，当事人约定无效。当事人对诉讼时效利益的预先放弃无效。"任意性规定是指允许人们以自己的意愿变更相关内容的法律规定。例如，《民法典》第七百一十二条规定，出租人应当履行租赁物的维修义务，但是当事人另有约定的除外。该条规定意味着，出租人和承租人可以协商改变法律上关于租赁物维修义务由出租人承担的规定，比如说约定由承租人负责。这就属于任意性规定。不得违反法律是指不得违反法律中的强制性规定。

民事活动应当符合法律的强制性规定。当事人不能为了逞一人之快、遂一己之愿而违背法律的强行规定。莎士比亚的名剧《威尼斯商人》为我们提供了一个解说守法原则的最好例子。威尼斯商人安东尼奥为了帮助朋友,向犹太商人夏洛克借了一笔钱,而夏洛克为了报复安东尼奥平时对他的侮辱,情愿不要利息,但是要求在三个月的期限届满之后,如果安东尼奥不能清偿债务,就要由夏洛克在安东尼奥"心口所在的附近取一磅肉"。后来因为安东尼奥的商船接连沉没,到期无法还清债务,夏洛克就向法庭起诉,请求按照原合同履行。

智慧的鲍西娅将安东尼奥从这个困境中解救了出来。鲍西娅承认这一合同的效力,夏洛克的确有权在安东尼奥的胸前取一磅肉。但是由于合同上只写了一磅肉,所以如果在割肉时流出一滴血,或者割下来的肉超过一磅或不足一磅,那就不再是合同所允许的范围,而是变成谋杀,要按照威尼斯的法律抵命并没收全部的财产。

剧本中这一案件靠着鲍西娅的智慧得到了解决。但是从现代法律的观点来看,本案的正解其实在于如何评价合同自身的效力。民法虽然承认当事人在民法领域拥有广泛的自由,但当事人的意志不能抵触法律。如果当事人从事的民事活动的内容或者形式违反法律的强制性规定,法律将旗帜鲜明地拒绝承认这样的民事行为的效力。夏洛克和安东尼奥所订立的这种割肉抵债的合同,违反了身体权、健康权不得转让的基本规定,显然属于违法的合同。

需要注意的是,守法原则讲的法律强制性规定不仅包括民法,还包括其他法律、行政法规的强制性规定。现代社会出于保障人权、维护社会秩序、保障公共利益等不同理由,通过民法,更多的是通过各类公共管理性质的法律、行政法规设定了民事行为的禁区,这些都构成了民事行为的边界。当然,并不是只要违反法律、行政法规的强制性规定,法律行为就无效。《民法典》第一百五十三条规定,违反法律、行政法规的强制性规定的民事法律行为无效。但是,该强制性规定不导致该民事法律行为无效的除外。理论上将强制性规定区分为效力性强制性规定和管理性强制性规定,违反效力性强制性规定的,合同无效,而违反管理性强制性规定的,并不影响合同的效力。2019年最高人民法院发布的《全国法院民商事审判工作会议纪要》指出,人民法院在审理合同纠纷案件时,要依据《民法总则》第一百五十三条第一款和《最高人民法院关于适用〈中华人民共和国合同法〉若干问题的解释(二)》第十四条的规定慎重判断"强制性规定"的性质，特别是要在考量强制性规定所保护的法益类型、违法行为的法律后果以及交易安全保护等因素的基础上认定其性质，并在裁判文书中充分说明理由。下列强制性规定，应当认定为"效力性强制性规定"：强制性规定涉及金融安全、市场秩序、国家宏观政策等公序良俗的；交易标的禁止买卖的，如禁止人体器官、毒品、枪支等买卖；违反特许经营规定的，如场外配资合同；交易方式严重违法的，如违反招投标等竞争性缔约方式订立的合同；交易场所违法的，如在批准的交易场所之外进行期货交易。关于经营范围、交易时间、交易数量等行政管理性质的强制性规定，一般应当认定为"管理性强制性规定"。

七、公序良俗原则

公序良俗原则是指民事主体从事民事活动，不得违背公序良俗。公序良俗是公共秩序与善良风俗的合称。公共秩序的含义多是指与社会公共利益有关的社会秩序，包括经济秩序、政治秩序、生活秩序等，而善良风俗通常指的是社会公认的、良好的道德准则和风俗，是社会、国家的存在和发展所必要的一般道德，或者说特定社会所尊重的基本伦理要求。

各国的民事立法中，有采用公共秩序与善良风俗两个概念的，也有仅用善良风俗一语的。《民法总则》首次在我国民事立法中采用了公序良俗原则的表述。之前我国的民事法律大都使用的是社会公共利益、社会经济秩序、社会公德等概念。例如，《民法通则》第七条规定："民事活动应当尊重社会公德，不得损害社会公共利益，扰乱社会经济秩序。"《合同法》第七条规定："当事人订立、履行合同，应当遵守法律、行政法规，尊重社会公德，不得扰乱社会经济秩序，损害社会公共利益。"《物权法》第七条规定，物权的取得和行使，应当遵守法律，尊重社会公德，不得损害公共利益和他人合法权益。社会公共利益和社会经济秩序可以说就是公序，而社会公德则是良俗的集中体现。《民法典》沿用了《民法总则》关于公序良俗的称谓，其第八条规定，民事主体从事民事活动，不得违反法律，不得违背公序良俗。第一百五十三条第二款规定，违背公序良俗的民事法律行为无效。

公序良俗原则是现代民法一项重要的法律原则，一切民事活动应当遵守公共秩序及善良风俗。民事主体实施法律行为的目的和内容，只要违反公序良俗，即使法律对该行为没有明确的相应禁止性规定，也可以认定其抵触法律。2019年最高人民法院发布的《全国法院民商事审判工作会议纪要》指出，违反规章一般情况下不影响合同效力，但该规章的内容涉及金融安全、市场秩序、国家宏观政策等公序良俗的，应当认定合同无效。人民法院在认定规章是否涉及公序良俗时，要在考察规范对象基础上，兼顾监管强度、交易安全保护以及社会影响等方面进行慎重考量，并在裁判文书中进行充分说理。公序良俗的内涵与外延是随着社会发展而变化的。在现代社会，保护劳动者、消费者、承租人等现代市场经济中的弱者已经成为公共秩序的范畴。

与守法原则相类似，公序良俗原则也是对民事主体自由意志的一种限制。当事人自愿实施的民事行为也不得违反社会秩序和社会公德。如《民法典》第一百五十四条规定，行为人与相对人恶意串通，损害他人合法权益的民事法律行为无效。公序良俗成为法律为民事主体自由行动划定的另外一道红线。林肯曾说，"法律是显露的道德，道德是隐藏的法律"。法律是调整社会关系的主要手段。法律规范必须以维护社会基本秩序和基本道德为基础，但法律也不可能将所有的道德准则事无巨细地都确认为法律义务，它只能要求人们不违反基本的道德准则。公序良俗原则将尊重社会公共秩序和善良风俗作为强制性规范，使民法成为维护社会公共利益及共同道德价值的重要载体，推动遏制歪风邪气，筑牢社会的道德底线，弘扬社会公德，维护社会基本秩序。比如，救助企图自杀之人，虽然违背了自杀者的意思，但仍为民法所鼓励，因为自杀是违背公序良俗的。

相较于守法原则，公序良俗原则的内涵较为模糊。但也正是这一特点，让公序良俗原则在很大程度上弥补了法律禁止性规定的不足，填补了法律漏洞。由于社会生活的复杂性以及法律的滞后性，立法者不可能把一切应当禁止的行为都事先设想完备，并提前以禁止性规范的形式表达出来。在法律无具体的禁止性规定时，公序良俗原则成为司法机关衡量当事人的行为是否应当给予保护的裁判准则。

八、绿色原则

绿色原则是指民事主体从事民事活动，应当有利于节约资源、保护生态环境。《民法典》在第九条规定"民事主体从事民事活动，应当有利于节约资源、保护生态环境"的基础上，在业主权利行使义务履行、建设用地使用权的设定、商品包装等具体方面提出了绿色的要求，在商品使用期限届满后的回收、环境污染和生态破坏的侵权责任承担方面更是作出了明确规定，甚至要求惩罚性赔偿。如第六百二十五条规定，依照法律、行政法规的规定或者按照当事人的约定，标的物在有效使用年限届满后应予回收的，出卖人负有自行或者委托第三人对标的物予以回收的义务。

绿色原则的提出，传承了天地人和、人与自然和谐共生的我国优秀传统文化理念，又体现了党的十八大以来的新发展理念，与我国是人口大国、需要长期处理好人与资源生态的矛盾这样一个国情相适应[①]。

中国传统文化一向注重追求"天"与"人"之间的和谐均衡。"天人合一"是中国古代哲学的宝贵思想。老子提出："人法地，地法天，天法道，道法自然。"儒家对天人合一观念也进行了许多阐发。孔子提出"钓而不纲，弋不射宿"，主张只用鱼竿钓鱼，不用大网拦河捕鱼，反对射猎夜宿之鸟，防止幼鸟失怙，毁掉两代生命，充分表明了孔子对于自然的态度。《中庸》中也说"致中和，天地位焉，万物育焉"。这种"天人合一"的思想，以"天地与我并生，而万物与我为一"为最高追求境界，蕴含了深邃的生态伦理观，与当代可持续发展的要求高度契合。

改革开放四十多年来，我国综合国力有了很大提升，国际影响力显著增强，特别是经济发展举世瞩目，目前我国经济总量已跃居世界第二位，成为拉动世界经济增长的一大火车头。然而相对粗放的经济增长方式，也使我们在资源环境方面付出沉重代价。我国资源严重短缺，人均资源耕地、水资源拥有量，分别不到世界平均水平的40%、30%；人均煤炭、石油和天然气资源拥有量仅为世界人均水平的60%、10%和5%。但与国际先进水平相比，我国经济增长仍

[①] 《关于〈中华人民共和国民法总则（草案）〉的说明》，载中国人大网2016年7月5日。

存在资源消耗高、浪费大、环境污染严重等问题。人均资源消费需求与资源的总量和质量，总体资源消耗需求与环境污染承载能力之间的矛盾越来越突出，已经成为影响和制约我国发展的突出因素。

党的十八大审时度势，明确把生态文明建设纳入中国特色社会主义事业"五位一体"总体布局，首次将"美丽中国"作为生态文明建设的宏伟目标。党的十八届三中全会提出要加快建立系统完整的生态文明制度体系，十八届四中全会要求用严格的法律制度保护生态环境，十八届五中全会将绿色发展纳入"五大发展理念"，作为指导"十三五"乃至更长时期经济社会发展的一个重要理念。习近平总书记强调，"要把生态环境保护放在更加突出位置，像保护眼睛一样保护生态环境，像对待生命一样对待生态环境"。"我们既要绿水青山，也要金山银山。宁要绿水青山，不要金山银山，而且绿水青山就是金山银山。"《中共中央关于制定国民经济和社会发展第十四个五年规划和二〇三五年远景目标的建议》将"生态文明建设实现新进步"确立为"十四五"时期经济社会发展主要目标之一，并提出推动绿色发展，促进人与自然和谐共生。明确要求：坚持绿水青山就是金山银山理念，坚持尊重自然、顺应自然、保护自然，坚持节约优先、保护优先、自然恢复为主，守住自然生态安全边界。深入实施可持续发展战略，完善生态文明领域统筹协调机制，构建生态文明体系，促进经济社会发展全面绿色转型，建设人与自然和谐共生的现代化。

将绿色原则确立为民法的基本原则，规定民事主体从事民事活动，应当有利于节约资源、保护生态环境，这一规定呼应了绿色发展的时代主题，有利于制止浪费资源、损害生态环境的行为，摒弃"杀鸡取卵"的发展方式，推动应对当前面临的资源趋紧、环境污染严重等突出问题，促进形成以环境承载能力为基础，遵循自然规律，合理开发建设，人与自然和谐共处的环境友好型社会，实现我国生态可持续发展。

当然，绿色原则作为崭新的民法基本原则，还有许多问题待进一步的司法实践和学理研究加以明确，如：如何在民事法律活动中予以具体适用；谁来评判当事人的行为是否有利于节约资源、保护环境；当事人的民事行为如果不符合绿色原则，行为的法律效力如何；谁可以对不符合绿色原则的民事行为提出异议；如何提出异议；等等。

案例解析

案例一：张学英诉蒋伦芳遗赠纠纷案

该案最大的争论问题就是一审与二审判决均以民法"公序良俗"原则否定了符合继承法规定的遗赠行为的效力。对此，有赞成与反对两种截然不同的态度。赞成者认为原则是规则的基础，因此持原则高于规则的立场，本案的二审判决就采纳了该观点，明确指出，"公序良俗"原则"在法律适用上有高于法律具体规则适用之效力"；而反对者则认为，规则较之于模糊而不确定的原则，具有具体性和确定性，故须优先适用。此外，有批评者指出，在形式法治尚未足够发展的中国，法律的确定性价值尤为重要，该案判决从"个案正义"中获得的正面效应也许并不比其负面效应大，因为它有可能损害法律的威严，减损人们对法律的信仰，增加人们对法律的不信任。[①]另有批评者认为，首先，该案值得检讨的是这种判决未尽充分的说理和论证义务；其次，依据原则为规则创制例外时，不但要顾及一些形式原则，而且要考量规则背后起支撑作用的原则，即案中所涉及的"个人的遗嘱自由"，而其与"公序良俗"原则背后的"保护婚姻家庭的利益"又形成了原则之间的竞争关系。本案的关键不在于该遗赠行为是否违背"公序良俗"，而在于更深的一个层面，即"公序良俗"原则能否将对该遗嘱自由的限制加以正当化，也就是说，该案中的保护合法家庭的利益能否将对该遗嘱自由的限制加以正当化。但本案判决虽把该遗嘱行为涵摄为违背"公序良俗"的行为，却没有将对该遗嘱自由的限制加以正当化。而这种正当化的问题其实正是一个如何解决原则冲突的问题。[②]

像"公序良俗"这样内涵较为模糊的民法原则，其涵盖范围又十分广泛，很容易与其他规则、原则形成冲突。如果不加限制，必将导致法官自由裁量权的失控和法律安定性的丧失。在国外，当今许多大陆法国家均已经通过判

---

① 张卓明、林来梵：《论法律原则的司法适用——从规范性法学方法论角度的一个分析》，载《中国法学》2006 年第 2 期，第 123 页、第 131 页。
② 同上，第 131 页。

例的积累,将"公序良俗"原则的内容加以具体化和确定化,德国和日本甚至就这一原则在类似于我国前述的案件中应当如何适用的问题,早已经确立了主导性判例。[①] 如根据西德联邦最高法院的判例,如果被继承人立其情妇为继承人"旨在酬谢其满足自己的性欲或旨在决定或加强这种两性关系的继续",那么这种行为通常被认为是违反善良风俗的;相反,如果被继承人具有其他动机,即如旨在给其情妇提供生活保障,则这种行为通常就是有效的。[②] 日本最高法院在1986年的一个案件中也判令类似的遗赠行为有效,理由是该案中的遗嘱并不以继续维持婚外情关系为目的,而是为了保证在生活上完全依赖于立遗嘱人的那位女性"第三者"之生计,而且其内容亦不达到威胁其他继承人之生活的程度。[③]

案例二：李某专利侵权诉讼案

本案中,李某的"消防用球阀"实用新型专利权虽然由国家知识产权局予以授权,形式上具有了专利权。但是由于其技术方案在1994年、1998年的国家标准中已经充分披露。李某的专利没有任何"创新",不符合专利授权创造性要求。

李某长期担任阀门厂的车间主任和厂长,作为阀门制造加工行业从业多年的专业人士,本应熟知相关球阀的国家标准。但李某却利用我国专利授权制度中对实用新型专利申请不进行实质审查的规定,以毫无新意的技术提出申请并获得专利权。继而又以该不符合专利权实质要求的所谓专利,控告他人侵权,并且通过侵权诉讼、行政诉讼,使扬中市通发公司不得不来回奔波应对诉讼,干扰了扬中市通发公司的正常生产经营活动。其行为已经严重违反诚实信用原则,背离专利制度设立的宗旨,侵害了他人合法权益,客观上给扬中市通发公司造成损害,已构成恶意诉讼,应当承担相应的法律责任。

---

① 张卓明、林来梵:《论法律原则的司法适用——从规范性法学方法论角度的一个分析》,载《中国法学》2006年第2期,第132页。
② [德]迪特尔·梅迪库斯:《德国民法总论》,邵建东译,法律出版社2000年版,第516页。
③ 日本最高院昭和61年(1986年)11月20日判决,民集40卷7号1167页。另可参见[日]内田贵:《民法I》(第2版增订版),东京大学出版社2000年版,第275页。

第四讲　民事主体制度：民法视野下的组织

金句名言

如果有什么东西应给付团体，它不应给付团体所属的个人，个人也不应偿还团体所欠之债。

——查士丁尼罗马法之《法学汇纂》

正是这种通过使财产独立化而产生的限制责任效果，构成了设立法人的本质动机。

——［德］梅迪库斯

现代社会最伟大的发明就是有限责任公司！即使蒸汽机和电气的发明也略逊一筹。

——［美］尼古拉斯·巴特勒

要点提示

- 为了适应经济社会活动的需求，节约社会经济生活的交易成本，民法在自然人之外，还赋予了法人和特定的非法人组织民事主体的地位。设立法人应当符合一定的条件。法人成立之后，依法独立享有民事权利，承担民事义务和民事责任。
- 民法典将法人区分为营利法人、非营利法人和特别法人。各类法人应当依法完善内部治理机制，在确保法人有序高效运作的同时，保障其出资人、设立人或者会员的合法权益。法人的法定代表人对外代表法人从事民事活动，其法律后果由法人承受。法定代表人因执行职务造成他人损害的，由法人承担民事责任。法人章程或者法人权力机构对法定代表人代表权的限制，不得对抗善意相对人。

- 法人终止时，应当依法进行清算。清算义务人不及时进行清算，或者不依法进行清算，对债权人造成损害的，债权人有权要求其承担民事责任。

讨论案例

南长公司、浦投公司与恒通公司共同发起设立了新江南公司。新江南公司8000万元股本中，恒通公司出资6000万元，南长公司及浦投公司分别出资1450万元、550万元。南长公司与浦投公司委托恒通公司办理新江南公司的设立事务。恒通公司为了给新江南公司寻找办公场所，与长盛公司签订了办公楼租赁协议，但租赁合同落款处仍为恒通公司。之后，恒通公司因自行开发的商务楼盘滞销，于是决定让新江南公司在自己开发的商务楼中办公，不再履行与长盛公司的办公楼租赁协议，遂与长盛公司产生纠纷。

新江南公司成立以后，恒通公司董事刘某担任新江南公司董事长。刘某提名姜某担任新江南公司董事及总经理。其后，恒通公司由于资金紧张，陆续向新江南公司借了大量资金。在南长公司、浦投公司的催促下，2013年8月20日恒通公司、新江南公司签订了《债权债务处理协议书》，确认恒通公司共结欠新江南公司3971万元，新江南公司同意恒通公司以某工业区厂房、宿舍作价抵偿，共计作价4035万元。房产与债务充抵后的余额64万元作为过户费用。

同年11月28日，新江南公司董事会决议同意当年工作报告中关于与恒通公司资产置换的方案，授权经营班子操作。但南长公司、浦投公司明确表示反对该项决议。之后不久，恒通公司将相关房产过户给新江南公司。

2015年3月7日，新江南公司监事会召开会议决定对抵债房产进行评估，其后新江南公司委托某房地产评估机构对抵债房地产进行评估，评估价值为2116.88万元。

2015年4月8日，南长公司、浦投公司向恒通公司发函，认为恒通公司利用担任新江南公司董事长、总经理的优势地位，将实际仅值2116.88万元的房产作价4035万元抵充其欠新江南公司的欠款，已经构成实质性违约，要求恒通公司尽快清偿余下欠款，否则两家公司将联手向法院提起诉讼。

次日，恒通公司复函强调：本公司向新江南公司所借现金均为自己原先的现金出资投入，并未伤及南长公司、浦投公司所投入的股本，况且本公司与新江南公司债权债务事宜已经通过签订《债权债务处理协议书》加以解决。本公司已按约将抵债房产过户给新江南公司。即使有违约事宜，追究违约责任的权利人也应是新江南公司，南长公司、浦投公司无权介入此事，更无权提起任何诉讼。

2015年5月17日，刘某经与恒通公司商量后，决定授权姜某与柯城公司协商，将恒通公司抵债房产以2100万元出售给柯城公司。6月10日，刘某代表新江南公司与柯城公司签订房产交易合同。虽然新江南公司章程规定，处置1000万元以上资产需经股东会同意。但刘某之前并未将该事项提交股东会讨论。

思考问题：

1. 长盛公司应当要求恒通公司还是新江南公司承担租赁合同项下损失赔偿责任？

2. 恒通公司对南长公司、浦投公司的答复函法律依据是否充分？

3. 柯城公司能否向新江南公司请求履行房产交易合同？

主要内容

人是群居的动物。从远古时代起，团体生活就是人类生活的一种基本方式。在群居生活中，人们结成了不同的团体。小到家庭、班级、兴趣小组，大到企业、政党、社会，都是一种团体。组织团体本是为了便于人们开展经济社会活动。时至今日，团体在经济社会生活中的重要性某种程度上已经远超个人，许多领域都已被各类团体所主导。普通个体之所以能够参加某些经济社会活动，有时反倒是因为其是这些团体中的一员。

日常生活中结成的社会团体形态十分繁多，结合方式也是多种多样，或松散，或紧密，或长久持续存在，或不过是一时兴起的临时组合。好在并非每一个团体都需要获得民法的承认。实际上，人们在谈论团体的时候，是把它作为一个与相关个体相对应的概念，隐含的意思是将团体与相关个体区分开来。顺着这一思路，民法从五彩缤纷的人类团体中筛选出部分团体，对具有必要的独立性，能够与相关个体区分出来的团体加以承认。用民法上的术语表述，就是赋予此类团体以法律上的人格，使它们可以像有血有肉的自然人一样以自己的名义参与经济社会生活。这类团体就是法人和特定的非法人组织。

一、什么是法人

（一）法人制度的作用

法人是法律承认的能够完全独立于法人的相关个人（如其出资人、设立人、会员等）的组织。就像婴儿离开母体最终获得自己的独立生命一般，法人也彻底脱离了创立这一团体的相关个人，赢得了自己的独立地位。当然，自然人是基于自然规律出生的人，是一个实实在在的生命体。而法人的独立性和人格化很大程度上取决于法律的承认和拟制。正因为如此，法人才被称为"法人"，以彰显其是因为法律而被赋予的独立人格。

法人的独立法律人格意味着这一团体具有民事权利能力和民事行为能力，可以独立享有民事权利和承担民事义务，独立承担民事责任。也就是说，法人可以独立地与相对人订立合同，以自己的名义拥有财产，而不必以自己的成员名义来从事民事活动。同时法人对自己的民事行为所产生的法律后果承担全部法律责任。除法律有特别规定外，法人的出资人（设立人或者会员）、组成人员均不对法人的债务承担责任。同理，法人也不对相关人员的自身债务承担民事责任。

民法之所以要创设法人制度，最主要的原因是为了适应经济社会活动的需求，节约社会经济生活的交易成本，并借由法人独立财产限制法人成员的责任[①]。试想一下，如果没有法人制度，那么人们与此类团体打交道时，那就需要与组成该团体的众多自然人交往，不仅费时耗力，而且也无从判断如何才能确保自己与某一个个体达成的权利义务协定可以约束到该组织的所有个体。而以法人独立财产为基础的法人独立责任制度则极大地鼓励了社会创新与经济发展。这一点在公司制度中体现得最为明显。由于公司以自身财产独

---

① ［德］梅迪库斯：《德国民法总论》，邵建东译，法律出版社2000年版，第814-815页。王泽鉴：《民法总则（增订版）》，中国政法大学出版社2001年版，第147-148页。

立承担民事责任，公司股东只要足额出资，就可以摆脱公司债务的羁绊。由此，投资人可以放心大胆地投资于公司，现代社会经济发展所需要的巨额资金筹措得以可能。因此，经济学家们才会由衷地赞叹公司制度是人类社会最伟大的发明。

（二）设立法人的一般条件

设立法人一般应具备以下条件：

1. 依法成立

法人是经法律认可的具有独立地位的社会组织。这种法律认可有以下几种方式：一是由法律法规直接创立或者予以确认。例如，机关法人一般由法律法规予以创设。再如，工会、妇联等依法无须进行登记的社会团体，从成立之日起，具有社会团体法人资格。二是要求进行行政审批。例如，金融机构企业法人的设立需经过相关监管部门的批准。三是要求经过有关机关核准登记。例如，普通工商企业经工商行政管理部门核准登记后，成为企业法人。

2. 有自己的财产或者经费

法人必须拥有自身独立的财产或者经费，作为其独立参加民事活动的物质基础。法人设立时所获得的财产或者经费，均是来源于他人，如出资人、捐助人等。所谓独立财产或者经费，就是强调出资人、捐助人一旦将财产转移给法人之后，法人便拥有对该财产的完整财产权利，能够按照自己的意志独立支配。出资人、捐助人不再拥有该项财产，不能再以财产权人的方式支配该项财产。其他第三方包括国家机关在内也不能对法人财产横加干预。

3. 有自己的名称、组织机构和场所

法人的名称是其区别于其他社会组织的符号。名称应当能够表现出法人活动的对象及隶属关系。例如，企业法人的名称应当符合《企业名称登记管理规定》的要求，包含字号（或者商号）、行业或者经营特点以及企业组织形式。法人的组织机构即办理法人事务的机关，有了相应组织机构，法人才能按一定程序形成自身的意志。法人的场所是指法人应当拥有必要的活动场所。

（三）设立中的法人

"罗马不是一日建成的"，设立法人所需要的条件也不是哪一天就突然成熟的。因此，法人诞生之前总有一个筹设的过程。这一过程中的法人就被称为设立中的法人。设立过程中的法人，需要相应地从事一些民事活动，如租赁经营场所、招聘员工、开设银行账户、商谈投资事宜等。为了保护这些民事活动相对人的利益，设立人为设立法人从事的民事活动，如果是直接以设立中的法人的名义开展的，其法律后果直接由法人承受。将来法人未能成立的，其法律后果就由设立人承受。设立人为二人以上的，享有连带债权，承担连带债务。当然，如果设立人是以自己的名义从事法人筹设过程中的相关民事活动，那么相对人有权选择请求法人或者设立人承担。

二、法人的分类

如下为法人分类图：

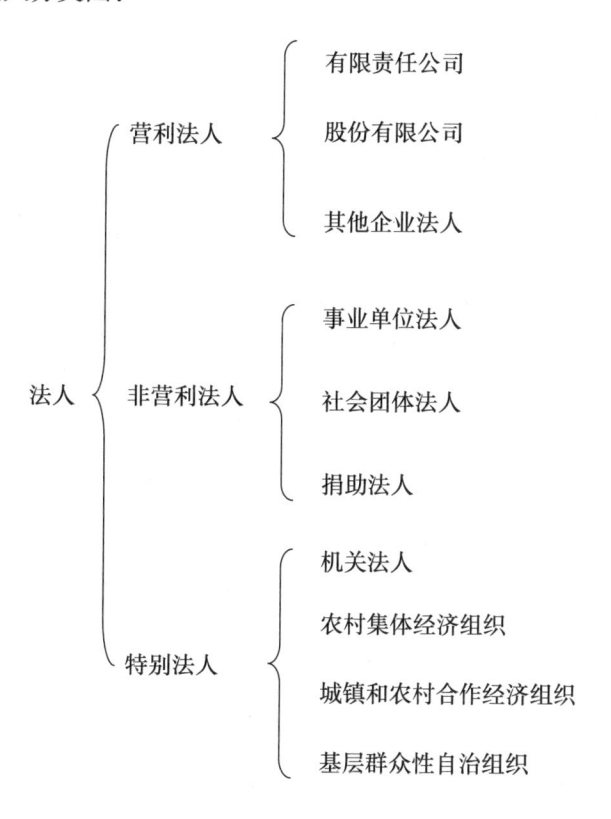

法人
- 营利法人
  - 有限责任公司
  - 股份有限公司
  - 其他企业法人
- 非营利法人
  - 事业单位法人
  - 社会团体法人
  - 捐助法人
- 特别法人
  - 机关法人
  - 农村集体经济组织
  - 城镇和农村合作经济组织
  - 基层群众性自治组织

(一) 法人分类标准

法人本身也拥有丰富的类型。为了区分不同类型法人适用各自不同的民法规则，就要对法人作进一步的分类。按照不同的标准，法人可以区分为不同种类。比如，按照法人的设立依据不同，可分为私法人和公法人。所谓私法人是指根据民法设立的法人，公法人则是依据相关公共管理的法律设立的法人。按照法人成立基础不同，可分为社团法人和财团法人。前者是指以法人成员为成立基础，由成员为特定目的集合而成立的法人。后者是指以捐助的财产为成立基础，并以捐助的目的和设立章程为活动依据的法人。按照法人设立目的不同，可以分为营利法人和非营利法人。不同国家的民法采取的法人分类标准也不尽相同。

我国民法通则将法人分为企业法人、机关法人、事业单位法人和社会团体法人四类。企业法人中又以所有制性质和企业组织形式为标准进行了二次划分。由于民法通则制定时间较早，随着近四十年来我国经济社会的发展，新的法人组织形式不断出现，民法通则的法人分类已难以涵盖实践中新出现的一些法人形式，也不适应社会组织改革发展方向，有必要进行调整完善。例如，我国民办学校、民办医院实践中大量存在，社会各界发起设立了很多基金会，这些都很难完全归入民法通则划分的四类法人。而对于企业法人，再按照所有制形式进行二次划分已然不适应市场经济的要求。

民法总则按照法人设立目的和功能等方面的不同，将法人分为营利法人、非营利法人和特别法人三类。如此划分主要有如下几个考量因素：一是营利性和非营利性能够反映法人之间的根本差异，传承了民法通则按照企业和非企业进行分类的基本思路，比较符合我国的立法习惯。二是将非营利性法人作为一类，既能涵盖事业单位法人、社会团体法人等传统法人形式，还能够涵盖基金会和社会服务机构等新法人形式。三是适应改革社会组织管理制度、促进社会组织健康有序发展的要求，创设非营利性法人类别，有利于健全社会组织法人治理结构，有利于加强对这类组织的引导和规范，促进社会治理创新[1]。民法典在法人分类上继承了民法总则的规定。

---

[1] 《关于〈中华人民共和国民法总则（草案）〉的说明》，载中国人大网 2016 年 7 月 5 日。

（二）营利法人

营利法人是以取得利润并分配给股东等出资人为目的成立的法人，包括有限责任公司、股份有限公司和其他企业法人等。公司是营利法人的主要类型。

（三）非营利法人

非营利法人是为公益目的或者其他非营利目的成立的，不向出资人、设立人或者会员分配所取得利润的法人，包括事业单位、社会团体、基金会、社会服务机构等。非营利法人并非意味着不能从事营利性活动。非营利法人同样可以通过营利性活动获取利润，例如非营利性法人可以对外进行投资获得回报，可以依法销售相关物品获得利润等。但由于非营利法人的设立目的是公益目的或者其他非营利目的，故经由营利性活动产生的利润不得分配给出资人、设立人或者会员。这是非营利法人与营利法人的关键区别。

非营利法人包括事业单位、社会团体、基金会、社会服务机构等。具体而言：

1. 事业单位法人

事业单位，是指国家为了社会公益目的，由国家机关举办或者其他组织利用国有资产举办的，从事教育、科技、文化、卫生等活动的社会服务组织。具备法人条件的事业单位，经依法登记成立，取得事业单位法人资格；依法不需要办理法人登记的，从成立之日起，具有事业单位法人资格。

2. 社会团体法人

具备法人条件，基于会员共同意愿，为公益目的或者会员共同利益等非营利目的设立的社会团体，经依法登记成立，取得社会团体法人资格；依法不需要办理法人登记的，从成立之日起，具有社会团体法人资格。

3. 捐助法人

以捐助财产设立的基金会、社会服务机构，具备法人条件的，经依法登记成立，取得捐助法人资格。依法设立的宗教活动场所，具备法人条件的，也可以申请法人登记，取得捐助法人资格。

（四）特别法人

我国民法总则首创了"特别法人"的分类，民法典予以继受。特别法人具体包括机关法人、农村集体经济组织法人、城镇农村的合作经济组织法人和基层群众性自治组织法人。这些法人大都是具有中国特色的组织团体。之前，除机关法人由民法通则被赋予了法人地位，农民专业合作社由《农民专业合作社法》被赋予了法人地位外，这些我国特有的组织团体大都没有明确的法人地位。民法典专门设一节对特别法人作了规定，明确了这些中国特色组织团体的法人地位，为这些组织的主体资格问题提供了法律依据，使这些组织可以拥有正式的主体身份，以自己的名义独立享有民事权利，承担民事义务。当然，"特别法人"作为一种创新，和传统的法人制度如何协调，还需要在实践中进一步细化磨合。

1. 机关法人

机关法人之所以特别，在于其设立依据、目的、职能和责任最终承担上均与其他法人存在较大差别。从设立依据上看，机关法人是依据宪法和行政法成立的。从设立的目的和职能看，机关法人履行的是公共管理职能。从最终责任承担看，机关法人承担民事责任的财产实际上来源于公共财政资金。

2. 农村集体经济组织法人

农村集体经济组织具有鲜明的中国特色。我国农村集体经济组织是从人民公社时期的"三级所有，队为基础"演变而来的，与原生产队、生产大队、人民公社相对应的分别是村民小组、村和乡镇集体经济组织，实践中一般称为经济合作社、经济联合社、经济联合总社等。农村集体经济组织是农村集体资产管理的主体，代表全体成员行使农村土地等集体资产的所有权。

不过，长期以来，农村集体经济组织这个字眼虽然在法律法规中多次出现，但其法律性质却没有确切的界定。农村集体经济组织在发展过程中缺乏有效的法律支撑。当前，我国正在进行农村集体产权制度改革，赋予农村集体经济组织以法人地位符合改革的方向和精神，有利于完善农村集体经济实现形式和运行机制，增强农村集体经济发展活力。

农村集体经济组织在设立、变更和终止，管理的财产性质，成员的加入和退出上都具有特殊性。赋予农村集体经济组织法人资格后，如何按照法人的框架理顺农民与集体经济组织的关系，保障农民的成员权，将成为深化农村集体经济组织制度改革的一项重要内容。农村集体经济组织的成员具有很强的身份性。农村集体经济组织成员凭借其成员身份对集体资产拥有特定的权利。目前我国一般凭户籍确定农村集体经济组织成员的身份。例如，《农村土地承包法》中规定，"农村集体经济组织成员有权依法承包由本集体经济组织发包的农村土地"，即只有本集体经济组织内部的成员（村民）才享有土地承包经营权。

3. 基层群众性自治组织法人

我国的基层群众性自治组织主要包括居民委员会、村民委员会。居民委员会、村民委员会等基层群众性自治组织在设立、变更和终止以及行使职能和责任承担上都有其特殊性。未设立村集体经济组织的，村民委员会可以依法代行村集体经济组织的职能。赋予基层群众性自治组织法人资格，有助于此类组织以自己的名义从事为履行职能所需要的民事活动，促进基层治理和经济发展。

4. 城镇、农村的合作经济组织

合作经济组织具有互助性质，对这些法人单独设立一种法人类别，有利于其更好地参与民事生活，也有利于保护其成员和与其进行民事活动的相对人的合法权益。

三、法人的内部治理和外部意思表达机制

法人毕竟只是法律意义上的"人"，不像自然人那样，是一个实实在在的生理有机体。因此，法人本身没有类似自然人的意识和心理活动，无法与自然人一样经由心理、生理活动以语言、动作等方式表达出自身的意思。但是，作为一个团体，法人的出资人、设立人或者会员需要知道自己投身其中的法人是如何运转的，特别是如何作出决策、如何付诸实施、自身权益如何得到保障、自己的利益与法人的行动发生冲突如何处理等。而与法人打交道的其他民事主体，则需要了解谁能代表法人，自己应当与哪一个具体的自然人交往才能够被认定为是在与法人而非某个自然人开展交易。为此，民法典确立了相关的一般性规则，保障法人的成员和交易对手能够对此作出清晰的判断。

（一）法人的内部治理机制

营利法人、社会团体法人、捐助法人由于各自的成立基础、运作目的不同，自然在内部治理上会有所差别。不过，万变不离其宗，法人的内部治理机制仍然是有一定规律可循的。民法典正是基于此，对此类法人的内部治理机制作出了一般性安排。

1. 法人章程

《民法典》第七十九条、第九十一条和第九十三条规定，设立营利法人、社会团体法人、捐助法人都应当依法制定法人章程。章程是一个法人的根本大纲，界定了法人组织和活动的基本要求，明确了诸如法人的性质、宗旨、经营或者活动范围、组织机构、议事规则、权利义务分配等，构成法人实施内部管理和开展对外活动的基本准则。例如，根据《公司法》第二十五条规定，有限责任公司章程应当载明公司名称和住所、经营范围、注册资本，股东的姓名或者名称、出资方式、出资额和出资时间，公司的机构及其产生办法、职权、议事规则，法定代表人，股东会会议认为需要规定的其他事项。因此，章程是法人的设立和运作的根本遵循，是法人设立的必备文件。

2. 内部组织架构

内部组织架构的科学设置是保障法人治理高效运转的基础。从法人治理的历史经验看，分权与制衡是改进法人治理的基本路径。这在营利法人中表现得尤为明显。营利法人的内部机构框架包括权力机构、执行机构和监督机构三大机构。三大机构各司其职，权责明确，同时相互制约，协调运转，确保利益相关方的平衡以及法人设立目的的实现。

营利法人的权力机构通常为出资人大会。例如，有限责任公司的权力机构为股东会，股份有限公司的权力机构为股东大会。权力机构行使修改法人章程，选举或者更换执行机构、监督机构成员，以及法人章程规定的其他职权[①]。董事会或者董事等执行机构则行使召集权力机构会议，决定法人的经营计划和投资方案，决定法人内部管理机构的设置，以及法人章程规定的其他职权[②]。监事会

---

① 《民法典》第八十条。
② 《民法典》第八十一条。

或者监事等监督机构依法行使检查法人财务，监督执行机构成员、高级管理人员执行法人职务的行为，以及法人章程规定的其他职权①。

对于捐助法人，民法典同样按照决策、执行和监督分开的规范路径，明确捐助法人应当设理事会、民主管理组织等决策机构，并设执行机构，以及监事会等监督机构②。至于决策机构、执行机构和监督机构的具体职权，民法典没有具体规定。从法理上讲，与营利法人相关机构职权相类似。

值得注意的是，对于社会团体法人，民法典只规定了社会团体法人应当设会员大会或者会员代表大会等权力机构，以及设理事会等执行机构，没有强调需设立单独的监督机构。

3. 出资人、设立人或者会员的权利

法人的内部治理机制还包括合理界定法人与出资人、设立人或者会员的权利义务，既要保障其合法权益，也要防止出资人、设立人或者会员妨碍或者损害法人的利益。法人的出资人、设立人或者会员的权利根据法人类型的不同而有所差异。营利法人的出资人的权利相较而言，最为全面。主要包括：

一是参与经营管理权。营利法人的出资人通常可以通过参与法人权力机构的方式，参与法人的经营管理。例如，《公司法》规定，有限责任公司股东会作为公司的权力机构，有权决定公司的经营方针和投资计划，审议批准公司的年度财务预算方案、决算方案、利润分配方案和弥补亏损方案，对公司增加或者减少注册资本作出决议，对发行公司债券作出决议，对公司合并、分立、变更公司形式、解散和清算等事项作出决议，修改公司章程，等等。公司章程还可以规定股东会享有的其他职权③。

二是选择、监督管理者权。民法典规定，营利法人的权力机构行使选举或者更换执行机构、监督机构成员的职权④。出资人相应地通过参与权力机构可以行使相关权利，包括依法行使提名权、选举权和被选举权。《公司法》还进一步规定，在公司董事、监事、高级管理人员侵害公司权益时，公司股东还享有代位诉讼权。

---

① 《民法典》第八十二条。
② 《民法典》第九十三条。
③ 《公司法》第三十七条。
④ 《民法典》第八十条。

三是知情权。出资人虽然将营利法人的经营权授予了执行机构，但出资人依然享有了解法人基本经营状况的权利。例如，《公司法》明确，股东有权查阅、复制公司章程、股东会会议记录、董事会会议决议、监事会会议决议和财务会计报告。股东可以要求查阅公司会计账簿。公司拒绝提供查阅的，股东可以请求人民法院要求公司提供查阅[1]。

四是撤销权。营利法人的权力机构、执行机构作出决议的会议召集程序、表决方式违反法律、行政法规、法人章程，或者决议内容违反法人章程的，营利法人的出资人可以请求人民法院撤销该决议[2]。

五是资产收益权。营利法人的出资人可以按照章程的规定，收取营利法人分配的红利。

六是剩余财产分配权。营利法人的出资人在营利法人解散清算后，如有剩余财产，有权要求予以分配。例如，《公司法》第一百八十六条规定，公司财产在分别支付清算费用、职工的工资、社会保险费用和法定补偿金，缴纳所欠税款，清偿公司债务后的剩余财产，公司按照股东出资比例或者股东持有的股份比例予以分配。

当然，出资人的权利不得滥用。营利法人的出资人在享有权利的同时，也不得滥用权利。这是民法诚实信用原则的必然要求。民法典明确规定，出资人不得滥用出资人权利损害法人或者其他出资人的利益。滥用出资人权利给法人或者其他出资人造成损失的，应当依法承担民事责任。出资人也不得滥用法人独立地位和出资人有限责任损害法人的债权人利益。滥用法人独立地位和出资人有限责任，逃避债务，严重损害法人的债权人利益的，应当对法人债务承担连带责任[3]。控股出资人、实际控制人、董事、监事、高级管理人员不得利用其关联关系损害法人的利益。利用关联关系给法人造成损失的，应当承担赔偿责任[4]。《公司法》还具体规定了股东代位诉讼的制度，明确了在董事、监事、高级管理人员以及其他人对公司造成损害，而公司未能提起诉讼的情况下，相关股东可以代公司提起诉讼。

---

[1]《公司法》第三十三条。
[2]《民法典》第八十五条。
[3]《民法典》第八十三条。
[4]《民法典》第八十四条。

与营利法人的出资人相比，社会团体法人由于为非营利法人，因此其成员不享有资产收益权。捐助法人的捐助人的权利则更为有限，既不享有参与经营管理权，也不享有资产收益权和剩余财产分配权。因此，民法典特别强调了捐助人的知情权。明确捐助人有权向捐助法人查询捐助财产的使用、管理情况，并提出意见和建议，捐助法人应当及时、如实答复[①]。

至于特别法人的内部治理机制，由于机关法人、农村集体经济组织法人、城镇农村的合作经济组织法人、基层群众性自治组织法人的性质较为特殊，各自的设立依据、目的均有较大差异，其内部治理机制由相应的法律、行政法规分别加以规范。例如，村民委员会作为农村的基层群众自治组织，其组成、选举、职责、监督等事宜都应当根据《村民委员会组织法》的规定执行。

（二）法人的外部意思表达机制

根据民法典的规定，法人的法定代表人依照法律或者法人章程规定，代表法人从事民事活动。

1. 何人可以担任法定代表人

根据民法典，营利法人执行机构为董事会或者执行董事的，董事长、执行董事或者经理按照法人章程的规定担任法定代表人；未设董事会或者执行董事的，法人章程规定的主要负责人为其执行机构和法定代表人。社会团体法人，由理事长或者会长等负责人按照法人章程的规定担任法定代表人。捐助法人，则由理事长等负责人按照法人章程的规定担任法定代表人。事业单位法人的法定代表人依照法律、行政法规或者法人章程的规定产生。

2. 代表行为的法律后果

法定代表人以法人名义从事的民事活动或者其他执行职务的行为，其法律后果由法人承受。也就是说，法定代表人以法人名义取得的民事权利，承担的民事义务，都归属于法人本身而不是法定代表人自己。同理，法定代表人因执行职务造成他人损害的，也由法人承担民事责任。当然，法人承担民事责任后，依照法律或者法人章程的规定，可以向有过错的法定代表人追偿。

---

① 《民法典》第九十四条。

3. 越权代表

法人内部的法人章程、法人权力机构等可能会对法定代表人对外代表法人的权限加以限制，但是这种限制在多数情况下外界并不知晓。因此，法人章程或者权力机构对法定代表人的代表权范围的限制，不得对抗善意相对人。只有在第三人知晓法人内部对法定代表人权限限制的情况下，法定代表人越权代表的行为才不能约束到法人。

四、法人的终止

如同自然人脱离不了寿终正寝，法人也有消亡之际。作为法律拟制的一种人格，法人的消亡一般称之为法人的终止。法人一旦终止，首当其冲受到影响的就是与法人开展交易往来的各类债权人，包括雇员、上游供应商、下游销售商、融资方等。民法典为此特设法人终止和清算制度，确保法人有序终止，有效保障债权人的利益。

（一）法人终止的原因

法人终止的原因主要包括法人解散和法人被宣告破产。法人的解散包括自愿解散和非自愿解散。自愿解散的情形有法人章程规定的存续期间届满或者法人章程规定的其他解散事由出现，或者法人的权力机构决议解散，或者法人合并或者分立需要解散。非自愿解散主要是指法人依法被吊销营业执照、登记证书，被责令关闭或者被撤销，因而需要解散。

（二）清算义务人

除法人合并或者分立的情形外，法人出现终止原因后，最后宣告终止前，都需要依法进行清算。实践中，有一些法人在终止原因出现之后却迟迟不进行清算，导致债权人的债权久久不能得到清偿。民法典针对此种情形，明确了在法人解散的情形下，法人的董事、理事等执行机构或者决策机构的成员为清算义务人，应当及时组成清算组进行清算。清算义务人未及时履行清算义务，造成损害的，应当承担民事责任；主管机关或者利害关系人还可以申请人民法院指定有关人员组成清算组进行清算。至于法人破产的情形，则应根据《企业破产法》的规定,由法院组织进行破产清算。

但是,这里要提醒的是,《公司法》关于公司清算义务人的规定与民法典略有不同。根据《公司法》第一百八十三条,公司由于相关解散事由而解散的,应当在解散事由出现之日起十五日内成立清算组,开始清算。有限责任公司的清算组由股东组成,股份有限公司的清算组由董事或者股东大会确定的人员组成。《最高人民法院关于适用〈中华人民共和国公司法〉若干问题的规定(二)》进一步明确,有限责任公司的股东、股份有限公司的董事和控股股东未在法定期限内成立清算组开始清算,导致公司财产贬值、流失、毁损或者灭失,债权人主张其在造成损失范围内对公司债务承担赔偿责任的,人民法院应依法予以支持。有限责任公司的股东、股份有限公司的董事和控股股东因怠于履行义务,导致公司主要财产、账册、重要文件等灭失,无法进行清算,债权人主张其对公司债务承担连带清偿责任的,人民法院也依法予以支持。[①] 因此,有限责任公司的清算义务人为股东而非公司董事,股份有限公司的清算义务人则为董事和控股股东。由于民法典明确了对于法人的清算义务人如果法律、行政法规另有规定的,依照其规定,因此公司的清算义务人仍应按《公司法》及其司法解释的上述规定加以确定。

(三)清算程序和清算组职权

有关法人清算程序和清算组具体职权,在破产清算情形下,依《企业破产法》规定执行,对于非破产清算,如法律没有特别规定,可参照公司法规定的程序进行。

清算组在清算期间行使下列职权:(1)清理法人财产,分别编制资产负债表和财产清单;(2)通知、公告债权人;(3)处理与清算有关的法人未了结的业务;(4)清缴所欠税款以及清算过程中产生的税款;(5)清理债权、债务;(6)处理法人清偿债务后的剩余财产;(7)代表法人参与民事诉讼活动。

清算的程序包括:(1)通知、公告债权人,清算组应当自成立之日起十日

---

① 最高人民法院民二庭负责人就最高人民法院发布的《关于适用〈中华人民共和国公司法〉若干问题的规定(二)》答记者问:根据公司法的规定,公司解散后,有限责任公司的股东、股份有限公司的董事和控股股东有义务及时启动清算程序对公司进行清算,即有限责任公司的股东和股份有限公司的董事、控股股东应为公司解散后的清算义务人。清算义务人应当清算而没有清算时,应当承担相应的民事责任。

内通知债权人,并于六十日内在报纸上公告。债权人应当自接到通知书之日起三十日内,未接到通知书的自公告之日起四十五日内,向清算组申报其债权。(2)清算组清理法人财产、编制资产负债表和财产清单。(3)制订清算方案,并报法人权力(决策)机构或者人民法院确认。(4)实施财产清算。(5)制作清算报告,向法人权力(决策)机构或者人民法院确认,并报送登记机关。

在整个清算期间,法人仍然存续,但是已经不得从事与清算无关的活动。《公司法》还明确,公司在清算期间开展与清算无关的经营活动的,由公司登记机关予以警告,没收违法所得。

(四)清算后剩余财产的分配

法人清算后的剩余财产,根据法人章程的规定或者法人权力机构的决议处理。法律另有规定的,依照其规定。但是,为公益目的成立的非营利法人终止时,不得向出资人、设立人或者会员分配剩余财产。剩余财产应当按照法人章程的规定或者权力机构的决议用于公益目的;无法按照法人章程的规定或者权力机构的决议处理的,由主管机关主持转给宗旨相同或者相近的法人,并向社会公告。

清算结束并完成法人注销登记时,法人终止;依法不需要办理法人注销登记的,清算结束时,法人终止。法人被宣告破产的,依法进行破产清算并完成法人注销登记时,法人终止。

五、非法人组织

非法人组织,顾名思义,是既非自然人个体,也不属于法人的组织体。自然人和法人是社会生活中最为典型的两类民事主体。但是,社会生活极其纷繁复杂,除了自然人与法人之外,还有大量的非法人组织客观存在。这是因为人们日常经济社会活动中经常需要以团体形式从事相关活动,但并不一定因此就形成十分紧密、彻底脱离于个体的组织。民法作为"社会生活的百科全书",对于各式各样的非法人组织的存在无法视而不见,而必须有所呼应与规范。

（一）非法人组织的民事主体地位

传统民法对于民事主体的界定主要聚焦于自然人和法人。我国《民法通则》也只规定了自然人和法人两类民事主体。然而，非法人组织的存在和广泛介入社会经济生活是一种客观事实。例如，个人独资企业、合伙企业的数量十分庞大，在经济社会生活实践中也都在以自己的名义从事各种民事活动，但其并不具备法人资格。再如，会计师事务所，它们在社会经济生活中起着重要的作用，被称之为市场经济下的"经济警察"，但绝大多数会计师事务所也并不具备法人资格。

鉴于非法人组织的广泛客观存在，对于其民事主体地位，虽然有所争论，但我国在《民法通则》之后的相关民事立法事实上以不同的方式予以了一定的承认。例如，《合同法》对合同的界定就是自然人、法人、其他组织之间设立、变更、终止民事权利义务关系的协议，已经将自然人、法人、其他组织三者相提并论。《个人独资企业法》《合伙企业法》更是明确了投资人、合伙人可以以个人独资企业、合伙企业的名义从事经营活动。

在《民法总则》的立法过程中，各方的共识是，明确这些组织的民事主体地位可以适应现实需要，有利于其开展民事活动，促进经济社会发展，也与其他法律的规定相衔接。[①] 因此，《民法总则》明确赋予"非法人组织"以民事主体地位，设专章对非法人组织作了规定，将非法人组织正式纳入民法的一般规范。民法典继受了民法总则的规定。

承认非法人组织作为一种民事主体，意味着非法人组织可以以自身的名义而不是相关成员的名义享有民事权利，承受民事义务，承担民事责任。与其打交道的交易对手，也可以清楚地知道自己是在与一个团体、组织进行交易往来而不是在与某个自然人个体进行往来。

其实，如果我们愿意承认现实社会生活的多姿多彩，用渐变的眼光来审视民事主体的话，大致可以将各类民事主体比作一段光谱，自然人个体处于光谱的一端，随着民事主体个体性的减弱和团体性的加深，到达光谱另一端的就是法人，而介于自然人和法人之间的组织就是非法人组织。

[①] 《关于〈中华人民共和国民法总则（草案）〉的说明》，载中国人大网 2016 年 7 月 5 日。

（二）非法人组织的主要类型

实践中，人们所结成的团体千差万别，其中绝大部分都达不到法人的组织化程度。但是，民法不可能也没有必要承认所有的非法人团体均为民事主体意义上的非法人组织。《民法典》第一百零二条明确，非法人组织是能够依法以自己的名义从事民事活动的组织。此处强调能够"依法"以自己名义从事民事活动，意味着需要有相关的法律对非法人组织的民事主体身份加以确认。已经获得《民法典》明确确认的具备民事主体资格的非法人组织主要包括个人独资企业、合伙企业和不具有法人资格的专业服务机构等。

1. 个人独资企业

根据《个人独资企业法》的规定，个人独资企业是指由一个自然人投资，财产为投资人个人所有，投资人以其个人财产对企业债务承担无限责任的经营实体。个人独资企业虽然是由自然人个人投资的，但作为一家企业拥有自身的雇员、经营场所、生产资料等，已经具备了一定组织体的特性。

2. 合伙企业

根据《合伙企业法》的规定，合伙企业是指自然人、法人和其他组织以合伙形式所设立的经营实体，包括普通合伙企业和有限合伙企业。合伙企业拥有两个以上合伙人，合伙人共同出资、合伙经营，合伙企业不等于任何一个合伙人，组织体的特性比个人独资企业更进一步。

3. 不具有法人资格的专业服务机构

此处的专业服务机构主要是指未按企业注册登记，同时又不具有法人资格的专业服务机构。例如，作为提供法律专业服务的律师事务所，包括个人律师事务所和合伙制律师事务所。律师事务所是以事务所而非单个律师的名义提供法律服务，同样具有组织特性。

（三）非法人组织的基本特点

非法人组织虽然也属于组织体，由于其组织化程度较弱，因此与法人在民法上仍存在一定差异。主要体现在：

一是在组织设立上不同。民法典规定，非法人组织应当依照法律的规定登记。通过登记，一方面，可以避免实践中各类相对松散的组织泥沙俱下都被纳为民法所称的非法人组织；另一方面，登记之后有所公示，也便于交易对手了解自己交往的组织是否属于非法人组织，是否真正具备民事主体地位。

二是民事权利义务归属上不同。非法人组织虽然以自己的名义从事民事活动，但还与组织成员存在一定程度的联系，因而在民事权利义务归属上，并没有彻底与组织出资人或设立人完全隔离开来。其中最重要的就是，非法人组织的财产并非完全独立。例如，《个人独资企业法》明确，个人独资企业的财产属于投资人个人所有。《合伙企业法》明确合伙人的出资、以合伙企业名义取得的收益和依法取得的其他财产，均为合伙企业的财产，但在特定条件下，合伙人可以请求分割财产。

三是民事责任承担上不同。由于非法人组织财产并非完全独立，因而它不具有独立承担民事责任的能力。当其在对外进行经营业务活动而负债时，如其自身所拥有的财产足以清偿债务，则由其自身偿付；如其自身所拥有的财产不足以偿付债务时，则由其出资人或者设立人对其所欠债务承担清偿责任予以清偿。

当然，法律可以作出特殊的制度安排。例如，《合伙企业法》规定，普通合伙企业由普通合伙人组成，每一位合伙人都对合伙企业债务承担无限连带责任。而有限合伙企业由普通合伙人和有限合伙人组成，普通合伙人对合伙企业债务承担无限连带责任，有限合伙人以其认缴的出资额为限对合伙企业债务承担责任。

案例解析

关于长盛公司应当要求恒通公司还是新江南公司承担租赁合同项下损失赔偿责任的问题，本案中恒通公司是为了发起设立新江南公司而与长盛公司签订办公楼租赁合同的。但是，恒通公司在签订合同时，使用的又是自己的名义，合同落款是恒通公司，根据民法典关于设立人为设立法人以自己的名义从事民事活动产生的民事责任，第三人有权选择请求法人或者设立人承担的规定，长盛公司既可以要求恒通公司也可以要求新江南公司承担租赁合同项下损失赔偿责任。

关于恒通公司对南长公司、浦投公司的答复函。首先，恒通公司认为，其向新江南公司所借现金均为其原先的现金出资投入，并未伤及南长公司、浦投公司所投入的股本，这一说法是错误的。因为新江南公司作为法人，拥有独立的财产权。无论是恒通公司还是南长公司、浦投公司的出资，一旦出资完成，相关财产就已成为新江南公司的法人财产，与原先的股东无关。恒通公司向新江南公司所借款项，即使这些款项的来源真的是自己的货币出资，其与新江南公司之间仍然形成债权债务关系。只要恒通公司未清偿全部欠款，势必对新江南公司造成损害。

其次，对于恒通公司与新江南公司的债权债务关系，虽然双方签订了《债权债务处理协议书》，恒通公司也已按约将抵债房产过户给新江南公司。但由于抵偿房产的价值经评估并未达到其拖欠新江南公司的款项，恒通公司作为新江南公司的控股股东，为牟取本公司利益而操纵新江南公司，让新江南公司同意以低值高估的房产抵债，其行为已构成对新江南公司及其他非控股股东权利的侵害。根据《民法典》和《公司法》的规定，恒通公司应当承担相应的民事责任。

最后，恒通公司认为，即使有违约事宜，追究违约责任的权利人也应是新江南公司，南长公司、浦投公司无权介入此事，更无权提起任何诉讼，这一说法也缺乏法律依据。对于恒通公司给新江南公司造成的损害，新江南公司当然有权提起诉讼。如果新江南公司由于受恒通公司的控制，难以提起诉讼，则南长公司、浦投公司可以根据《公司法》的规定，依法行使股东代位诉讼权，对损害新江南公司利益的控股股东提起诉讼。

柯城公司能否向新江南公司请求履行房产交易合同？柯城公司与新江南公司已经签订了房产交易合同。新江南公司的法定代表人刘某签署了相关协议。虽然新江南公司的章程规定，超过1000万元以上的资产处置需经股东会批准，但是这一限制根据民法典的规定，并不能约束善意的合同相对人。只要柯城公司不知道或者不应当知道新江南公司章程有此限制，则其依法享有合同权利。

第五讲　民事权利制度：自由及其限制

> **金句名言**

我们的时代是权利的时代。

——［美］L. 亨金

认真对待权利。

——［美］德沃金

行政权力退缩的空间有多大，民事权利伸展的空间就有多大。

法者，定分止争也。

——《管子》

一兔走，百人逐之，非以兔为可分以为百，由名之未定也。夫卖兔者满市，而盗不敢取，由名分已定也。故名分未定，尧、舜、禹、汤且皆如鹜焉而逐之；名分已定，贪盗不取。

——［秦］商鞅

天才就是百分之一的灵感加上百分之九十九的汗水。

——［美］托马斯·爱迪生

专利制度就是给天才之火加上利益之油。

——［美］亚伯拉罕·林肯

权利即自由，但自由又有限度。

民众对权利和审判的漠不关心的态度对法律来说，是一个坏兆头。

——［美］庞德

要点提示

- 民法是权利宣言书。一般来讲，权利包括人身权和财产权两大类。人身权又有人格权和身份权的划分。财产权主要包括物权、债权、知识产权和社员权。知识产权中有人格权的成分，尤其著作权、继承权是基于身份关系而产生的财产权。人身权和财产权的主要区别在于：人身权一般不可转让、不可抛弃（公权力也不可转让、不可抛弃，二者在这一点上类似），而财产权是可转让、可放弃的权利。正因为如此，市场交换的权利主要是财产权，贩卖人口、买卖器官、买卖血液等为法所不许。
- 民法典明确列举的自然人的人格权包括生命权、身体权、健康权、姓名权、肖像权、名誉权、荣誉权、隐私权、婚姻自主权，法人和非法人组织的人格权包括名称权、名誉权、荣誉权。需要特别强调的是，这些民法典明确规定的人格权被称为特别人格权，民法典对人格的保护不以此为限，其第一百零九条规定的"自然人的人身自由、人格尊严受法律保护"是对自然人人格的概括保护，被称为一般人格权。
- 身份权主要指自然人因婚姻家庭中的身份关系而产生的权利，包括配偶权、监护权、亲属权等。
- 物权的基本分类是所有权、用益物权和担保物权。"所有权是财产权的基石和核心，全部财产法不过是围绕着所有权而规定和展开的。"[①] 所有权是财产权中最充分、最完全的权利，具有占有、使用、收益和处分四大权能，是在法律规定范围内自由支配标的物并排除他人干涉的权利。所有权之上可以设定用益物权和担保物权，身份平等和意思自治立基于

---

① 张俊浩主编：《民法学原理》（修订第三版，上册），中国政法大学出版社2000年版，第422-423页。

所有权搭建的舞台之上。只有认识到所有权在财产法、民法乃至整个法律体系中的极端重要性，方可理解"法律的精神就是所有权"这句孟德斯鸠的名言。主要的用益物权有国有土地使用权、集体建设用地使用权、宅基地使用权、农村土地承包经营权、土地经营权、地役权、居住权等；主要的担保物权有抵押、质押和留置。需要特别提醒的是，保证也是一种担保方式，但保证是基于保证人的个人信用而成立的担保，属于人保，担保物权是物保。

- 债的发生根据有四，分别是合同之债、无因管理之债、不当得利之债和侵权行为之债，相应地，债权包括合同债权、无因管理债权、不当得利债权和侵权损害赔偿债权。实践中，最为常见的债权是合同债权和侵权损害赔偿债权。
- 知识产权是年轻的权利类型，主要包括著作权、专利权、商标权、地理标志权、商业秘密权、集成电路布图设计权和植物新品种权等。
- 社员权包括股权、农民专业合作社社员权等。
- "权"是"利"之壳，"利"是"权"之核。民法所保护者，以权利为重，但不限于权利。实践中存在的未被法律确认为权利类型的重大利益，也可能成为民法保护的对象，典型的如个人信息、数据、网络虚拟财产。民法典虽然没有明确肯定个人信息权，但对个人信息也明确规定。事实上，很多权利就是从其利益得到保护而逐渐上升为权利的。正是因为民法保护的对象不限于权利，还包括一些重大利益，所以才有民事权益之说，民事权益即民事权利和利益的合称。
- 广大百姓最为珍视的财产权是房屋和土地的权利，那是其安身立命之本。商品房买卖的本质是一方货币所有权和另一方房屋所有权及占用范围内的国有土地使用权的交换。在新中国成立初期，土地还可以私有，相应的土地房产证书名为"土地房产所有证"。在土地可以私有的年代，土地房屋均无期限限制，自然不会存在今天所谓的土地使用权期限到后的自动续期问题。然而，在土地不再可以私有，个人只能拥有一定期限的土地使用权的今天，土地使用权的期限长短及届满如何处理的问题就显得非常重要。然而，从实践来看，我们很多老百姓在买卖房屋时并不怎么关注土地使用权期限问题，前几年引起轩然大波的温州王女士即如此，直到自己要转让房屋过户给他人时才发现土地使用权期限已过。其实，我们的老百姓不了解国有土地使用权期限也与我国一些地方不颁发"小土地证"有关，我们的老百姓本来就重视房产证，在房地分离登记的过去，房屋所有权证是老百姓最为信赖的权利证书。这里特别提醒大家注意的是，买卖房屋时，不仅要关注土地使用权的期限，还要关注土地的性质。实践中，并非一个小区只由一宗土地构成，一个小区由多宗期限不同的土地构成的情况并不少见，你的房屋落在不同的宗地上，就会有不同的期限。

- 农村承包土地"三权分置"改革的核心就是要将实践中大量通过出租、转包形式流转形成的受让方的债权性质的经营权物权化，以满足规模经营主体稳定经营和担保融资需要。民法典在用益物权部分规定了土地经营权，可以肯定的是流转期限五年以上并经登记的土地经营权为物权，至于其他的土地经营权的性质，尚有争论。

- 中国人传统上并非完全没有隐私的观念。圣人教导我们，"非礼勿视，非礼勿听，非礼勿言，非礼勿动"。

- 法网是用权利和义务编织起来的，了解它、识别它应从每一个由权利义务构成的基础单元中去找寻。社会千姿百态，实践千变万化，利益千丝万缕，领导干部如果不能以权利义务为线索去审视、规范纷繁复杂的社会关系，即使千辛万苦也未必名垂青史。权利至上是法治的核心精神，权利是权力的边界。

- 改革开放 40 多年的成绩有目共睹，但积累的问题不容忽视。解决这些历史欠账，需要从"剪不断、理还乱"的陈年老账中梳理出权利流向图、义务履行图。真正弄清楚权利的来龙去脉，谁享有权利，谁（包括政府）应当履行义务，以及义务的份额。越是面对"糊涂账"，越需要保持清醒。实践表明，对待历史遗留问题，依法办事有时的确有困难，但不依法办事只能使问题更复杂，只能制造更多的问题。

- 行政执法不可避免地要与老百姓的权利发生关系，严格执法的前提是尊重权利，遵守限制权利的条件、程序，执法过程中常见的"一刀切、一锅煮、一停了之、一关了之"的简单粗暴做法应当尽可能避免。

讨论案例

案例一：温州住宅国有建设用地使用权期满自动续期风波

王女士于 2012 年在温州市区买了一套 75 平方米的二手房，2016 年她准备将该房卖掉时，发现土地使用权在 3 月 4 日已经到期。而按照当时温州拟出台的规定，如果王女士的土地证还没过期，在转让时续期享受"优惠价"（土地市场评估价的 40%）缴纳土地出让金，取得 70 年土地使用权。如果过期后续期，需缴纳的土地出让金为全额的土地款，全额土地出让金约 20 万元，接近房款的 1/3。经当地媒体爆出后，在全国范围内引发震动。

思考问题：
1. 王女士当初买房时到底买了什么？
2. 该问题如何解决？

案例二：拆除小区围墙风波[①]

十五不过年未完。2016 年 2 月 21 日，正月十四，新华社发布了《中共中央 国务院关于进一步加强城市规划建设管理工作的若干意见》，其中规定"**已建成的住宅小区和单位大院要逐步打开，实现内部道路公共化，解决交通路网布局问题**"。这则重磅新闻，立刻引起了广泛关注和激烈争论，经济学家马光远说："拆除的小区围墙，毁掉的是对法律的信仰。"企业家冯仑认为："墙倒了便是路。"毫无疑问，围绕拆除小区围墙的严肃话题冲淡了元宵佳节的喜庆和犹浓的年味儿。那么，引起风波的中央文件又是如何规定的呢？

2016 年 2 月 6 日《中共中央国务院关于进一步加强城市规划建设管理工作的若干意见》（以下简称《若干意见》）关于街区路网规定如下：（十六）优化街区路网结构。加强街区的规划和建设，分梯级明确新建街区面积，推动发展

[①] 在该场争论激烈进行之际，本书作者刘锐应法制网之约写了《拆除小区围墙：政策定了调，推进靠法治》的小文章，被人民网、光明网等各大网站转载，引起了社会的广泛关注。

开放便捷、尺度适宜、配套完善、邻里和谐的生活街区。新建住宅要推广街区制，原则上不再建设封闭住宅小区。**已建成的住宅小区和单位大院要逐步打开，实现内部道路公共化，解决交通路网布局问题**，促进土地节约利用。树立"窄马路、密路网"的城市道路布局理念，建设快速路、主次干路和支路级配合理的道路网系统。打通各类"断头路"，形成完整路网，提高道路通达性。科学、规范设置道路交通安全设施和交通管理设施，提高道路安全性。到2020年，城市建成区平均路网密度提高到8公里/平方公里，道路面积率达到15%。积极采用单行道路方式组织交通。加强自行车道和步行道系统建设，倡导绿色出行。合理配置停车设施，鼓励社会参与，放宽市场准入，逐步缓解停车难问题。

面对社会的广泛质疑，2016年2月24日住建部新闻发言人官方回应称：正确理解"逐步打开封闭小区和单位大院"。对推广街区制给出的理由是：一是街区制是对世界城市规划经验的总结，也是发达国家通行的做法；二是封闭小区和单位大院确实存在问题，主要是它影响了路网的布局，形成了"丁字路""断头路"，是造成交通拥堵的重要原因之一，也影响了社区居民的出行。因此，《若干意见》提出"新建住宅要推广街区制，原则上不再建设封闭住宅小区。已建成的住宅小区和单位大院要逐步打开，实现内部道路公共化，解决交通路网布局问题，促进土地节约利用"。《若干意见》同时强调，在理解和落实过程中，要注意把握好以下几点：一是要认真全面理解好"逐步"两个字。"逐步"就是要有计划，要有轻重缓急，并不是"一刀切"，也不是"一哄而起"，更不能简单地理解为"拆围墙"。二是《若干意见》对这项工作提出了方向性、指导性的要求，具体实施中还要制定细则，特别是各省、各城市还要根据实际情况，制定具体办法。在制定办法过程中，肯定要听取市民意见。三是要实施逐步打开封闭小区和单位大院的城市，都会考虑到各种实际情况，考虑到各种利益关系，依法依规处理好各种利益关系和居民的诉求，切实保障居民的合法权益。

思考问题：

1. 对开放住宅小区，您怎么看？
2. 您如何看待这场争论？

案例三：江苏沛县试点土地经营权证[①]

党的十八届三中全会提出"赋予农民对承包地占有、使用、收益、流转及承包经营权抵押、担保权能"。一年后，中办、国办印发《关于引导农村土地经营权有序流转发展农业适度规模经营的意见》，明确在农村土地确权基础上，探索所有权、承包权、经营权"三权分置"改革。在这一背景下，作为江苏省农业现代化建设试点县的沛县，先行先试。2014年9月16日，江苏省沛县县长吴卫东为大屯镇家庭农场主蔡先栋颁发该县1号农村土地经营权证（这一天共发出52张农村土地经营权证）。以政府信用为担保，[②] 为农业新型经营主体颁发农村土地经营权证。沛县政府在颁证的同时赋予了这张证可以抵押、融资的功能，一张证激活土地要素。而为了使经营权真正能够担保融资，沛县建立了两大风险控制机制。一是县财政注资1亿元成立的农业融资担保公司，为全县农村土地承包经营权、农村居民房屋所有权、林权等抵押贷款、新型农业经营主体经营贷款及涉农企业贷款提供担保服务。二是设立"土地银行"。土地银行由镇、县两级农业部门以公司化形式组建，一方面收储百姓撂荒及等待流转的土地，根据土地的位置、等级、存地期限等因素确定存地利息，并发给农户存地权益证书；另一方面，考虑到一旦"土地运营商"经营不善、贷款逾期或付不出租金，土地流出的农户收入受损，"土地银行"还可以收回违约的农场土地，交由县农委农业种植养殖专家团队来经营，亏损部分再由财政补齐。

思考问题：沛县做法值得借鉴的经验有哪些？可能出现的问题是什么？

[①] 闫峰：《江苏沛县试点土地经营权证激活农村沉睡资源闫峰》，载人民网，http://js.people.com.cn/n/2015/0116/c360300-23571208.html，2020年11月25日最后访问。张庆来、张伟伟：《沛县激活农村改革"一盘棋"——颁发土地经营权证，全面启动新一轮农村综合改革》，载中国县域经济网，http://www.zgxyjjxw.com/news/1325.html，2014年11月15日最后访问。

[②] 在沛县，农村土地经营权证被视为在新一轮农村土地承包经营权确权的基础上为规范土地流转而向规模化土地经营者出具的一份政府信用证明。

案例四：芬兰前总理马蒂·万哈宁隐私权案[①]

2003年6月，马蒂·万哈宁开始担当芬兰新一任政府总理。万哈宁的妻子梅里亚是一名"空嫂"，二人育有两个孩子。对于万哈宁出任总理，梅里亚没有多大的热情。万哈宁曾被法国前总统希拉克称为"芬兰最性感的男人"。但在2007年3月前，大多数芬兰人并不认为万哈宁有什么魅力，反而觉得这位领导人有一点儿"枯燥"。

2005年4月，万哈宁与妻子宣布结束婚姻，之后有多名女性先后与他交往，其中包括前"芬兰小姐"、后来担任芬兰文化部长的塔尼娅·卡尔佩拉。从2006年开始，万哈宁与苏珊·库罗宁秘密交往。这段恋情持续9个月后，万哈宁与库罗宁在郊外度假时不巧被几名游客发现，并拍照曝光。之后，万哈宁因不满库罗宁向记者大谈与总理的恋情而提出分手。极为失望的她为了"报复"万哈宁，将自己的姓氏改为"鲁苏宁"（在芬兰语中意为"睡美人"），并接受了大量媒体的采访。万哈宁对此始终保持沉默。在这种情况下，鲁苏宁变本加厉，在2007年3月芬兰大选前数日，她出版了自传《总理的新娘》，详细讲述了她和总理的浪漫史，登载了大量两个人互发的短信。

在大选前的敏感时刻公开个人隐私，万哈宁对此十分恼火。他将鲁苏宁回忆录的出版商卡里·奥亚拉告上了法庭，要求对方支付1000欧元的精神损失费，但并未起诉鲁苏宁。不过，芬兰检察机关随后介入，要求法庭以"侵犯他人隐私并造成损害"的罪名将奥亚拉判刑，并要求其支付50000欧元的赔偿金。检察机关同时要求鲁苏宁支付7000欧元的赔偿金。

出人意料的是，鲁苏宁的回忆录不仅没有影响到民众对万哈宁领导的中间党的支持率，反倒帮了万哈宁一个大忙。鲁苏宁的回忆录出版后，中间党的支持率急速上升，最终赢得了选举的胜利，万哈宁本人也得以连任总理。有分析认为，鲁苏宁的回忆录让许多芬兰人改变了对万哈宁的一贯看法，认为这位领

[①] 陶蹊：《芬兰总理誓将隐私权官司打到底》，载《青年参考》2008年3月12日；《前女友披露芬兰总理个人隐私被罚300欧元》，载搜狐新闻，http://news.sohu.com/20090213/n262214820.shtml，2015年5月5日访问。

导人一点儿都不"枯燥",反而充满了人性的魅力。

2008年2月15日,赫尔辛基地区法院开庭审理了鲁苏宁一案。在崇尚开放和言论自由的芬兰,这种案件极为少见,因而引起了公众的广泛关注和激烈讨论。芬兰YLE电视台进行的民意调查显示,约42%的芬兰民众支持万哈宁采取法律行动,反对者则占39%。鲁苏宁的回忆录也逐渐受到许多芬兰民众的冷落。2007年3月出版后的一年时间里仅售出4000余本,许多书店甚至拒绝销售。

2008年3月5日,法庭对案件进行裁决,裁定万哈宁败诉,理由是,出版商披露总理的私生活并无违法之处,况且公众人物隐私权受保障的程度原本就不同于一般人。法官在判决书中指出:"回忆录中有部分属于非常详细的性描写,但就整体而言,相当细腻和富有感情。书中内容并无不实,写作也无恶意,因此不构成犯罪。"据芬兰媒体报道,在案件的审理过程中,法官和3名陪审员意见分歧很大。后来,法庭根据大多数陪审员的意见作出无罪裁定。

得知判决结果,出版商奥亚拉喜笑颜开,称芬兰"还是一个法治国家",万哈宁对此则相当不满。"依照法庭的这个判决,政府总理生活中的方方面面都可以被认定为'公共信息'。我的看法是,即便是政府总理,也有权要求每天生活中的至少几个小时作为真正的个人时间,拥有一些隐私,不应该允许人们肆无忌惮地透过窗子偷窥。如果有人获得了有关我私人生活的信息,也不应该在超市中售卖。"万哈宁不服判决,提出上诉。

2009年2月10日,芬兰赫尔辛基上诉法院宣布了裁决。裁决认为,鲁苏宁和她的出版商Etukeno公司违法泄露和传播私人信息,侵犯了万哈宁的隐私,为此被分别处以300欧元和840欧元的罚款。另外,上诉法院责令出版商向万哈宁赔付1000欧元的精神损失费。

讨论问题: 如何看待公众人物的隐私权?

主要内容

权利可以划分为民事权利和宪法权利等不同类型。宪法权利属于基本权利,包括自由权与社会权两大类。自由权包括人身自由、政治自由、精神自由、经济自由。自由权又被称为"基本自由"或"免于束缚的自由",其实现有赖于消极的国家权力行为,出于对抗国家权力侵犯的目的被写入宪法,要求政府"有所不为"。社会权分为工作权、社会安全（保险）权、文化教育权，又被称为"免于匮乏的自由"，要求政府以积极的姿态去保障基本权利的实现，要求政府"有所为"。民事权利是宪法权利的具体化，大致可划分为人身权和财产权两大类，人身权又分为人格权和身份权，财产权主要包括物权、债权、知识产权和社员权四类。下面分别对这六大类权利予以介绍。

一、人格权

人格是人之所以成为人的要素或条件的总称，主要包括生命、身体、健康、姓名、肖像、自由、名誉、荣誉、隐私等，以这些人格利益为客体的民事权利便是人格权。人格权的主体主要是自然人，不过，民法典规定法人和非法人组织也享有名称权、名誉权和荣誉权。此外，按照民间说法，自然人死亡之后"一了百了"，但在民法意义上，死者虽不再是权利主体，但其姓名、肖像、名誉、荣誉、隐私、遗体等依然受到法律保护。与财产权可自由转让不同的是，人格权一般不得放弃、转让或继承，但民事主体可以将自己的姓名、名称、肖像等依法许可他人使用。① 自然人的人格权主要包括生命权、身体权、健康权、姓名权、肖像权、名誉权、荣誉权、隐私权等。当然，民法对自然人人格的保护并不以这些具体人格权为限，诸如非典、新冠肺炎等传染病流行期间对特定地方人的歧视是无法归入民法典规定的具体人格权之中的，民法典为此专门规定"自然人享有基于人身自由、人格尊严产生的其他人格权益"，这里的非针对具体人格利益的人身自由、人格尊严即为一般人格利益，相应的权利被称之为一般人格权。民法典正是通过具体人格权的详细规定和一般人格权的兜底，实现了对自然人人格利益的全面、重点保护。

（一）生命权、身体权和健康权

生命权的内容包括生命安全和生命尊严，身体权内含身体完整和行动自由，健康权指称身体健康和心理健康。身体权和健康权有联系也有区别，身体权重在保护身体的完整，"身体发肤，受之父母""毫发无损"等强调的是身体的完

---

① 姓名、名称、肖像等之所以可以许可他人使用，因为这些属于标表型而非内在的人格利益。

整性，而健康权强调身体功能的正常，即身体机能的有效运转。侵害身体完整不必然影响健康，西游记中孙悟空给王宫上下剃光头虽影响身体完整但并未伤及健康。自然人的生命权、身体权、健康权受到侵害或者处于其他危难情形的，负有法定救助义务的组织或者个人应当及时施救。

人体细胞、人体组织、人体器官这些人体的组成部分及遗体不得买卖，但完全民事行为能力人有权依法自主决定无偿捐献其人体细胞、人体组织、人体器官、遗体，只不过捐献应当以书面形式或遗嘱作出。此外，自然人生前未表示不同意捐献的，该自然人死亡后，其配偶、成年子女、父母可以共同以书面形式决定捐献。

为研制新药、医疗器械或者发展新的预防和治疗方法，需要进行临床试验的，应当依法经相关主管部门批准并经伦理委员会审查同意，向受试者或者受试者的监护人告知试验目的、用途和可能产生的风险等详细情况，并经其书面同意。同时，进行临床试验不得向受试者收取试验费用。

从事与人体基因、人体胚胎等有关的医学和科研活动，应当遵守法律、行政法规和国家有关规定，不得危害人体健康，不得违背伦理道德，不得损害公共利益。

此外，民法典对性骚扰的责任及其预防、处置等进行了规定。一方面，违背他人意愿，以言语、文字、图像、肢体行为等方式对他人实施性骚扰的，受害人有权依法请求行为人承担民事责任。另一方面，机关、企业、学校等单位应当采取合理的预防、受理投诉、调查处置等措施，防止和制止利用职权、从属关系等实施性骚扰。需要领导干部注意的是，在职场、上下级关系中，不仅过去比较流行的"黄段子"该退出舞台了，即使"美女""帅哥"等称呼也有可能涉嫌性骚扰。而机关、企业、学校等单位领导，还应当肩负起建立性骚扰预防、投诉、调查处置等机制的责任。

（二）姓名权和名称权

姓名权指自然人对姓名的决定、使用、变更或许可他人使用的权利。名称权指法人或非法人组织决定、使用、变更、转让或者许可他人使用自己名称的权利。姓名不可转让，但名称可以转让。

古今中外，自然人的姓似乎由不得自己，所谓的姓名决定权，主要指对名的设定权。但根据民法典规定，自然人的姓并非没有选择的可能或余地。一方面，民法典规定自然人应当随父姓或者母姓，这是原则。另一方面，民法典规定自然人可以选取其他直系长辈血亲的姓氏，或因由法定扶养人以外的人扶养而选取扶养人姓氏，或者有不违背公序良俗的其他正当理由而选择其他姓氏。而少数民族自然人的姓氏可以遵从本民族的文化传统和风俗习惯。此外，具有一定社会知名度，被他人使用足以造成公众混淆的笔名、艺名、网名、译名、字号、姓名和名称的简称等，参照适用姓名权和名称权保护的有关规定。

（三）肖像权

肖像是通过影像、雕塑、绘画等方式在一定载体上所反映的特定自然人可以被识别的外部形象。自然人享有肖像权，有权依法制作、使用、公开或者许可他人使用自己的肖像。未经肖像权人同意，不得制作、使用、公开肖像权人的肖像，但是法律另有规定的除外。未经肖像权人同意，肖像作品权利人不得以发表、复制、发行、出租、展览等方式使用或者公开肖像权人的肖像。但是，合理实施下列行为的，可以不经肖像权人同意：（1）为个人学习、艺术欣赏、课堂教学或者科学研究，在必要范围内使用肖像权人已经公开的肖像；（2）为实施新闻报道，不可避免地制作、使用、公开肖像权人的肖像；（3）为依法履行职责，国家机关在必要范围内制作、使用、公开肖像权人的肖像；（4）为展示特定公共环境，不可避免地制作、使用、公开肖像权人的肖像；（5）为维护公共利益或者肖像权人合法权益，制作、使用、公开肖像权人的肖像的其他行为。

需要注意的是，针对AI换脸技术催生的深度伪造问题，民法典专门规定，任何组织或者个人不得以丑化、污损，或者利用信息技术手段伪造等方式侵害他人的肖像权，这即禁止深度伪造。而与禁止深度伪造相关的是对自然人声音的保护，为此，民法典规定对自然人声音的保护，参照适用肖像权保护的有关规定。

（四）名誉权和荣誉权

名誉是对民事主体的品德、声望、才能、信用等的社会评价。名誉权是自然人、法人和非法人组织均可享有的人格权。侵害名誉权的主要方式是侮辱、诽谤。

领导干部一定要把握好名誉权保护与为了公共利益实施新闻报道、舆论监督的关系。民法典规定，行为人为公共利益实施新闻报道、舆论监督等行为，影响他人名誉的，不承担民事责任，但是有下列情形之一的除外：(1)捏造、歪曲事实。(2)对他人提供的严重失实内容未尽到合理核实义务。认定是否尽到合理核实义务，应当考虑内容来源的可信度、对明显可能引发争议的内容是否进行了必要的调查、内容的时限性、内容与公序良俗的关联性、受害人名誉受贬损的可能性及核实能力和核实成本等因素。(3)使用侮辱性言辞等贬损他人名誉。

值得注意的是，民法典增加了对信用的规定。信用指一般人对于当事人自我经济评价的信赖性。在信用社会，信用是非常重要的人格利益。民法典规定，民事主体可以依法查询自己的信用评价；发现信用评价不当的，有权提出异议并请求采取更正、删除等必要措施。信用评价人应当及时核查，经核查属实的，应当及时采取必要措施。

荣誉是特定组织给予特定人的专门的、具有特定形式的积极评价。荣誉与名誉的不同之处在于：荣誉一定是由社会组织作出的、专门且具有特定形式的积极评价，荣誉可撤销、可剥夺，但不得非法剥夺。此外，不得诋毁、贬损他人的荣誉。

（五）隐私权和个人信息保护

隐私是自然人的私人生活安宁和不愿为他人知晓的私密空间、私密活动、私密信息。自然人享有隐私权。任何组织或者个人不得以刺探、侵扰、泄露、公开等方式侵害他人的隐私权。除法律另有规定或者权利人明确同意外，任何组织或者个人不得实施下列行为：（1）以电话、短信、即时通讯工具、电子邮件、传单等方式侵扰他人的私人生活安宁；（2）进入、拍摄、窥视他人的住宅、宾馆房间等私密空间；（3）拍摄、窥视、窃听、公开他人的私密活动；（4）拍摄、窥视他人身体的私密部位；（5）处理他人的私密信息；（6）以其他方式侵害他人的隐私权。

个人信息是以电子或者其他方式记录的能够单独或者与其他信息结合识别特定自然人的各种信息，包括自然人的姓名、出生日期、身份证件号码、生物识别信息、住址、电话号码、电子邮箱、健康信息、行踪信息等。自然人的个人信息受法律保护。个人信息中的私密信息，适用有关隐私权的规定；没有规定的，适用有关个人信息保护的规定。收集、存储、使用、加工、传输、提供、公开等处理个人信息的，应当遵循合法、正当、必要原则，不得过度处理，并符合下列条件：（1）征得该自然人或者其监护人同意，但是法律、行政法规另有规定的除外；（2）公开处理信息的规则；（3）明示处理信息的目的、方式和范围；（4）不违反法律、行政法规的规定和双方的约定。

信息处理者不得泄露或者篡改其收集、存储的个人信息；未经自然人同意，不得向他人非法提供其个人信息，但是经过加工无法识别特定个人且不能复原的除外。信息处理者应当采取技术措施和其他必要措施，确保其收集、存储的个人信息安全，防止信息泄露、篡改、丢失；发生或者可能发生个人信息泄露、篡改、丢失的，应当及时采取补救措施，按照规定告知自然人并向有关主管部门报告。国家机关、承担行政职能的法定机构及其工作人员对于履行职责过程中知悉的自然人的隐私和个人信息，应当予以保密，不得泄露或者向他人非法提供。

从政府管理实践来看，存在的主要问题有：有关政府部门，教育、医疗等机构超范围搜集个人信息、保护措施不力、超范围使用，典型的例子是乱安摄像头、监控设备，各种表格登记信息过多、过滥，缺乏个人信息的自动更新机制、保护技术和保护责任，甚至存在个别政府官员或工作人员故意泄露或者出售个人信息的现象。

从本质上讲，隐私权就是个人对其隐私的控制权，即通过控制，实现个人利益的最大化。现代社会隐私权保护的核心是个人信息隐私，个人信息隐私的要义在于个人对于信息的控制。关于名誉权与隐私权的区别，可以这样界定：无中生有、恶意中伤往往侵犯的是他人的名誉权；而实事求是、原原本本泄露他人不欲人知的秘密信息，窥探、监视他人私人空间、活动的为侵犯他人隐私权的行为。一言以蔽之，名誉权要求人们不能说"假话"以贬损他人形象，而隐私权要求人们即使是他人真实的情况，也不能"乱说"。

这里需要特别强调的是公众人物的名誉权、隐私权和公众知情权、公共事务监督权的冲突问题。有学者对2004年之前的新闻侵权纠纷总结后认为，我国的新闻侵权纠纷出现过四次浪潮：第一次浪潮是普通公民告媒体阶段

（1988—1990年），以《民主与法制》杂志社记者沈涯夫、牟春林的《二十年疯女之谜》一文侵犯杜融名誉权官司为典型案例；第二次浪潮是名人告媒体阶段（1992—1993年），以徐良、游本昌、陈佩斯、刘晓庆、陈凯歌、李谷一状告新闻媒体侵犯其名誉权官司为典型案例；第三次浪潮是工商法人告媒体阶段（1996—1997年），以周林频谱仪等状告新闻媒体侵犯其名誉权官司为典型案例；第四次浪潮是官员告媒体阶段（1998—2004年），以公务人员（包括税务干部、农工部长、首长秘书、文化局长、县委书记、市长、警察、法官等）状告新闻媒体侵犯其名誉权官司为典型案例。[①] 从这四次浪潮来看，第二次、第四次涉及的恰恰是公众人物。也就是说，我国公众人物名誉权与新闻自由权、公众知情权的冲突已在20世纪90年代初凸显。需要指出的是，上述关于四次浪潮的概括是基于2004年之前的实践，2004年之后，先后引起社会高度关注的"稷山诽谤案""志丹短信案""重庆彭水诗案""西丰诽谤案"等案件，是以"诽谤罪"的形式呈现出来的，暴露的是地方父母官名誉与公众知情权之间的激烈冲突。至于公众人物隐私权与公众知情权的冲突，虽然真正到法院提起诉讼的并不多，但近年来不断发生的针对官员、明星的不雅视频风波，实际上已经将这一问题推到了风口浪尖。典型的例子是陈冠希艳照门、"毕福剑不雅视频"风波。对于公众人物名誉权、隐私权与公众知情权、监督权的冲突问题，**首先需要明确的是，"公众人物是公共财富"，应当坚持公众知情权、监督权、公共利益优先原则**。在著名的纽约时报诉萨利文一案中，美国联邦最高法院认为，一项虚假陈述即使影响官员的名誉，也并不能成为裁定给予官员损害赔偿的充分理由。除非官员能够证明虚假陈述人具有诽谤的实际恶意，即被告明知该有关官员的事实陈述是虚假的，却故意发表或玩忽放任、根本不在乎陈述真实与否。之所以采取这样的立场，是因为联邦最高法院认识到，与社会大众的言论自由和人民对于公共事务的论辩与评价的权利相比，公共官员的名誉应当退居其次。在此问题上保护官员的所谓名誉权，只能带来对于言论自由的钳制。联邦最高法院指出，不可否认公职人员在遇到诽谤而受到损害的情形时，也应当获得救济。但是，联邦最高法院同时指出，"没有任何先例可以支持任何人

[①] 参见徐迅：《中国新闻侵权纠纷的三次浪潮》，载《中国青年报》1993年8月5日；徐讯：《中国新闻侵权纠纷的第四次浪潮——避免与化解纠纷的实践指南》，中国海关出版社2002年版。

利用反诽谤法，限制人们针对官员执行公务的行为表达批评意见"。联邦最高法院强调，"对于公共事务的辩论应当是毫无拘束、富有活力和充分公开的，包括激烈的、尖刻的，甚至是令人不快的、针对政府和官员的严厉抨击"，这是一项被美国社会所深深认同的基本原则，不容被削弱和破坏。由于"在自由辩论中，错误意见不可避免；如果自由表达要找到赖以生存的呼吸空间，就必须保护错误意见（的表达）"。因此，当官员的名誉受到侵犯时，并不能以言论自由作为代价加以救济。即使是出现某些不实之词，也不能因此让发表言论的人背上诽谤的重担。**但必须强调的是，对公众人物隐私权的限制也是有限度的**，即对公众人物隐私的公开应当限于与其社会地位和社会声誉相关的私人信息的了解和评价，公众人物纯粹的私人活动、私人空间和私人信息理应受到法律的保护，即公众人物的下列隐私应该受到保护：住宅不受非法侵入或骚扰；私生活不受监视；通信秘密；夫妻两性生活不受他人干扰或调查；与社会政治和公共利益及其行使职务行为完全无关的私人事务。对于国家工作人员的监督，无论是"八小时之内"，还是"八小时之外"，都应当掌握在合理范围之内。

二、身份权

身份权是民事主体基于婚姻家庭这一特定身份关系而享有的民事权利，包括亲权、配偶权和亲属权。

亲属权是父母与成年子女、祖父母与孙子女、外祖父母与外孙子女以及兄弟姐妹之间的身份权的统称。在父母和成年子女的关系上，父母对不能独立生活的成年子女有抚养的义务，成年子女对父母负有赡养、扶助和保护的义务，尤其是对缺乏劳动能力或者生活困难的父母，民法典明确规定成年子女有赡养的义务。在祖父母、外祖父母和孙子女、外孙子女的关系上，有负担能力的祖父母、外祖父母，对于父母已经死亡或者父母无力抚养的未成年孙子女、外孙子女，有抚养的义务；有负担能力的孙子女、外孙子女，对于子女已经死亡或者子女无力赡养的祖父母、外祖父母，有赡养的义务。在兄弟姐妹的关系上，有负担能力的兄、姐，对于父母已经死亡或者父母无力抚养的未成年弟、妹，有扶养的义务；由兄、姐抚养长大的有负担能力的弟、妹，对于缺乏劳动能力又缺乏生活来源的兄、姐，有扶养的义务。值得注意的是，亲子关系有异议时的认定问题,《民法典》第一千零七十三条规定,"对亲子关系有异议且有正当理由的,父或者母可以向人民法院提起诉讼,请求确认或者否认亲子关系。对亲子关系有异议且有正当理由的,成年子女可以向人民法院提起诉讼,请求确认亲子关系。"由此可见,父或母有请求确认或者否认亲子关系的权利,而成年子女只能请求法院确认亲子关系,不能请求否认亲子关系。

亲权是指父母对于未成年子女的身心抚养、监护和财产管理的权利。父母同为未成年子女的亲权人。《民法典》第二十六条规定,父母对未成年子女负有抚养、教育和保护的义务。第一千零六十八条规定,父母有教育、保护未成年子女的权利和义务。未成年子女造成他人损害的,父母应当依法承担民事责任。第一千零五十八条规定,夫妻双方平等享有对未成年子女抚养、教育和保护的权利,共同承担对未成年子女抚养、教育和保护的义务。由此可见,父母对未成年子女的抚养、教育和保护,既是权利也是义务。从权利角度观察,意味着其他人,例如祖父母、外祖父母无权和父母争夺对未成年子女的抚养、教育和保护权利;从义务角度观察,意味着父母不能放弃对未成年子女的抚养、教育和保护责任,不能"不闻不问""一走了之"。

配偶权是指合法配偶之间相互享有的身份权,即夫对妻以及妻对夫的身份权。根据《民法典》规定,夫妻双方都有各自使用自己姓名的权利(第一千零五十六条);都有参加生产、工作、学习和社会活动的自由(第一千零五十七条);平等享有对未成年子女抚养、教育和保护的权利(第一千零五十八条);需要扶养的一方,在另一方不履行扶养义务时,有要求其给付扶养费的权利(第一千零五十九条第二款);相互之间的家事代理权(第一千零六十条);相互继承遗产的权利(第一千零六十一条);等等。需要说明的是,我国的法律语言中,还有监护权这一概念。监护不仅指对未成年人的监护,还包括对无民事行为能力人或限制民事行为能力的成年人的监护。

三、物权

物权意义上的物一般是指人类可支配的、有价值的、人体之外的有体物。电力、磁力、燃气以及特殊情形的权利也是物权的对象。物可分为动产和不动产。

物权是指权利人依法对特定的物享有直接支配和排他的权利。其特征是：（1）物权为直接支配物的权利。物权以直接支配标的物为内容，是支配权。所谓"直接"，是指物权人对于标的物的支配无须他人行为的介入即可实现。这是物权与作为请求权的债权的最主要的区别。（2）物权为支配特定物的权利。由于物权是对物直接支配的权利，所以物权的客体必须是特定物，即具体指定的物。（3）物权具有排他性。由于物权是权利人通过支配特定物而获得利益的权利，权利人实现其利益也无须其他人介入，因此物权具有排除他人不当干预的特性。对于权利人之外的其他人，包括各级政府在内，必须容忍物权人行使其权利，除非有正当理由（比如政府征收），否则不得干涉权利人行使权利。物权包括所有权、用益物权和担保物权。

（一）所有权

1. 所有权的基本理论

民法中的所有权[①]是指在法律规定范围内自由支配标的物并排除他人干涉的权利。"所有权是财产权的基石和核心，全部财产法不过是围绕着所有权而规定和展开的。"[②]所有权之上可以设定用益物权和担保物权，身份平等和意思自治立基于所有权搭建的舞台之上。只有认识到所有权在财产法、民法乃至整个法律体系中的极端重要性，方可理解"法律的精神就是所有权"这句孟德斯鸠的名言。

所有权是财产权中最充分、最完全的权利。《德国民法典》[③]第九百零三条规定："在不违反法律和第三人利益的范围内，物的所有人可以随意处分其物，并排除他人的任何干涉。"《日本民法典》[④]第二百零六条规定："所有权人，在法令限制范围内，享有自由使用、收益及处分其所有物的权利。"《意大利民法典》[⑤]第八百三十二条规定："在法律规定的范围内并且在遵守法律规定的义务

---

① 之所以特别强调民法中的所有权，是因为近年来不断有宪法所有权、公法所有权主张的提出。从学者的讨论来看，宪法所有权或公法所有权主要是针对国家所有权尤其是自然资源国家所有权提出的，国家所有权部分将在后文再具体介绍。

② 张俊浩主编：《民法学原理》（修订第三版，上册），中国政法大学出版社2000年版，第422-423页。

③ 《德国民法典》，郑冲、贾红梅译，法律出版社1999年版，第213页。

④ 《日本民法典》，刘士国、牟宪魁、杨瑞贺译，中国法制出版社2018年版，第38页。

⑤ 《意大利民法典》，费安玲、丁玫译，中国政法大学出版社1997年版，第235页。

的前提下，所有权人对所有物享有完全的、排他的使用和处分的权利。"

关于所有权的内容，传统所有权权能理论认为，所有权具有占有、使用、收益和处分四大权能。（1）占有。占有指人对物的事实上的管领，也即实际控制的权能。这是所有权最基本的权能，总是表现为一种持续的状态。而这种持续的状态通常被认为是拥有所有权的最明显的证据。取得时效制度之所以要求公然、持续、和平占有标的物，也是基于如此的占有具有了所有权的外象。（2）使用。使用是指依照物的性质和用途对物加以利用，从而实现权利所蕴含利益的权能。该项权能是所有权四项权能中的一个核心环节，是所有人实现其对于物的利益的最主要方式。（3）收益。收益是指获取物的孳息的权能。孳息包括天然孳息和法定孳息，利用土地的自然属性而获得孳息为天然孳息。（4）处分。处分是指所有权人变更、消灭其物或对物的权利的权能。处分权能一向被认为是拥有所有权的根本标志。[①]不过，英国牛津大学奥诺里（Honoré）教授通过所有权标准要素分析方法，提炼出了现代版的所有权权能，包括占有权、使用权、管理权、收益权、处分权等11项，包含这些标准要素的财产权就是一种丰满的所有权。此外，英国法官麦克白（Markby）在《法律的要素》一书中，创建了所有权的剩余权理论，他从所有者的角度，认为所有者只是某物的最终的剩余权人（the ultimate residuary），不管从某物上分离出多少权利，也不管剩余的权利是多么少、多么无意义，这些剩余权的拥有者就是所有者，而所有者的权利就是所有权。[②]

2. 国家所有权

以生产资料所有制的不同形式为标准，可将所有权划分为国家所有权、集体所有权和个人所有权。我国的国家所有也即全民所有。现行《宪法》第九条第一款规定："矿藏、水流、森林、山岭、草原、荒地、滩涂等自然资源，都属于国家所有，即全民所有；由法律规定属于集体所有的森林和山岭、草原、荒地、滩涂除外。"第九条第二款规定："国家保障自然资源的合理利用，保护珍贵的动物和植物。禁止任何组织或者个人用任何手段侵占或者破坏自然资源。"第十条第一款规定："城市的土地属于国家所有。"第十条第二款规定："农

[①] 需要指出的是，所有权的内容并非上述权能的简单相加，而是一个浑然一体的整体性权利，占有、使用、收益和处分只是从不同的角度表现了所有人的自由支配的各种可能性以及权利的概括性。

[②] 参见王涌：《自然资源国家所有权三层结构说》，载《法学研究》2013年第4期，第53页。

村和城市郊区的土地，除由法律规定属于国家所有的以外，属于集体所有；宅基地和自留地、自留山，也属于集体所有。"《物权法》第五章专章规定了"国家所有权和集体所有权、私人所有权"，其中用13个条文将《宪法》《土地管理法》《森林法》等法律法规中的国家所有权集中呈现，有关自然资源国家所有权的规定是第46—50条，分别规定了矿藏、水流、海域（第四十六条），土地（第四十七条），森林、山岭、草原、荒地、滩涂等自然资源（第四十八条），野生动植物资源（第四十九条）和无线电频谱资源（第五十条）[1]。

在《物权法》起草过程中，关于是否以国家所有权、集体所有权和个人所有权这种分类方式规定财产所有权，曾经有过激烈争论。《物权法》作为民事基本法，一方面通过采纳国家所有权、集体所有权和个人所有权这种分类方式体现了"坚持公有制为主体、多种所有制经济共同发展的基本经济制度"[2]。另一方面又基于权利的平等性这一本性要求规定"保障一切市场主体的平等法律地位和发展权利"[3]。《民法典》第二编物权第五章规定了国家所有权和集体所有权、私人所有权。总的来看，民法典在国家所有权的规定方面，几乎是物权法相关规定的照搬，只是纳入了2009年通过的《海岛保护法》第四条规定的"无居民海岛属于国家所有，国务院代表国家行使无居民海岛所有权"。

从外延看，国家所有权主要有以下三种类型：（1）国有自然资源，或称资源型国有财产，如矿藏、水流、海域、无居民海岛、无线电频谱资源等国家专有自然资源，以及属于国家所有的土地、森林、山岭、草原、荒地、滩涂、野生动植物等。（2）国有公共用财产，或称行政事业性国有财产，如国家所有的铁路、公路、电力设施、电信设施、体育和娱乐设施、油气管道设施和国家机关财产、国防财产等，以及国家兴办的学校、医院、公园、研究机构、博物馆等事业单位的财产。（3）国有营运资产，或称经营性国有财产，是指那些能够由国务院和各级政府代表国家用以出资并取得收益的财产。这些国有财产既包

---

[1] 从《物权法》第四十八条规定的文义看，似乎自然资源仅限于森林、山岭、草原、荒地、滩涂等，不包括矿藏、水流、海域、土地、野生动植物资源，但从自然资源的权威定义及《宪法》第九条的规定看，第46—50条规定的应该都属于自然资源。

[2] 《宪法》第六条第二款。

[3] 《物权法》第三条第三款。

括有体物也包括无体物。①

比较法上，自然资源公有的程度也比较高。矿产、水资源一般规定为公有；土地方面，俄罗斯、加拿大、新加坡、美国公有的比例分别约为92%、89%、83%、47%；森林方面，美国、加拿大、日本、澳大利亚、德国和英国公有比例分别约为51%、94%、42%、73%、53%和36%，而俄罗斯则为100%。② 不过，需要指出的是，公有与国有不是一回事，我国的公有包括国家所有与集体所有，而其他国家和地区的公有主体则包括各级政府、公法人团体等。例如，俄罗斯的公有土地分别归联邦、联邦主体、市政所有；美国联邦政府所有土地占32%，州及地方政府所有的土地占10%；加拿大公有土地中，联邦公有土地约占41%，省公有土地占49%。正是由于公有主体的差异，其他国家和地区很少使用"国家所有权"概念，我们全民所有意义上的国家所有在很多国家并不存在，与我们的国家所有最相类似的是政府所有，尤其是中央政府所有。

3. 建筑物区分所有权

所谓建筑物区分所有权，是指业主（区分所有人）对建筑物内的住宅、商业用房等专有部分享有所有权，对专有部分以外的共用部分享有共有所有权，以及对建筑物及居住在建筑物上的人的行为享有管理的权利。

各区分所有人对自己所属专有部分的使用、收益或处分应受彼此间的强力约束，亦即专有部分相互间具有制约性关系，具体表现在：一是禁止区分所有人实施违反共同利益的行为，如业主不得违反法律、法规以及管理规约，将住宅改变为经营性用房。业主将住宅改变为经营性用房的，除遵守法律、法规以及管理规约外，应当经有利害关系的业主一致同意。二是区分所有人彼此间对他人的专有部分于必要范围内可以行使请求权。违反共同利益的行为包括对建筑物的不当毁损行为和建筑物的不当使用行为。前者如区分所有人就自己的专有部分加以增建或改建时拆除其内部梁柱或墙壁的全部或一部分进而造成危及整栋建筑物的安全的可能或影响整栋建筑物的外观的情形，如小品《装修》中黄大锤的行为；后者如区分所有权人搬入危险物（易燃物、爆炸物或放射物），

---

① 参见马俊驹：《国家所有权的基本理论和立法结构探讨》，载《中国法学》2011年第4期。
② 参见陈静、陈丽萍、汤文豪、赵晓宇：《国际上自然资源国家所有权制度的特点及对我国的启示》，载《国土资源情报》2018年第7期。

或一定吨数以上的重量物危及建筑物安全，或在纯住家的公寓里，经营卡拉OK店等有碍居家安宁的情形。

共用部分可以分为法定共用部分与约定共用部分。于共用部分上成立的所有权即为共用部分所有权。因共用部分系由区分所有权人所共有，其使用、收益、处分除应受区分所有权的限制外，还须受管理规约的约束。民法典规定，建设单位、物业服务企业或者其他管理人等利用业主的共有部分产生的收入，在扣除合理成本之后，属于业主共有。建筑物及其附属设施的费用分摊、收益分配等事项，有约定的，按照约定；没有约定或者约定不明确的，按照业主专有部分面积所占比例确定。关于道路、绿地、停车位等的归属，民法典规定，建筑区划内的道路，属于业主共有，但是属于城镇公共道路的除外；建筑区划内的绿地，属于业主共有，但是属于城镇公共绿地或者明示属于个人的除外；建筑区划内的其他公共场所、公用设施和物业服务用房，属于业主共有；建筑区划内，规划用于停放汽车的车位、车库的归属，由当事人通过出售、附赠或者出租等方式约定，占用业主共有的道路或者其他场地用于停放汽车的车位，属于业主共有，建筑区划内，规划用于停放汽车的车位、车库应当首先满足业主的需要。

管理涉及有关建筑物的保存、改良、利用、处分，以及区分所有人共同生活秩序的维持等方面。对区分所有建筑物的管理，区分所有人得自行订立管理规约，设立管理组织进行自治性管理。这种自治性管理主要涉及管理内容、管理机构和管理规约三个方面的问题。管理内容可以分为物的管理与人的管理。关于管理机构，区分所有建筑物的最高决策机构是业主大会，执行机构是业主委员会。管理规约指区分所有人为增进共同利益，确保良好生活环境，经区分所有权人会议决议的共同遵守事项，其类似于国家的宪法、公司的章程。民法典规定，业主可以自行管理建筑物及其附属设施，也可以委托物业服务企业或者其他管理人管理。对建设单位聘请的物业服务企业或者其他管理人，业主有权依法更换。为了解决业主大会和业主委员会成立难问题，《民法典》第二百七十七条第二款规定，地方人民政府有关部门、居民委员会应当对设立业主大会和选举业主委员会给予指导和协助。此外，《民法典》第二百八十六条针对小区管理中存在的突出问题，明确规定：业主大会或者业主委员会，对任意弃置垃圾、排放污染物或者噪声、违反规定饲养动物、违章搭建、侵占通道、拒付物业费等损害他人合法权益的行为，有权依照法律、法规以及管理规约，请求行为人停止侵害、排除妨碍、消除危险、恢复原状、赔偿损失。业主或者其他行为人拒不履行相关义务的，有关当事人可以向有关行政主管部门报告或者投诉，有关行政主管部门应当依法处理。值得注意的是，民法典对业主共同决定的门槛和重大事项范围作了重大调整。按照物权法规定，业主决定重大事项，应当经专有部分占建筑物总面积三分之二以上的业主且占总人数三分之二以上的业主同意，决定一般事项，应当经专有部分占建筑物总面积过半数的业主且占总人数过半数的业主同意。而重大事项包括：筹集和使用建筑物及其附属设施的维修资金；改建、重建建筑物及其附属设施。民法典则规定，业主共同决定事项，应当由专有部分面积占比三分之二以上的业主且人数占比三分之二以上的业主参与表决。决定重大事项，应当经参与表决专有部分面积四分之三以上的业主且参与表决人数四分之三以上的业主同意。决定一般事项，应当经参与表决专有部分面积过半数的业主且参与表决人数过半数的业主同意。而重大事项包括筹集建筑物及其附属设施的维修资金，改建、重建建筑物及其附属设施，改变共有部分的用途或者利用共有部分从事经营活动，使用建筑物及其附属设施的维修资金不再是重大决定事项。比较民法典和物权法，重大决定事项的决定门槛由接近70%降低为50%左右，一般决定事项的决定门槛由50%降低为不到40%。决定门槛的降低有利于老旧社区的改造及维修资金的筹集和使用等。关于建筑物及其附属设施的维修资金，民法典规定属于业主共有，经业主共同决定，可以用于电梯、屋顶、外墙、无障碍设施等共有部分的维修、更新和改造。建筑物及其附属设施的维修资金的筹集、使用情况应当定期公布。不过，紧急情况下需要维修建筑物及其附属设施的，业主大会或者业主委员会可以依法申请使用建筑物及其附属设施的维修资金。

（二）用益物权

用益物权是从所有权分离出来的他物权，是对他人之物，在一定范围内使用收益的限制物权，包括国有建设用地使用权、集体建设用地使用权、宅基地使用权、农村土地承包经营权、土地经营权、地役权、居住权等。

关于国有建设用地使用权，值得关注的是住宅建设用地使用权期满自动续期是否缴费问题。虽然民法典没有明确怎么缴费，但从其"续期费用的缴纳或者减免，依照法律、行政法规的规定办理"似乎可以看出，基本的思路是要缴费，只不过可能减免。

关于集体建设用地使用权，民法典仅仅规定"集体所有的土地作为建设用地的，应当依照土地管理的法律规定办理"。不过，新修正的《土地管理法》对集体经营性建设用地入市作了原则规定，这对打破国有建设用地垄断土地一级市场，推进集体土地与国有土地同地、同权、同价具有重要意义。

关于土地承包经营权，新修正的《农村土地承包法》对承包地"三权分置"作了规定，民法典在《农村土地承包法》的基础上，在物权编对土地承包经营权特别是土地经营权作了规定。在物权编规定土地经营权，应该是对原本模糊、争议的土地经营权属性的明确。但从学者的观点来看，土地经营权的性质问题依然争论不小，主张土地经营权一律为物权的有之，主张流转期限五年以上的土地经营权为物权的有之，主张流转期限五年以上且经过登记的为物权的亦有之。土地经营权的性质问题，是关系"三权分置"改革成效和流转各方利益平衡的大问题，亟待通过法律解释或者修改《农村土地承包法》予以明确。此外，承包地"三权分置"的另一个突出问题是承包方和流转受让方利益的平衡。为了保护规模经营主体稳定经营的需要，新修正的《农村土地承包法》对土地承包经营权人解除流转合同的权利进行了严格限制，其第四十二条在原则规定承包方不得单方解除土地经营权流转合同的同时，列举了承包方可以单方解除合同的四种情形，即受让方擅自改变土地的农业用途、弃耕抛荒连续两年以上、给土地造成严重损害或者严重破坏土地生态环境，以及其他严重违约行为。同时，为了满足作为流转受让方的规模经营主体再流转及担保融资的需要，《农村土地承包法》允许经承包方同意后，流转受让方再次流转土地经营权或者担保融资。但这一制度改革带来的问题是，作为流转方的承包方可能面临租金收不到、承包地收不回的困境，如何保护农民的利益是值得进一步思考及未来制度完善的重大课题。另外，即使肯定土地经营权的用益物权属性，如果土地经营权人再流转土地经营权、用土地经营权担保融资依然要经过承包方同意，将严重影响土地经营权的价值实现，不利于实现承包地"三权分置"改革"放活经营权"的政策目标。由此可见，目前的承包地"三权分置"制度设计，既存在对承包人利益保护不周的问题，也存在对流转受让人权利限制过多的问题，还无法达成承包地"三权分置"改革目标,有待进一步解释甚至改革完善。

关于地役权。地役权是为增加一定土地(需役地)的价值而支配其他土地(供役地)的一种限制物权。也就是依一定目的,为自己土地的便利而使用他人土地的权利,例如通行权、取水权、引水权、采石权、采薪权、观望地役权、采光地役权等。地役权与相邻权很相似,二者的主要区别是:相邻权是法定权利,地役权是约定权利;相邻权是相毗邻的不动产之间产生的权利,地役权的设定不以不动产相毗邻为条件。

关于居住权。居住权是民法典新设立的用益物权类型。这对于解决"户有所居"具有重要意义。因为,与租赁相比,居住权具有无偿(也可以约定有偿)、无期限限制(租赁最长不超过20年,否则,超过部分无效)及稳定可靠(经过登记公示)的优势。比如,老年再婚者可以为无房配偶设立居住权,满足配偶长期、稳定居住的需要,同时将所有权留给子女,从而比较妥当地处理再婚配偶和子女之间的利益冲突,事实上也可以减少老年人再婚的阻力。再如,有以房养老需求的老年人,可以在出卖自己房产的同时,让买受人为自己设立居住权(可以无偿也可以有偿),从而达到利用自己的房产收益但又不至于搬家的良好目的。需要注意的是,第一,设立居住权,当事人应当采用书面形式订立居住权合同。第二,设立居住权的,应当向登记机构申请居住权登记,居住权自登记时设立,而不是合同生效时设立。第三,居住权无偿设立,但是当事人另有约定的除外,即当事人可以约定有偿。第四,设立居住权的住宅不得出租,但是当事人另有约定的除外,这就意味着如果居住权人要通过出租获得收益,必须在合同中有可以出租的约定。第五,居住权不得转让、继承,这是底线,居住权期限届满或者居住权人死亡的,居住权消灭。第六,居住权可以以遗嘱方式设立。

(三)担保物权

担保的形式很多,既有人的担保(如保证),也有物的担保(如抵押)。担保物权是指以确保债务的清偿为目的,在债务人或第三人所有之物或权利上所设定,以取得担保作用的限制物权。与用益物权主要针对标的物的使用价值设定不同的是,担保物权主要针对标的物的价值设定。

债权之所以需要担保,是因为在现代文明社会,债权很不安全。因为,虽然从理论上讲，即使没有担保物权，债务人可以其全部财产为其债务作担保，但债务人在宣布破产前可以自由处分其财产，如债务人任意处分其财产，债权人利益即受到影响。债权人为多数时，债务人的总资产或不够偿还，每一债权人的债权亦不能确保，因此有了担保制度。担保物权的首要功能是担保债权的实现，其次是保障金融安全、促进融资。

主要的担保物权有抵押权、质押权和留置权。抵押权，是指债权人对债务人或第三人依照法律规定不移转占有而供作债权担保的财产，在债务人不履行债务时，就该财产的变价款享有的优先受偿的权利。可以抵押的财产包括：建筑物和其他土地附着物，建设用地使用权，海域使用权，生产设备、原材料、半成品、产品，正在建造的建筑物、船舶、航空器，交通运输工具，法律、行政法规未禁止抵押的其他财产。而下列财产不得抵押：土地所有权，宅基地、自留地、自留山等集体所有土地的使用权（但是法律规定可以抵押的除外），学校、幼儿园、医疗机构等为公益目的成立的非营利法人的教育设施、医疗卫生设施和其他公益设施，所有权、使用权不明或者有争议的财产，依法被查封、扣押、监管的财产，法律、行政法规规定不得抵押的其他财产。此外，企业、个体工商户、农业生产经营者可以将现有的以及将有的生产设备、原材料、半成品、产品抵押，债务人不履行到期债务或者发生当事人约定的实现抵押权的情形，债权人有权就抵押财产确定时的动产优先受偿。设立抵押权，当事人应当采取书面形式订立抵押合同。以建筑物和其他土地附着物、建设用地使用权、海域使用权及正在建造的建筑物抵押的，应当办理抵押登记，抵押权自登记时设立。以动产抵押的，抵押权自抵押合同生效时设立；未经登记，不得对抗善意第三人。

质权，是指为了担保债权，债权人占有由债务人或第三人提交的动产或可让与的财产权，在债务人不履行到期债务或者发生当事人约定的实现质权的情形时，债权人可以就质物的卖得价金优先受偿的权利。质权因质权标的的不同而分为动产质权和权利质权。除法律、行政法规禁止转让的动产外，其他动产均可出质。动产质权自出质人交付质押财产时设立。可以出质的权利包括：汇票、本票、支票，债券、存款单，仓单、提单，可以转让的基金份额、股权，可以转让的注册商标专用权、专利权、著作权等知识产权中的财产权，现有的以及将有的应收账款，法律、行政法规规定可以出质的其他财产权利。设立权利质权应当订立书面合同，并在履行交付权利凭证或相关登记手续后生效。

留置权，是指已经合法占有债务人动产的债权人，在与该动产属于同一法律关系或法律规定的其他情形（企业之间不受同一法律关系限制）的债权受到清偿前，可以留置（拒不交付）该动产，以间接强制债权的履行，并在符合法定条件时就动产优先受偿的权利。法律规定或者当事人约定不得留置的动产，不得留置。留置权人与债务人应当约定留置财产后的债务履行期限；没有约定或者约定不明确的，留置权人应当给债务人六十日以上履行债务的期限，但是鲜活易腐等不易保管的动产除外。债务人逾期未履行的，留置权人可以与债务人协议以留置财产折价，也可以就拍卖、变卖留置财产所得的价款优先受偿。同一动产上已经设立抵押权或者质权，该动产又被留置的，留置权人优先受偿。

需要说明的是，首先，物权实行法定原则，物权的种类和内容必须由法律规定，当事人不得自由创设法律未规定的新种类的物权或新的内容。其次，所有权是对自己所有物的权利，因此也称为自物权。用益物权和担保物权均是对他人所有物的权利，因此也被称为他物权。

四、债权

债权主要包括因合同而产生的债权、因侵权而产生的债权、因不当得利而产生的债权和因无因管理而产生的债权。双方当事人之间订立合同，比如买卖合同，实际上在原本没有法律权利义务关系的两方之间产生了权利义务关系，这种权利义务关系就是一方有权请求对方作出某一行为，反之，另一方一般也有权请求对方作出某一行为。比如，在房屋买卖合同中，买方有权请求卖方交付房屋并转移所有权（办理过户登记），而卖方有权请求买方支付价款（货币自支付时起所有权自动转移）。在这样一种关系中，买方请求卖方交付房屋并转移所有权的权利和卖方请求买方支付价款的权利就是债权，与所有权等物权直接支配物以实现利益不同的是，债权利益的实现只能请求他人履行。正是由于这种差别，物权被称为支配权，而债权被称为请求权。

除因合同产生的债权外，另一大类债权就是侵权损害赔偿债权。权利的赋予固然重要，权利的救济更具有价值，因为没有救济就没有真正意义上的权利。

现代社会，权利类型越来越多样化，权利内容也越来越丰富，但同时权利遭受侵犯的可能性也在增大。人格权、身份权、物权、知识产权等权利遭受侵犯的主要救济措施就是损害赔偿，即让侵犯权利之人向权利被侵之人赔偿。这种请求侵犯权利之人赔偿的权利就是一种债权。一般情况下，侵权赔偿责任要以权利被侵犯之人证明侵犯权利之人主观上有过错为前提，这也就是侵权归责的过错责任原则。但是需要注意的是，在现代工业社会，工业事故、产品事故、机动车事故、环境事故等事故频发，有些事故损害潜伏期长、损害规模大、原因难查明，而且造成损害之人往往是通过工业、经营等获得利益，因此是在经济上处于优势地位的企业主、富人，遭受损害之人往往是产业工人、消费者、行人等弱势群体。如果损害发生后，依然坚持过错责任原则，让弱势群体去证明环境污染、产品事故等是由于某一企业过错行为造成的，不仅超出了他们的诉讼负担能力，有时甚至是无法完成的重负。比如，让三鹿奶粉事件中的落后地区的农民证明他家患儿的严重肾结石疾病是饮用三鹿奶粉所致显然是不现实的。为了保护弱势受害人的权益，侵权法在产品事故、环境事故、机动车事故等领域实行了无过错责任原则（英国、美国等英美法国家的类似概念是严格责任原则）。

所谓无过错责任原则，并不是说产品制造人、环境污染人、机动车驾驶人等对于事故的发生事实上没有过错，而是说权利受害人向侵权行为人主张赔偿时，无须过问侵权行为人是否有过错，只要证明是侵权行为人的行为造成了权利人权利受损，且侵权行为人没有正当抗辩理由（如受害人故意、不可抗力。需要注意的是，不同的事故法律规定的侵权行为人的抗辩理由并不相同，民用航空事故中，不可抗力也不能免责），侵权行为人就要承担赔偿责任。因此，无过错责任原则的本意不是没有过错，而是不问过错的有无。法律规定让产品生产企业、环境污染企业等承担比过错责任严格的无过错责任的主要考虑是：一方面，这些企业制造了危险（这些危险是现代工业文明的必然附带品，是人类社会发展必须容忍的风险），它们可以控制危险，它们有能力承担风险或通过提高产品价格、购买责任保险等途径分散风险；另一方面，受害人往往规模庞大，经济上处于弱势，自我负担风险的能力不足，需要得到快速救济。而责任的严格化可以促使企业等投保责任保险，从而一方面分散企业的事故责任风险，另一方面可以快速有效地救济事故受害人，从而有利于社会的稳定与发展。

《民法典》第一千一百六十五条第一款"行为人因过错侵害他人民事权益造成损害的，应当承担侵权责任"规定的是过错责任原则，而第一千一百六十六条"行为人造成他人民事权益损害，不论行为人有无过错，法律规定应当承担侵权责任的，依照其规定"规定的是无过错责任原则。在《道路交通安全法》第七十六条修改过程中，有好多人对该条规定的机动车方的责任不解，质问道："没有过错怎么让机动车方承担责任？"其实，现代社会中，不问过错即让侵权行为人承担责任的规定越来越多。

此外，在侵权责任法中，还有一种过错推定的制度设计。过错推定者，是将民事诉讼"谁主张，谁举证"原则下原告本来负担的证明被告有过错的责任，分配给被告负担，即法律规定特殊损害类型推定侵权行为人有过错，除非被告证明自己对于损害的发生没有过错，否则就要承担败诉的责任。《民法典》第一千一百六十五条第二款"依照法律规定推定行为人有过错，其不能证明自己没有过错的，应当承担侵权责任"规定的即为过错推定责任。

不当得利是指得利人没有法律根据取得利益，也就是说利益的取得不具正当性，从而导致他人受损。为了纠正这种不正当的"损人利己"行为，法律赋予受损失之人有权请求得利之人返还取得的不当利益。利益受损之人的这一权利即不当得利债权。不当得利的原因很多，并不是所有的不当得利都应当返还，民法典明确规定，为履行道德义务进行的给付（如养子女对生父母的给付）、债务到期之前的清偿（视为对期限利益的放弃）、明知无给付义务而进行的债务清偿，不得请求返还。民法典还规定，得利人不知道且不应当知道取得的利益没有法律根据，取得的利益已经不存在的，不承担返还该利益的义务。

无因管理是管理人没有法定的或者约定的义务，为避免他人利益受损失而管理他人事务。无因管理是社会应当倡导、鼓励的美德行为，为了平衡管理人和受益人之间的利益，民法典赋予管理人向受益人请求偿还因管理事务而支出的必要费用及适当补偿因管理事务而受到损失的权利。当然，无法定或约定义务管理他人事务可能构成对他人自由的干涉，因此，民法典规定管理事务不符合受益人真实意思的，管理人不享有请求必要费用或补偿损失的权利，但受益人的真实意思违反法律或者违背公序良俗的除外。管理人管理他人事务，应当采取有利于受益人的方法；中断管理对受益人不利的，无正当理由不得中断；能够通知受益人的，应当及时通知受益人，管理的事务不需要紧急处理的，应当等待受益人的指示；管理结束后，管理人应当向受益人报告管理事务的情况，管理人管理事务取得的财产，应当及时转交给受益人。

五、知识产权

知识产权是自然人和法人在科学、技术、文化、艺术和市场运作等领域中的创新成果，依法获得的专有权利。民法典规定民事主体依法享有知识产权，知识产权是权利人依法就下列客体享有的专有的权利：作品，发明、实用新型、外观设计，商标，地理标志，商业秘密，集成电路布图设计，植物新品种，法律规定的其他客体。由此可见，知识产权主要包括版权及其邻接权（包含计算机软件等）、商标权、专利权（发明、实用新型、工业品外观设计）、集成电路布图设计权、地理标志权、植物新品种权、未披露过的信息（商业秘密）专有权等。

民法典未设专门的知识产权编，但对知识产权的保护作了必要规定。如其第六百条规定，出卖具有知识产权的标的物的，除法律另有规定或者当事人另有约定外，该标的物的知识产权不属于买受人。第八百四十四条规定，订立技术合同，应当有利于知识产权的保护和科学技术的进步，促进科学技术成果的研发、转化、应用和推广。第一千一百八十五条规定，故意侵害他人知识产权，情节严重的，被侵权人有权请求相应的惩罚性赔偿。

从本质上说，知识经济就是以产权化的知识（知识产权）为基础的经济。当今世界，国家的核心竞争能力日益体现为对智力资源和智慧成果的培育、拥有、配置和调控能力，尤其体现为对知识产权的拥有和运用能力。目前发达国家的经济总量中，知识经济已占到一半以上。

20世纪末，尤其是21世纪初，美、日、韩等许多国家制定知识产权战略，以振兴经济和增强国际竞争能力。2008年，国务院《国家知识产权战略纲要》（以下简称《纲要》）发布，《纲要》指出：知识产权已经成为关系国家发展的重大战略问题，是国家核心战略资源，是国家重要发展战略。经过改革开放40多年的发展，我国的专利、商标等在绝对数量上得到了快速发展，2019年，中国首次成为世界第一大专利申请国，打破了美国长达40年的世界第一神话。但从2016年万人专利拥有量比较看，世界排名前三的日本、韩国、美国分别为129.1件、45.8件、43.5件，中国为8.0件。截至2019年年底，我国国内（不含港澳台）发明专利拥有量共计186.2万件，每万人口发明专利拥有量达到13.3件，仍与日本、韩国、美国有较大差距。而专利质量方面，尤其是在关键核心技术领域，10年前的基本情况是，"中国有95%以上的企业没有自己的专利，拥有核心技术专利的企业仅为万分之三。相形之下，外国公司注重专利权的取得，将其专利申请的重点集中在发明专利，并将发明专利申请集中在高新技术领域。据统计，在航空航天、高清晰彩电、通信、电子、汽车等领域，外国公司拥有中国发明专利高达80%甚至90%"。[①] 如今，这一状况有所改善，但专利质量提升尤其是高新技术领域专利布局的任务依然很重。

六、社员权

社员权是团体成员根据其在团体中的地位产生的对于团体的权利。社员权基于社员资格而产生，并因这种资格的丧失而丧失，一般不能继承。社员权是一个复合的权利，包含表决权，对业务的知悉、执行和监督权，盈利分配权和团体终止时的剩余财产分配权。

股东权是最重要的一种社员权。股东权中非经济性质的权利有会议参加权、决议权、选举权与被选举权、股东会决议撤销诉权、股东会决议无效诉权、董事会决议无效或撤销的诉权、股东会召集请求权等。经济性质的权利有股息分配请求权、剩余财产分配请求权、新股认购权、股份收购请求权等。这些权利又因公司种类而有不同，如股份有限公司股东还有股票交付请求权、股份转让权等。

除股东权外，农民专业合作社的社员对于专业合作社的权利也是社员权，社员有参与管理、分享盈余等权利。在表决机制上，根据《农民专业合作社法》规定，农民专业合作社成员大会选举和表决，实行一人一票制，成员各享有一票的基本表决权。而出资额或者与本社交易量（额）较大的成员按照章程规定，可以享有附加表决权。本社的附加表决权总票数，不得超过本社成员基本表决权总票数的百分之二十。享有附加表决权的成员及其享有的附加表决权数，应

---

① 吴汉东：《中国知识产权法制建设的评价与反思》，载《中国法学》2009年第1期，第61—62页。

当在每次成员大会召开时告知出席会议的成员。此外，章程可以限制附加表决权行使的范围。

以上权利类型中，人格权和身份权合称为人身权，物权、债权、知识产权和股权属于财产权的范畴（知识产权和股权有人身权的属性），现代产权也主要指这四大权利。市场交换说到底是权利的交换，人身权原则上是不能交换的，因此不仅贩卖人口属于严重刑事犯罪，人体器官的买卖也是被法律所禁止的。此外，公权力不能成为市场交换的对象。正是基于公权力和人身权的不可交易性，权权交易、权钱交易、权色交易才为法所不许。

此外，关于数据、网络虚拟财产的保护问题，《民法典》第一百二十七条规定："法律对数据、网络虚拟财产的保护有规定的，依照其规定。"对于民法典的这一规定，应当注意以下几点：第一，既然民法典在列举具体权利类型时没有将数据和网络虚拟财产纳入，就意味着数据和网络虚拟财产的保护还没有上升到权利的高度。第二，虽然数据和虚拟财产保护还不是权利，但在法律已经明确规定的情况下，应当是法律予以承认并保护的利益。第三，从民法典的规定来看，民法典对待个人信息和数据、网络虚拟财产的保护态度并不同，个人信息是法律明确肯定并给予保护的利益，而数据、网络虚拟财产的保护问题还有待其他法律的规定。

案例解析

案例一：温州住宅国有建设用地使用权期满自动续期风波

王女士名义上买房，实质上购买的是房屋所有权和该房屋所占用范围内的国有土地使用权，而且严格来讲，国有土地使用权的价值要远远高于房屋所有权。正是在这个意义上，有人说王女士2012年买房时"就好比她用高价买了辆快报废的二手车"是有一定道理的。由于我国过去多数地方实行房屋和土地分别由房屋管理部门和土地管理部门登记，国有土地使用权在一些地方只有房地产开发商有当初从政府受让土地时取得的国有土地使用权证书（所谓的"大土地证"），房地产开发完成并出售房屋给业主后，一些地方只向业主颁发房屋所有权证，而不颁发分解到户的国有土地使用权证（所谓的"小土地证"）。

由于老百姓向来重视房屋所有权，对国有土地使用权并不了解，加之分别登记且不颁发"小土地证"等原因，和王女士一样不知道国有土地使用权期限的业主并不少见。其实，土地的价值远甚于房屋，老百姓买房不仅应关注国有土地使用权的期限，还应关注国有土地使用权的面积。今天我们聚焦国有土地使用权的自动续期问题，过不了几年，我们就可能更关注小区房屋重建问题。有报道称我国房屋的平均寿命是30年，而我国很多房屋是20世纪90年代修建的，也就是说30年寿命即将到来。一个小区的楼越高越密，居住的人越多，每个业主可分摊的土地面积越小，届时房屋重建时每个业主的话语权越少，达成重建方案的成本越高。

关于住宅国有土地使用权期限届满的续期问题，《物权法》第一百四十九条明确规定："住宅建设用地使用权期间届满的，自动续期……"也就是说期限届满自动续期，无须履行任何手续，而且该规定也没有要求自动续期应缴费，有人正是基于这一理由主张根本不应讨论所谓的有偿无偿问题。事实上，自动续期应不应缴费的问题是个立法遗留问题，在《物权法》的制定过程中，当时关于要不要收费、怎么收费的问题就曾引起了非常激烈的讨论。曾经的草案规定自动续期但要按照国务院的规定缴费，但在后来的审议中因对缴纳问题有不同意见，最终的立法回避了这个问题。

温州风波出现后，专家也对这一问题展开了激烈争论。从各界的争论来看，主要有无偿论、有偿论和条件成熟再决论三种观点：无偿论者有孙宪忠、房绍坤、崔建远、张千帆、朱广新、苟正金等。主要理由是：（1）住房问题是一个带有社会福利性质的问题。立法者创设住宅建设用地使用权自动续期制度的目的，是保障"居者有其屋"的住房人权，使国民安居乐业。（2）《物权法》没有规定有偿，就应无偿。（3）当初购房人已经付出了高昂代价，续期不应再收费。（4）申请续期在权利即将届满时，只要权利人每次皆提出续期申请，非住宅建设用地使用权同样可永远存在下去，无偿取得规则相应地被排除。因此，自动续期制度的独特性主要表现在续期时无须支付出让金上。[①] 有偿论者有叶

[①] 朱广新：《论住宅建设用地使用权自动续期及其体系效应》，载《法商研究》2012年第2期，第4页、第11页。苟正金：《论住宅建设用地使用权的自动续期》，载《西南民族大学学报（人文社会科学版）》2015第10期，第91页。

剑平、娄建波、宋炳华、高圣平、袁志锋等。主要理由是：(1)土地公有制既是原则更是底线，无偿自动续期将造成变相的"土地私有化"。(2)无偿自动续期有违公平正义，使得原本由经济发展和社会投入所带来的城市土地增值流向既得利益群体，这样既不正当也不道义。(3)无偿续期影响可持续发展，会加剧城市土地资源利用效率低下和土地资源稀缺性之间的矛盾，影响未来城市建设和公共服务资金来源的稳定性，大幅削弱国家对社会的调控能力，可能导致土地资源占有不公长期凝固化的历史格局。(4)无偿自动续期进一步推动房地产投资和投机行为，经济增长对房地产的依赖度越深，其经济金融风险就越大，因而将加剧房地产市场的不稳定性，潜伏经济风险。(5)无偿无期续期阻碍社会进步。"有恒产者有恒心"只能在一两代人之间有正面激励，再长了会滋生不劳而获、坐享其成心理，于个人乃至整个国家、民族的自立自强并无好处。况且今天中国的贫富差距已接近危险边缘，无偿续期必然推动贫富差距进一步扩大，威胁社会稳定。[①] 当然，有偿论并非不考虑老百姓的基本住房需求，多数提出了较低的续期费用标准。如叶剑平提出，土地使用权续期费用应低于土地重置成本，缴费标准上可以按住房面积和套数进行区间分档，例如90平方米以下首套住房建设用地可以免交一次续期费用；90—120平方米的首套住房建设用地均可以少交或政府补贴续期费用，120平方米以上的首套住房建设用地和二套及以上住房建设用地则应严格按标准缴纳续期费用。[②] 条件成熟再做决定论者有王利明、邹海林等。王利明教授在2002年（当时物权法正在立法过程中）就指出，续期缴费问题关系广大群众切身利益，需要审慎对待，现在住宅建设用地使用权到期的情况还很少，问题还不突出，有必要做进一步深入研究后，再作合理规定。[③] 邹海林教授认为，《物权法》规定的自动续期仅仅改革了既有的土地使用权申请续期制度，没有意图且客观上也未突破国有土地有偿使用的制度体系，在目前阶段，对于已经到期的住宅用地，最具可操作性

---

① 叶剑平、成立：《对土地使用权续期问题的思考》，载《中国土地》2016年第5期，第33页。楼建波：《〈物权法〉为何没把自动续期"说透"？》，载《中国国土资源报》2015年3月19日。袁志锋：《城市住宅建设用地使用权期满自动续期初探》，载《中国地质大学学报（社会科学版）》2013年6月增刊，第16页。靳相木、欧阳亦梵：《住宅建设用地自动续期的逻辑变换及方案形成》，载《中国土地科学》2016年第2期，第58、62页。

② 叶剑平、成立：《对土地使用权续期问题的思考》，载《中国土地》2016年第5期，第33页。

③ 王利明：《物权法研究（下册）》，中国人民大学出版社2002年版，第929-931页。

的方法是无条件地落实住宅土地使用权的自动续期,并可以不高于住宅土地使用权出让时的条件要求土地使用权人支付土地费用,或许在不久的将来,随着土地使用权期限届满自动续期的案件逐步增多,我们会尝试更多的公平合理的办法来解决土地使用权续期后的土地费用负担的问题。[①]

2016年12月8日,《国土资源部办公厅关于妥善处理少数住宅建设用地使用权到期问题的复函》(以下简称《复函》)发布,《复函》指出:"《物权法》第一百四十九条规定:'住宅建设用地使用权期间届满的,自动续期'。《中共中央、国务院关于完善产权保护制度依法保护产权的意见》(中发〔2016〕28号)提出,'研究住宅建设用地等土地使用权到期后续期的法律安排,推动形成全社会对公民财产长久受保护的良好和稳定预期'。在尚未对住宅建设用地等土地使用权到期后续期作出法律安排前,少数住宅建设用地使用权期间届满的,可按以下过渡性办法处理:一、不需要提出续期申请。少数住宅建设用地使用权期间届满的,权利人不需要专门提出续期申请。二、不收取费用。市、县国土资源主管部门不收取相关费用。三、正常办理交易和登记手续。此类住房发生交易时,正常办理房地产交易和不动产登记手续,涉及'土地使用期限'仍填写该住宅建设用地使用权的原起始日期和到期日期,并注明:'根据《国土资源部办公厅关于妥善处理少数住宅建设用地使用权到期问题的复函》(国土资厅函〔2016〕1712号)办理相关手续'。"

需要说明的是,《复函》明确指出"在尚未对住宅建设用地等土地使用权到期后续期作出法律安排前,少数住宅建设用地使用权期间届满的,可按以下过渡性办法处理"。这就意味着:第一,这是一个过渡性办法;第二,该办法仅仅适用于国家对这一问题作出法律安排前的少数住宅建设用地使用权续期;第三,这一问题的最终解决需要法律。

民法典在对这一问题上也没有作出明确规定,其第三百五十九条规定:"住宅建设用地使用权期限届满的,自动续期。续期费用的缴纳或者减免,依照法律、行政法规的规定办理。"不过,这一规定的字里行间透露出的基本信息是可能收费,只不过有可能减免。

[①] 邹海林:《住宅土地自动续期是否收费仍待解》,载《经济参考报》2016年5月10日。

案例二：拆除小区围墙风波

短短一句"已建成的住宅小区和单位大院要逐步打开，实现内部道路公共化"，何以引起如此轩然大波？根源在于对中央新政研读不够、对私有产权保护的信心不够，尤其是对政策与法之关系理解不够。对中央新政研读不够表现在将文件倡导的"已建成的住宅小区和单位大院要逐步打开，实现内部道路公共化"，误读甚至曲解为"所有小区院墙要马上推倒"，既忽略了"实现内部道路公共化"的目的限制，也忽视了"逐步"这一"打开"的渐进性限定。对私有产权保护的信心不够表现在认为中央的新政一出，业主的土地使用权、院墙所有权等权利便不再有保障，政府可能仅凭中央文件拆除小区围墙，拿走本属于业主共有的小区道路。对政策与法之关系理解不够表现在将二者简单对立起来，以为有中央的一句话，地方政府就可以置现行法律法规于不顾，推倒所有城市小区围墙，并不惜给这一政策贴上"违法违宪""摧毁法治信仰"等颇为吸引眼球之大标签。之所以说对中央政策与法律的关系理解不够是主因，是因为如果能够正确看待政策与法律的关系，就不可能出现对一份中央文件如此的误解或曲解，也不可能如此担心私有产权的保护。其实，党的十八大，尤其是十八届四中全会以来，法律和政策的关系越来越清晰，界限越来越清楚。政策可以补法律之不足，也可以引领法律之变革，但不可公然侵占法律的领地，对抗法律的规定，挑战法律的权威。"已建成的住宅小区和单位大院要逐步打开，实现内部道路公共化"作为政策规定，所规定的只是未来改革的方向，也就是为未来如何缓解道路拥堵找了出路、定了基调。各级政府当然不能依据这样一句没有刚性约束力的政策强行推倒成千上万小区的院墙。在《物权法》《土地管理法》《城镇国有土地使用权出让和转让暂行条例》等法律法规（包括地方性法规）对小区道路、院墙的权属，以及收回国有土地使用权有明确规定的情况下，要将中央政策落地，打开已建成封闭住宅小区大门，实现内部道路公共化，必须通过法治方式。所谓法治的方式，就是要在充分尊重业主土地使用权、院墙所有权等权利的基础上，通过市场化的或者法律规定的强制收回国有土地使用权的方式（如果涉及集体土地，还需遵守征收的规定），实现小区内部道路的公共化。也就是说，小区内部道路公共化并非只有强制收回国有土地使用权一种途径，政府完全可以通过与小区业主平等协商的方式，实现其目的。因为小区内部道路的公共化所强调的是"使用"的公共化，而不是"产权"的公共化。只要政府和小区业主能够自愿达成协议，不一定非要通过收回国有土地使用权的方式。

但是，如果小区业主不愿意，政府要强制收回小区道路的国有土地使用权，那就必须遵守限制私人财产权的底线要求：一是目的的正当性——公益性。公共利益既是限制的理由，又是限制的界限。二是形式的正当性——法定性。财产权为基本权利，对其限制应当以法律为之。三是程序的正当性——相互性。相互性原则并非要求限制必须取得被限制者的同意，而是不能排除被限制者的意见对立法和适用法律产生影响。这一原则包括公众参与决策、被限制者参与法律适用程序及可争议性（特别是可诉性）。四是手段的正当性——比例性。比例原则是针对行为目的与手段之间的关系而言的，旨在维持公共利益与财产权之间的公平衡量。这一原则包括三层意思：适宜性，要求手段促使实现期望的结果；必要性，要求手段是必要的；适当性，要求限制的严厉程度，与所追求的目的的重要性、紧迫性程度相当。具体到本争论问题，那就要求必须遵守法律法规的规定，即需满足《物权法》第一百四十八条、《土地管理法》第五十八条规定的"公共利益需要""旧城区改建""使用期限届满"等条件，并按照《物权法》第一百四十八条、第四十二条，《城镇国有土地使用权出让和转让暂行条例》第四十二条、第四十七条等的规定给予补偿。同时，在收回程序上，也要尊重小区业主的参与权，给予其充分的救济权。考虑到目前这方面的法律规定还不完善，建议借鉴《国有土地上房屋征收与补偿条例》的规定，出台相应的行政法规，以规范公权力，保障私权利，同时给社会以明确预期，减少纷争。

当然，实现小区内部道路公共化的方式不止以上两种。比如，有专家提出可以等到国有土地使用权 70 年期限届满续期时借机打开小区院门，这是个好建议，也是未来可考虑的"逐步"打开的方式之一，但要实现"到 2020 年，城市建成区平均路网密度提高到 8 公里 / 平方公里，道路面积率达到 15%"的目标，这一方式的作用有限。

最后，需要特别强调的是，中央文件和法律法规关系在理论上的清晰，并不意味着实践中一定能够严守理论或制度的条条框框。党的十八大之前，以言代法、以言压法、以中央政策代替法律并不鲜见；十八大之后，这种现象明显减少，但仍未绝迹，有的地方政府在法律没有修改或废止，也没有取得突破法律规定授权的情况下，把与法律不一致的政策挺在了法律的前面。正是基于这一原因，我们说有些人对自己的权利可能被文件侵犯的担心不是毫无根据的。也正是在这个意义上，我们特别希望各级政府在贯彻中央文件精神时，一定要处理好政策与法律的关系，认真对待公民权利，用好法律这一治国之重器，以法治方式落实中央政策文件。

案例三：江苏沛县试点土地经营权证

沛县在农村土地"三权分置"改革中之所以走在前面，是与当地耕地规模化经营的快速形成和当地被确定为改革试点分不开的。据了解，2014年沛县全县新增家庭农场1102家，累计达1350家；新增农业合作社135家，累计达1825家；全县累计流转土地达42.7万亩，流转占比达48.33%。

沛县的改革取得了一定成效，值得肯定。成立担保公司和土地银行既是地方的创举，也反映出"三权分置"改革所面临的困境；经营权定性不清，其与承包权的关系不明，直接影响了该项权利的价值认定和抵押融资功能的发挥。在沛县的改革中，提供担保的是当地小银行，国有大银行不愿介入本身表明经营权抵押的风险所在和在有关制度不明的背景下，推行"三权分置"改革的困难。"三权分置"所要解决的核心问题就是承包户的收益保障和规模经营主体的稳定经营抵押融资需求之间的妥善平衡，也就是在做稳经营权的同时，如何做实承包户本来可以通过解除合同获得保障的租金收益权。沛县通过政府信用、政府提供保障的方式弥补现行制度设计的不足，从而推动土地流转。但从深化市场经济体制改革，让市场起决定性作用的角度观察，这显然不应是长久之计。解决"三权分置"问题，需要克服的困难还不少。

值得注意的是，新修改的《农村土地承包法》对承包地"三权分置"作了比较具体的规定，但遗憾的是没有明确土地经营权的性质。民法典在物权编对土地经营权作了规定，既然在物权编规定土地经营权，应该肯定土地经营权的物权属性，但从目前学界的讨论来看，还存在不小的争论。

案例四：芬兰前总理马蒂·万哈宁隐私权案

本案涉及公众人物的隐私权及其限制问题。公共官员、社会知名人士以及那些志愿跻身公众辩论中希望影响舆论的人通常被认为是公众人物。毫无疑问，公众人物也应当对其私密信息、私密活动和私密空间等私域享有隐私权。但公众人物的隐私权涉及与公众监督公众人物的自由权的冲突，因此，公众人物的隐私权受到一定程度的限制。从现代各国的立法和实践来看，对公众人物的隐私权进行限制是没有争论的，也就是说，为了保证公众更好地监督、批评公众人物，促使其更好地履行职责，当公众人物的隐私权与公众的批评监督权发生冲突时，要对公众人物的隐私权进行克减。但问题并不是那么简单，对公众人物的隐私权利的这种限制没有限度吗？是否可以为了多数人的很小的公共利益而让公众人物付出过分的代价？法律及其实践就是要在这二者之间找到平衡。从各国的具体实践来看，基本的判断标准有两个：一是公开利益的有无及大小；二是泄露他人隐私之人是否有"恶意"。

就本案而言，万哈宁总理毫无疑问是公众人物，其在婚姻结束后与女友亲密交往也无可非议。二人的私生活信息属于他们的共同隐私，双方都有未经对方同意不得向外泄露的义务。鲁苏宁在万哈宁提出分手后，出于报复目的公开二人的私生活信息，其不当性主要表现在以下几个方面：一是二人车内约会、万哈宁洗桑拿等发生在工作时间之余，也就是我们平常说的"八小时之外"，且并不出格，属正常范围。同时，这些信息对于个人而言属于敏感信息范畴，与公共利益似乎关系不大。也就是说，它们一方面对万哈宁本人非常重要，另一方面对公共利益关系不大。两者相较而言，应当保护隐私权。尤其是，鲁苏宁公开万哈宁个人信息或他们二人的共同信息，完全出于"报复"目的，因此主观"恶意"明显。综合以上因素，二审法院判决鲁苏宁承担法律责任是合理的。至于出版商的责任问题，实际上涉及传播者的责任问题。在鲁苏宁决定公开万哈宁隐私信息的时候，出版商是完全有能力审查并决定是否传播隐私信息的。也就是说，课以鲁苏宁和出版商法律责任，是因为他们是万哈宁隐私利益的最佳控制者。

第六讲　民事行为制度：意愿的实现

金句名言

只要不违反公正的法律，那么人人都有完全的自由以自己的方式追求自己的利益。

——［英］亚当·斯密

不要说信赖谁，还是让契约来约束他吧！

——［美］杰弗逊

契约是衡量一个人道德品质的天平。遵守契约，你获得的将不只是尊重。

——犹太人名言

依法成立的契约，在缔结契约的当事人间有相当于法律的效力。

——1804年《法国民法典》

市场就是全部契约的总和。

言必信，行必果。

——［春秋］孔子

我照契约行事。

——英国著名剧作家、诗人莎士比亚《哈姆雷特》

要点提示

- 民法以自愿为原则，意在承认民事主体的选择权利，从而调动亿万民事主体的积极性、主动性，发挥其创造性。而民法自愿原则的贯彻则是通过民事法律行为制度实现的。

- 民事法律行为是民法典中一个使用比较频繁但又抽象、不好理解的概念。合同是典型的民事法律行为，除了合同之外，民事法律行为还包括单方的遗嘱、悬赏广告、撤销权或解除权的行使、接受或放弃受遗赠的表示等，而且，离婚协议、收养协议等身份关系的协议也属于民事法律行为。民法典规定，民事法律行为是民事主体通过意思表示设立、变更、终止民事法律关系的行为。由此可见，民事法律行为的核心是意思表示，目的是设立、变更、终止民事法律关系，结果是民事权利义务的得丧变更。

- 意思表示是向外部表达意欲发生一定民事权利义务变化效果的意思的行为。意思表示的常见形式是书面形式、口头形式。沉默只有在有法律规定、当事人约定或者符合当事人之间的交易习惯时，才可以视为意思表示。

- 民法对民事主体意愿和选择的尊重体现在对其意思表示的尊重。这种尊重一以贯之地体现在民法典各部分，如对民事行为能力的界定和划分以辨别能力和意思表示能力为标准，用益物权和担保物权的设立、合同的订立、夫妻财产制的约定、离婚协议、收养协议、监护协议、遗嘱和遗赠抚养协议等，都是对民事主体"意思""意愿"的尊重。

- 我们可以说我的权利我说了算，但也不尽然。关键要看"怎么说""说什么""怎么做"。合同有有效、无效及效力待定等不同类型，民事法律行为同样有有效、无效和效力待定之分。

- 判断一项民事法律行为是否有效，主要看三点：一看行为人是否具有相应的民事行为能力；二看行为人的意思表示是否真实；三看是否违反法律、行政法规的强制性规定或者违背公序良俗。当然，这三点也是行为人从事法律行为、订立合同时需要特别关注的。

- 民事法律行为可以采用书面形式、口头形式或者其他形式；法律、行政法规规定或者当事人约定采用特定形式的，应当采用特定形式。例如，建设用地使用权出让合同、居住权合同、地役权合同、抵押合同、质押合同、融资租赁合同、保理合同、建设工程合同、技术开发合同、技术转让合同、技术许可合同、物业服务合同应当以书面形式订立；人体细胞、人体组织、人体器官和遗体的捐献，夫妻财产制的约定，离婚协议以及放弃继承的表示等应当采用书面形式。

- 对于非法律专业人员来讲，与其判断哪些法律行为有效，不如搞清楚哪些法律行为是无效的，哪些法律行为是效力待定的。无效的法律行为主要包括：无民事行为能力人实施的法律行为（限制行为能力人立的遗嘱也是无效的）、串通虚假的法律行为、违法的法律行为、违反了公序良俗的法律行为、恶意串通损害他人利益的法律行为。效力待定的民事法律行为主要包括附期限的法律行为、附条件的法律行为等。

- 有些有效的民法法律行为，因为在意思表示等方面存在瑕疵，法律赋予了一方当事人反悔的权利，也即特定的一方当事人有撤销的权利，因此这类民事法律行为也被称为可撤销的法律行为。具体包括：基于重大误解的法律行为、受欺诈的法律行为、受胁迫的法律行为、利用他人危困状态或缺乏判断能力而显失公平的法律行为等。

- 我们都想当权利的主人，但当好权利的主人并非易事，而实现权利利益的最大化更需要智慧。除了自己住的房子通过占有、使用即可实现房屋所有权之外，大多数权利的实现需要通过合同、离婚协议、收养协议、监护协议、遗赠抚养协议等双方或多方的法律行为，合同或协议有有效、无效之分，无效的合同或协议自然无法达到实现权利的目的。有效的合同或协议也并不一定能够实现约定的后果，关键要看合同或协议约定得好不好、执行过程把关严不严。即使是遗嘱、撤销权或解除权的行使、接受或放弃受遗赠的表示等自己一个人说了算的事项，要需注意"说"的方式、"说"的时限等问题，否则同样达不到预想的效果。实现好权利，做到"我说了算"，需要掌握好民事法律行为制度。

- 法律行为被法院、仲裁机构撤销或认定无效的，并不是不发生任何法律效果，只是不能发生当事人当初预期的法律后果而已。因此，法律行为被撤销或认定无效后，可能发生停止履行、恢复原状、赔偿损失等法律后果。

讨论案例

北京通州宋庄画家村案

北京市第二中级人民法院民事判决书

（2007）二中民终字第13692号

上诉人（原审被告）李某，女，1969年5月11日出生，汉族，河北省邯郸市邯山区居民，住北京市通州区宋庄镇辛店村。

委托代理人陈某，北京市隆安律师事务所律师。

委托代理人王某，男，1950年5月15日出生，画家，住北京市通州区宋庄镇白庙村。

被上诉人（原审原告）马某，男，1964年7月21日出生，汉族，北京市通州区漷县敬老院职工，住北京市通州区永顺镇乔庄西区××号楼××室。

委托代理人董某（马某之妻），1962年11月7日出生，汉族，北京市通州区漷县敬老院职工，住址同上。

上诉人李某因一般买卖合同纠纷一案，不服北京市通州区人民法院（2007）通民初字第1031号民事判决，向本院提起上诉。本院依法组成合议庭，公开开庭进行了审理，上诉人李某及其委托代理人陈某、王某、被上诉人马某之委托代理人董某到庭参加了诉讼。本案现已审理终结。

2006年12月，马某与其母吴某起诉至原审法院称：吴某与其丈夫马某春在通州区宋庄镇辛店村有北房五间、西厢房三间。马某春于2000年去世。2002年，马某将北房五间、西厢房三间卖予李某。因李某不属于通州区宋庄镇辛店村农民，其无权使用辛店村宅基地，故起诉请求确认马某与李某所签房屋买卖协议无效，李某返还房屋，马某、吴某同意按有关部门评估的房屋现值退还李某购房价款。后吴某撤回起诉。

李某辩称：双方签订的房屋买卖协议是合法有效的。马某亦为居民户口，其亦无权使用通州区宋庄镇辛店村的宅基地，无权要求退还房屋，且马某的起诉超过了诉讼时效。故不同意马某的诉讼请求。

原审法院经审理认为，违反法律、行政法规强制性规定的合同无效。李某系居民，依法不得买卖农村集体经济组织成员的住房。马某要求认定买卖合同无效的诉讼请求，理由正当，证据充分，应予支持。合同无效后，因该合同取得的财产，应当予以返还。马某应依照房产的现值对李某进行补偿，房产的现值应当以评估值为准。李某应当把该房产返还给马某。对李某关于马某起诉超过诉讼时效的答辩意见，因合同无效属于自始无效，故其抗辩意见不予采信。综上，原审法院于2007年7月判决：一、李某于本判决生效之日起九十日内将位于北京市通州区辛店村的北房三间、西厢房六间及院落腾退给马某；二、马某给付李某补偿款九万三千八百零八元，于本判决生效之日起十五日内执行清。

判决后，李某不服，向本院提出上诉，坚持认为其与马某所签房屋买卖合同有效，并据此请求撤销原判，驳回马某的诉讼请求。马某同意原审判决。

经审理查明，马某原系北京市通州区宋庄镇辛店村农民，于1998转为居民，现户籍地为北京市通州区永顺镇乔庄西区××号楼××号。李某系城市居民，户籍地为河北省邯郸市。双方诉争之房屋原系马某之父马某春继承之祖遗产，1993年北京市通县土地管理局向马某春核发诉争房屋所在院落之《集体土地建设用地使用证》，确认马某春为该宅院之土地使用权人。马某春与吴某系夫妻，二人共生有一子四女，分别为马某、马某芹、马某兰、马某伶、马某明。马某春于2000年9月去世。

2002年7月1日，马某与李某签订《买卖房协议书》，将诉争房屋及院落以45000元的价格卖予李某。《买卖房协议书》上书："宋庄镇辛店村马某与李某商定将正房五间、厢房三间卖给李某作价4.5万元整，房屋及院落以上级下发的土地使用权证为准，房款自签字后一次性交清，双方遵守协议。"落款处除有买卖双方签字，还有中证人康某及代笔人郭某签字，并加盖北京市通州区宋庄镇辛店村民委员会印章。同日，北京市通州区宋庄镇辛店村民委员会在诉争房屋所在院落之《集体土地建设用地使用证》变更记事一栏中记载"马某于2002年7月1日将上房五间、厢房三间出售给李某使用"。

该契约签订后，李某支付给马某房款45000元，马某将房屋及《集体土地建设用地使用证》交付李某。李某入住后对原有房屋进行装修，并于2003年10月经北京市通州区宋庄镇辛店村民委员会批准新建西厢房三间。

在原审法院审理期间，马某同意按照房屋及添附物的现值返还，并申请对诉争房屋及添附物的现值进行评估。原审法院依法委托北京东华天业房地产评估有限公司对诉争院落内房屋及其他地上物的现值进行评估，评估结论为房屋及其他地上物在 2007 年 4 月 20 日的价值为 93808 元。

上述事实，有双方当事人陈述、户籍证明、集体土地建设用地使用证、买卖房屋协议书、评估报告等证据在案佐证。

本院认为，宅基地使用权是农村集体经济组织成员享有的权利，与享有者特定的身份相联系，非本集体经济组织成员无权取得或变相取得。马某与李某所签之《买卖房协议书》的买卖标的物不仅是房屋，还包含相应的宅基地使用权。李某并非通州区宋庄镇辛店村村民，且诉争院落的《集体土地建设用地使用证》至今未由原土地登记机关依法变更登记至李某名下。因此，原审法院根据我国现行土地管理法律、法规、政策之规定，对于合同效力的认定是正确的。上诉人李某关于合同有效之上诉请求，本院不予支持。

合同被确认无效后，因该合同取得的财产应当予以返还，不能返还或者没有必要返还的，应当折价补偿。基于上述合同无效之法律后果处理的一般原则，原审法院判决买受人李某将其购买的房屋及院落返还出卖人马某，出卖人马某将价款返还买受人李某并无不当。但买受人李某在购买房屋后自行出资对房屋及院落进行了新建及装修，考虑到李某对于房屋及院落的添附系附和于出卖人所有的原物上，无法识别与分离，即便能够分离，分离后添附部分的使用价值亦极大贬损。故原审法院判决买受人将原物及添附一并返还及给付出卖人，由出卖人将原房及添附部分的价值折价补偿买受人的处理结果亦无不当，本院亦予以维持。

考虑到出卖人在出卖时即明知其所出卖的房屋及宅基地属禁止流转范围，出卖多年后又以违法出售房屋为由主张合同无效，故出卖人应对合同无效承担主要责任。对于买受人信赖利益损失的赔偿，应当全面考虑出卖人因土地升值或拆迁、补偿所获利益，以及买受人因房屋现值和原买卖价格的差异造成损失两方面因素予以确定。但鉴于李某在原审法院审理期间未就其损失提出明确的反诉主张，在二审程序中，不宜就损失赔偿问题一并处理，李某可就赔偿问题另行主张。综上，依照《中华人民共和国民事诉讼法》第一百五十三条第一款第（二）项之规定，判决如下：

一、维持北京市通州区人民法院（2007）通民初字第 1031 号民事判决第一项、第二项；

二、马某与李某于 2002 年 7 月 1 日所签之《买卖房协议书》无效。

评估费 600 元，由马某负担 300 元（已交纳），由李某负担 300 元（于本判决生效后七日内交纳）。

一审案件受理费 50 元，由马某负担 25 元（已交纳），由李某负担 25 元（于本判决生效后七日内交纳）；二审案件受理费 70 元，由李某负担（已交纳 50 元，剩余 20 元于判决生效后七日内交纳）。

本判决为终审判决。

审判长：肖蓉蓉
审判员：张振越
代理审判员：李馨
2007 年 12 月 17 日
书记员：康乐

主要内容

一、民事法律行为

民法典总则编第六章专章规定了"民事法律行为"，又在第三编专编规定了合同，在总则编、物权编、人格权编、婚姻家庭编、继承编等规定了监护协议、用益物权和担保物权设立合同、姓名肖像等许可协议、离婚收养协议、遗嘱及遗赠抚养协议等。无论是合同编规定的合同，物权编规定的合同，还是婚姻家庭编和继承编规定的协议及遗嘱等，都属于民法典规定的民事法律行为的范畴。

民事法律行为是民法典中一个使用比较频繁但又抽象、不好理解的概念。合同是典型的民事法律行为，除了合同之外，民事法律行为还包括单方的抛弃所有权的行为、免除债务人债务的行为、遗嘱行为、捐助财产并设立财团法人的行为、悬赏广告、行使撤销权、解除权或抵销权的行为、接受或放弃受遗赠的表示等，而且，离婚协议、收养协议等身份关系的协议也属于民事法律行为。

民法典规定，民事法律行为是民事主体通过意思表示设立、变更、终止民事法律关系的行为。民事法律行为的核心是意思表示，目的是设立、变更、终止民事法律关系，结果是民事权利义务的得丧变更。

意思表示是向外部表达意欲发生一定民事权利义务变化效果的意思的行为。意思表示可以以对话方式作出，自相对人知道其内容时生效；以非对话方式作出的意思表示，到达相对人时生效；无相对人的意思表示，表示完成时生效；以公告方式作出的意思表示，公告发布时生效。行为人可以明示或者默示作出意思表示，但需要注意的是，沉默只有在有法律规定、当事人约定或者符合当事人之间的交易习惯时，才可以视为意思表示。因此，实践中我们不得简单将行为人的沉默视为同意或不同意。

民法对民事主体意愿和选择的尊重体现在对其意思表示的尊重。这种尊重一以贯之地体现在民法典各部分，如对民事行为能力的界定和划分以辨别能力和意思表示能力为标准，用益物权和担保物权的设立、合同的订立、夫妻财产制的约定、离婚协议、收养协议、监护协议、遗嘱和遗赠抚养协议等，都是对民事主体"意思""意愿"的尊重。

总的来看，民事法律行为虽然种类繁多、形态各异，但具有以下特点：一是民事法律行为能够在当事人之间引起民事权利义务关系的发生、变更或者消灭。二是民事法律行为都是当事人的意思表示行为。一项法律行为可以是由一个意思表示行为构成，如抛弃所有权的行为、解除合同的行为、立遗嘱的行为等，但大多数民事法律行为是合同行为。三是民事法律行为所引起的具体法律效果是由当事人的意思表示所决定的。法律行为产生怎样的法律后果，取决于行为人所表达出来的意思。一定程度上可以说，民事法律行为制度体现了对市场主体意愿的尊重，允许当事人"说了算"。

二、民事法律行为的效力

民法尊重当事人的意愿和选择，让当事人自己"说了算"，但当事人"说"的不一定都"算数"。民事法律行为有有效的、无效的、效力待定的，还有虽然有效但一方当事人有权撤销的。

（一）民事法律行为有效的条件

民事主体要做到自己"说了算"，要让法律行为产生预期的效果，至少要满足以下几个条件：

第一，行为人具有相应的民事行为能力，无民事行为能力人实施的民事法律行为无效，限制民事行为能力人实施的纯获利益的民事法律行为或者与其年龄、智力、精神健康状况相适应的民事法律行为有效，但所立的遗嘱无效。具有完全民事行为能力的成年人可以独立实施民事法律行为，法人和非法人组织不存在行为能力的差异，不存在无行为能力或限制行为能力的法人。

第二，意思表示真实。民法尊重民事主体的选择和意愿，但也只尊重真实的选择和意愿。因此，基于重大误解、受欺诈、被胁迫、危困状态或缺乏判断能力被利用等而实施的非真实的意思表示，将可能影响民事法律行为的效力，不必然发生当事人追求的法律效果。

第三，不违反法律、行政法规的强制性规定，不违背公序良俗。注意，这里的强制性规定指的是法律、行政法规的强制性规定，不包括地方性法规、规章和规范性文件的强制性规定。此外，并不是违反法律、行政法规的任何强制性规定都必然导致民事法律行为无效。强制性规定有效力性强制性规定和管理性强制性规定之分。有些强制性规定明确规定违反该规定的合同无效，比如《民法典》第七百零五条规定的"租赁期限不得超过二十年。超过二十年的，超过部分无效"。第一千零七条第一款规定"禁止以任何形式买卖人体细胞、人体组织、人体器官、遗体"。第二款紧接着规定"违反前款规定的买卖行为无效"。然而，大量的强制性规定并未规定违反之后对民事法律行为的效力。实践中，如何区分效力性强制性规定和管理性强制性规定，存在比较大的分歧。最高人民法院于2019年下半年发布的《全国法院民商事审判工作会议纪要》对此指出：下列强制性规定，应当认定为"效力性强制性规定"：强制性规定涉及金融安全、市场秩序、国家宏观政策等公序良俗的；交易标的禁止买卖的，如禁止人体器官、毒品、枪支等买卖；违反特许经营规定的，如场外配资合同；交易方式严重违法的，如违反招投标等竞争性缔约方式订立的合同；交易场所违法的，如在批准的交易场所之外进行期货交易。关于经营范围、交易时间、交易数量等行政管理性质的强制性规定，一般应当认定为"管理性强制性规定"。关于公序良俗的界定，第三讲有具体介绍，《民法典》明确规定违背公序良俗的民事法律行为无效。实践中，违反公序良俗的类型主要有：（1）违反性伦理和家庭伦理。例如，性交易合同、包养情妇合同、将全部遗产遗留给情妇的遗嘱、约定以不生育子女为条件而进行结婚的协议、断绝父子关系协议。（2）极度限制个人自由。比如，卖身为奴，夫妻之间约定不得离婚，否则丧失全部财产并给对方巨额损害赔偿金，在雇佣或者劳动合同中约定职工不得结婚或者生育子女。（3）赌博以及各种类似于赌博的行为。（4）严重违反市场经济基本秩序从而限制正当竞争。（5）严重限制营业自由或者职业自由。例如，约定长期的竞业禁止特约。[①]

值得注意的是，根据前述《全国法院民商事审判工作会议纪要》，违反规章一般情况下不影响合同效力，但该规章的内容涉及金融安全、市场秩序、国家宏观政策等公序良俗的，应当认定合同无效。人民法院在认定规章是否涉及公序良俗时，要在考察规范对象基础上，兼顾监管强度、交易安全保护以及社会影响等方面进行慎重考量，并在裁判文书中进行充分说理。

以上是对民事法律行为内容上、实质上的要求。在形式上，民事法律行为可以采用书面形式、口头形式或者其他形式；法律、行政法规规定或者当事人约定采用特定形式的，应当采用特定形式。例如，建设用地使用权出让合同、居住权合同、地役权合同、抵押合同、质押合同、融资租赁合同、保理合同、建设工程合同、技术开发合同、技术转让合同、技术许可合同、物业服务合同应当以书面形式订立；人体细胞、人体组织、人体器官和遗体的捐献，夫妻财产制的约定，离婚协议以及放弃继承的表示等应当采用书面形式。总的来看，基于私法自治原则，民事法律行为以不具有特定形式为原则，以要求某种形式要式（主要为书面形式）为例外，因此只要法律没有规定为要式的法律行为即为不要式行为。从《民法典》对民事法律行为形式的要求来看，要求具备特定形式的民事法律行为主要集中在以下几个方面：离婚、收养、遗嘱等身份行为或者与身份相关的行为；房屋买卖、建设用地使用权出让转让等以变动不动产物权为内容的法律行为；抵押、质押、定金等各类担保合同行为；《民法典》合同编规定的银行借款合同、融资租赁合同等。

[①] 刘锐、黄福宁、席志国：《民法总则八讲》，人民出版社2017年版，第201–202页。

民事法律行为要产生当事人追求的法律效果，应当满足以上的内容和形式要求，如果在内容上或形式上存在瑕疵或重大缺陷，将使法律行为的效力发生动摇甚至无效。

（二）可撤销和无效的民事法律行为

根据民法典规定，以下民事法律行为是可撤销的：基于重大误解实施的民事法律行为，行为人有权请求人民法院或者仲裁机构予以撤销；一方以欺诈手段，使对方在违背真实意思的情况下实施的民事法律行为，受欺诈方有权请求人民法院或者仲裁机构予以撤销；第三人实施欺诈行为，使一方在违背真实意思的情况下实施的民事法律行为，对方知道或者应当知道该欺诈行为的，受欺诈方有权请求人民法院或者仲裁机构予以撤销；一方或者第三人以胁迫手段，使对方在违背真实意思的情况下实施的民事法律行为，受胁迫方有权请求人民法院或者仲裁机构予以撤销；一方利用对方处于危困状态、缺乏判断能力等情形，致使民事法律行为成立时显失公平的，受损害方有权请求人民法院或者仲裁机构予以撤销。需要注意的是，撤销权的行使应在法律规定的期限内完成，否则，撤销权将消灭。《民法典》第一百五十二条规定，有下列情形之一的，撤销权消灭：（1）当事人自知道或者应当知道撤销事由之日起一年内、重大误解的当事人自知道或者应当知道撤销事由之日起九十日内没有行使撤销权；（2）当事人受胁迫，自胁迫行为终止之日起一年内没有行使撤销权；（3）当事人知道撤销事由后明确表示或者以自己的行为表明放弃撤销权。此外，当事人自民事法律行为发生之日起五年内没有行使撤销权的，撤销权消灭。

根据民法典规定，以下民事法律行为是无效的：无民事行为能力人实施的民事法律行为无效；行为人与相对人以虚假的意思表示实施的民事法律行为无效；违反法律、行政法规的效力性强制性规定的民事法律行为无效；违背公序良俗的民事法律行为无效；行为人与相对人恶意串通，损害他人合法权益的民事法律行为无效。关于遗嘱，《民法典》有一些特殊规定，无民事行为能力人或者限制民事行为能力人所立的遗嘱无效；受欺诈、胁迫所立的遗嘱无效；伪造的遗嘱无效；遗嘱被篡改的，篡改的内容无效。

需要注意的是，无效的或者被撤销的民事法律行为自始没有法律约束力。民事法律行为部分无效，不影响其他部分效力的，其他部分仍然有效。民事法律行为无效、被撤销或者确定不发生效力后，行为人因该行为取得的财产，应当予以返还；不能返还或者没有必要返还的，应当折价补偿。有过错的一方应当赔偿对方由此所受到的损失；各方都有过错的，应当各自承担相应的责任。法律另有规定的，依照其规定。

（三）其他类型的民事法律行为

民事法律行为还有附条件和附期限的民事法律行为。附生效条件的民事法律行为，自条件成就时生效；附解除条件的民事法律行为，自条件成就时失效。附生效期限的民事法律行为，自期限届至时生效。附终止期限的民事法律行为，自期限届满时失效。

此外，民事法律行为还有效力待定的情形。典型的效力待定法律行为包括无权代理、债务承担和限制行为能力人实施的待追认行为。如《民法典》第一百七十一条第一款规定，行为人没有代理权、超越代理权或者代理权终止后，仍然实施代理行为，未经被代理人追认的，对被代理人不发生效力。这就意味着，在追认之前此类民事行为处于效力未定状态。根据《民法典》第五百五十一条第一款，债务人将债务的全部或者部分转移给第三人的，应当经债权人同意。因此，在债权人同意之前，第三人的债务承担行为处于效力待定状态。根据《民法典》第一百四十五条，限制民事行为能力人实施的超过其年龄、智力、精神健康状态的民事法律行为，需经法定代理人追认，在追认之前处于效力待定状态。

（四）善于运用民事法律行为制度实现好、维护好权益

民事法律行为制度，既是有效实现权利的重要制度，也是救济权利、维护权益的重要制度，实现好、维护好权益，需要重视、灵活运用民事法律行为制度。要善于用合同制度安排生活，包括当下的和未来的生活甚至身后的事务；要善于运用其他民事法律行为实现权益、维护权益。要知道，民法典规定的民事法律行为制度给我们提供了广阔的选择空间和多样的实现工具，关键的问题是如何运用好这些权利和工具。以下通过居住权的设定等说明如何通过民法法律行为合理安排民事活动和事务。

1. 居住权的设定

我们先来讲一个真实的故事。民法典通过不久，笔者给某国家部委讲民法

典,结束后一位退休多年的老领导现场向笔者提了一个问题。他说他是再婚,现在他的爱人成天闹着让他把房子过户给她(估计他的爱人年龄比他小不少),可他的子女死活不同意,搞得他比较烦恼,不知该怎么办好。笔者说《民法典》已经为你的这种情况开出了良方,你等到《民法典》2021年1月1日实施后,去登记部门给你爱人设立一个居住权,让她无偿、无期限限制且非常稳定可靠地居住房屋直到百年之后,而将房屋所有权留给子女,这样就比较好地协调了各方的利益。这个例子给我们的启示是,民法典给了我们很多可以选择的机会、方法,可惜我们的老百姓对民法典的学习掌握有个过程,我们经常讲要学法、守法、用法,其实,民法主要不是用来守的,民法典规定的守法义务并不多,类似民事法律行为不得违反法律行政法规的强制性规定、不得违反公序良俗这样的规定并不多,民法更应被用来活学活用。就拿居住权来说,民法典规定居住权无偿设立,但是当事人另有约定的除外;设立居住权的住宅不得出租,但是当事人另有约定的除外。这就意味着,即使是居住权的设立,也有很大的选择空间,可以有偿、可以出租,只不过需要在合同中明确约定,否则不行。

2. 为自己协议确定监护人

《民法典》规定了不少事先安排"后事"的方法,除了我们熟悉的遗嘱、遗赠抚养协议等之外,《民法典》增加规定了具有完全民事行为能力的成年人为自己提前协议确定监护人的制度,即其第三十三条规定,具有完全民事行为能力的成年人,可以与其近亲属、其他愿意担任监护人的个人或者组织事先协商,以书面形式确定自己的监护人,在自己丧失或者部分丧失民事行为能力时,由该监护人履行监护职责。此外,民法典还规定"自然人可以依法设立遗嘱信托"。

3. 撤销权行使

如前介绍,民事法律行为有有效、无效之分,有效的民事法律行为,如果存在意思表示等瑕疵,也有可能被撤销。但是,很多非专业人士对撤销权及其行使的基本规则并不熟悉,结果造成权利保障不周或损害严重的不良后果。除了前述的可以撤销的法律行为之外,民法典还规定,因胁迫结婚的,受胁迫的一方可以向人民法院请求撤销婚姻;一方患有重大疾病的,应当在结婚登记前如实告知另一方,不如实告知的,另一方可以向人民法院请求撤销婚姻。

4. 解除权行使

虽然《民法典》第一百三十六条第二款原则规定"行为人非依法律规定或

者未经对方同意，不得擅自变更或者解除民事法律行为"，但《民法典》还是规定了不少可以单方解除法律行为的情形。其第三百八十四条规定，地役权人违反法律规定或者合同约定滥用地役权，或者有偿利用供役地，约定的付款期限届满后在合理期限内经两次催告未支付费用的，供役地权利人有权解除地役权合同。第五百三十三条第一款规定，合同成立后，合同的基础条件发生了当事人在订立合同时无法预见的、不属于商业风险的重大变化，继续履行合同对于当事人一方明显不公平的，受不利影响的当事人可以与对方重新协商，在合理期限内协商不成的，当事人可以请求人民法院或者仲裁机构变更或者解除合同。第五百六十三条规定，在合同生效期间，如果因不可抗力致使不能实现合同目的，在履行期限届满前当事人一方明确表示或者以自己的行为表明不履行主要债务，当事人一方迟延履行主要债务且经催告后在合理期限内仍未履行，当事人一方迟延履行债务或者有其他违约行为致使不能实现合同目的等情况，当事人可以解除合同；以持续履行的债务为内容的不定期合同，当事人可以随时解除合同，但是应当在合理期限之前通知对方。因出卖人未取得处分权致使标的物所有权不能转移的，买受人可以解除合同并请求出卖人承担违约责任；分期付款的买受人未支付到期价款的数额达到全部价款的五分之一，经催告后在合理期限内仍未支付到期价款的，出卖人可以请求买受人支付全部价款或者解除合同。借款人未按照约定的借款用途使用借款的，贷款人可以停止发放借款、提前收回借款或者解除合同。承租人未经出租人同意转租的，出租人可以解除合同；承租人无正当理由未支付或者迟延支付租金的，出租人可以请求承租人在合理期限内支付；承租人逾期不支付的，出租人可以解除合同。租赁物危及承租人的安全或者健康的，即使承租人订立合同时明知该租赁物质量不合格，承租人仍然可以随时解除合同。承租人应当按照约定支付租金，承租人经催告后在合理期限内仍不支付租金的，出租人可以请求支付全部租金，也可以解除合同，收回租赁物。承包人将建设工程转包、违法分包的，发包人可以解除合同。委托人或者受托人可以随时解除委托合同。收养人不履行抚养义务，有虐待、遗弃等侵害未成年养子女合法权益行为的，送养人有权要求解除养父母与养子女间的收养关系。

5. 继承、遗赠接受或放弃

对于继承和遗赠的接受或放弃，民法典设计了完全不同的规则，即继承开始后，继承人放弃继承的，应当在遗产处理前，以书面形式作出放弃继承的表示；没有表示的，视为接受继承。而受遗赠人应当在知道受遗赠后六十日内，作出接受或者放弃受遗赠的表示；到期没有表示的，视为放弃受遗赠。

6. 对转租行为的认可或否定

根据民法典的规定，转租应经出租人同意，承租人未经出租人同意转租的，出租人可以解除合同。如果出租人知道或者应当知道承租人转租，但是在六个月内未提出异议的，视为出租人同意转租。

三、了解合同制度

（一）合同基本制度

第一，关于"合同"和"协议"的关系。民法典第三编的编名为"合同"，该编的第一条（《民法典》第四百六十三条）和第二条（《民法典》第四百六十四条）规定了该编的调整范围，同时也基本明确了"合同"和"协议"的关系，即：本编调整因"合同"而产生的民事关系，至于因婚姻、收养、监护等有关身份关系的"协议"产生的民事关系，适用有关该身份关系的法律规定；没有规定的，可以参照其性质适用本编规定。

第二，关于合同的分类。合同，依据分类标准的不同，可以划分为不同的类型，值得领导干部关注的分类主要有：（1）有偿合同和无偿合同。有偿合同是互为对价关系给付的合同，如买卖、租赁等。无偿合同是仅当事人一方给付，他方并无对价关系给付的合同，如赠与、无偿保管等。区分有偿合同与无偿合同的意义在于无偿合同债务人的注意义务较有偿合同为轻。因此，一般而言，无偿合同债务人仅负故意或重大过失责任，而有偿合同的债务人则对一般的轻过失也要负责。如《民法典》第六百六十二条规定，赠与的财产有瑕疵的，赠与人不承担责任；附义务的赠与，赠与的财产有瑕疵的，赠与人在附义务的限度内承担与出卖人相同的责任；赠与人故意不告知瑕疵或者保证无瑕疵，造成受赠人损失的，应当承担赔偿责任。（2）诺成合同与实践合同。这是依据合同的成立是否以交付标的物为要件而作的划分。诺成合同是指合同的成立不以交付标的物为要件，只须当事人意思的合致即可。实践合同是指合同的成立不仅须当事人意思的一致，还须交付标的物方可。绝大多数合同为诺成合同，保管合同为实践合同，但当事人可以约定其为诺成合同，自然人之间的借款合同为实践合同，定金合同为实践合同。（3）要式合同与不要式合同。这是依据合同的成立是否需要采用特定形式或手续为标准划分的合同类型。要式合同是合同的成立要求采用特定形式或手续的合同。"特定形式和手续"是指经特别规定或约定的书面形式、公证、签证、批准和登记等。而不要式合同是指合同的成立不需要特定的形式或手续的合同。（4）有名合同与无名合同。这是根据合同的类型和名称是否被法律所规定为标准所作的划分。有名合同，也称为典型合同，是指法律对合同类型作了规定，并且赋予了一定名称的合同。合同法规定了买卖等15种有名合同。保险法、担保法及其他法律所规定的保险合同、保证合同等合同均为有名合同。民法典规定了19种有名合同。无名合同是法律没有赋予特定名称，也未规范而由当事人任意约定的合同。有名合同首先适用法律对该类合同的规定，而无名合同则适用合同编通则的规定，并可以参照适用最相类似合同的规定。（5）格式合同与非格式合同。格式合同是指当事人一方为了重复使用而预先拟订对所有相对人采用的交易条件，并在订立合同时由相对人决定是否承诺的合同，如保险合同、铁路运输合同等。非格式合同是指合同内容由当事人双方自由协商决定的合同。民法典对格式合同规定了规制的具体规则和方法，主要包括格式条款对当事人权利义务的确定应符合公平原则、对格式条款的合理提示原则、合同解释的不利解释原则。（6）主合同与从合同。主合同是两个以上相互关联的合同中，不以他种合同的存在为前提而能够独立存在的合同。从合同是指必须以他种合同的存在为前提而自身不能独立存在的合同，如设有担保的借贷合同中，借贷合同为主合同，担保合同为从合同。主合同的效力往往影响从合同的效力，即从合同以主合同的存在为前提，主合同无效，从合同除了法律另有规定或当事人另有约定的以外也随之无效；主合同变更或终止，从合同一般也随之变更或终止。相反，从合同不成立或无效，一般不影响主合同的效力。

第三，关于合同的订立。当事人订立合同，可以采用书面形式、口头形式或者其他形式。书面形式是合同书、信件、电报、电传、传真等可以有形地表现所载内容的形式。以电子数据交换、电子邮件等方式能够有形地表现所载内容，并可以随时调取查用的数据电文，视为书面形式。订立合同，常见的方式是要约、承诺方式。要约是希望与他人订立合同的意思表示，该意思表示应当内容具体确定，表明经受要约人承诺，要约人即受该意思表示约束。拍卖公告、招标公告、招股说明书、债券募集办法、基金招募说明书、商业广告和宣传、寄送的价目表等为要约邀请，商业广告和宣传的内容符合要约条件的，构成要约。承诺的对象是要约，承诺的内容应当与要约的内容一致，受要约人对要约的内容作出实质性变更的，为新要约。有关合同标的、数量、质量、价款或者报酬、履行期限、履行地点和方式、违约责任和解决争议方法等的变更，是对要约内容的实质性变更。对要约邀请的回应可能构成要约，对要约的实质性变更构成反要约。要约和承诺原则上到达生效，而非作出或发出生效。当事人采用合同书形式订立合同的，自当事人均签名、盖章或者按指印时合同成立；在签名、盖章或者按指印之前，当事人一方已经履行主要义务，对方接受时，该合同成立。法律、行政法规规定或者当事人约定合同应当采用书面形式订立，当事人未采用书面形式但是一方已经履行主要义务，对方接受时，该合同成立。当事人采用信件、数据电文等形式订立合同要求签订确认书的，签订确认书时合同成立。当事人一方通过互联网等信息网络发布的商品或者服务信息符合要约条件的，对方选择该商品或者服务并提交订单成功时合同成立，但是当事人另有约定的除外。

　　第四，关于合同的生效。一般情况下，合同成立即生效，但法律另有规定或当事人另有约定的除外。依照法律、行政法规的规定，合同应当办理批准等手续的，依照其规定。未办理批准等手续影响合同生效的，不影响合同中履行报批等义务条款以及相关条款的效力。应当办理申请批准等手续的当事人未履行义务的，对方可以请求其承担违反该义务的责任。依照法律、行政法规的规定，合同的变更、转让、解除等情形应当办理批准等手续的，同样遵守前述规定。法人的法定代表人或者非法人组织的负责人超越权限订立的合同，除相对人知道或者应当知道其超越权限外，该代表行为有效，订立的合同对法人或者非法人组织发生效力。当事人超越经营范围订立的合同的效力，应当依照民法典总则编和合同编的有关规定确定，不得仅以超越经营范围确认合同无效。合同中的造成对方人身损害的免责条款（如"工伤概不负责"）或者因故意或者重大过失造成对方财产损失的免责条款无效。合同不生效、无效、被撤销或者终止的，不影响合同中有关解决争议方法的条款（如约定仲裁条款）的效力。

第五，关于合同的履行。合同生效后，当事人就质量、价款或者报酬、履行地点等内容没有约定或者约定不明确的，可以协议补充；不能达成补充协议的，按照合同相关条款或者交易习惯确定。仍不能确定的，适用下列规定：（1）质量要求不明确的，按照强制性国家标准履行；没有强制性国家标准的，按照推荐性国家标准履行；没有推荐性国家标准的，按照行业标准履行；没有国家标准、行业标准的，按照通常标准或者符合合同目的的特定标准履行。（2）价款或者报酬不明确的，按照订立合同时履行地的市场价格履行；依法应当执行政府定价或者政府指导价的，依照规定履行。（3）履行地点不明确，给付货币的，在接受货币一方所在地履行；交付不动产的，在不动产所在地履行；其他标的，在履行义务一方所在地履行。（4）履行期限不明确的，债务人可以随时履行，债权人也可以随时请求履行，但是应当给对方必要的准备时间。（5）履行方式不明确的，按照有利于实现合同目的的方式履行。（6）履行费用的负担不明确的，由履行义务一方负担；因债权人原因增加的履行费用，由债权人负担。合同生效后，当事人不得因姓名、名称的变更或者法定代表人、负责人、承办人的变动而不履行合同义务。

第六，关于合同的变更和转让。债权人转让债权，未通知债务人的，该转让对债务人不发生效力。债务人将债务的全部或者部分转移给第三人的，应当经债权人同意。合同的权利和义务一并转让的，适用债权转让、债务转移的有关规定。

第七，关于合同的解除。当事人协商一致，可以解除合同。当事人可以约定一方解除合同的事由，解除合同的事由发生时，解除权人可以解除合同。有下列情形之一的，当事人可以单方解除合同：（1）因不可抗力致使不能实现合同目的；（2）在履行期限届满前，当事人一方明确表示或者以自己的行为表明不履行主要债务；（3）当事人一方迟延履行主要债务，经催告后在合理期限内仍未履行；（4）当事人一方迟延履行债务或者有其他违约行为致使不能实现合同目的；（5）法律规定的其他情形。以持续履行的债务为内容的不定期合同，当事人可以随时解除合同，但是应当在合理期限之前通知对方。法律规定或者当事人约定解除权行使期限，期限届满当事人不行使的，该权利消灭。法律没有规定或者当事人没有约定解除权行使期限，自解除权人知道或者应当知道解除事由之日起一年内不行使，或者经对方催告后在合理期限内不行使的，该权利消灭。当事人一方依法主张解除合同的,应当通知对方。合同自通知到达对方时解除;通知载明债务人在一定期限内不履行债务则合同自动解除,债务人在该期限内未履行债务的,合同自通知载明的期限届满时解除。对方对解除合同有异议的,任何一方当事人均可以请求人民法院或者仲裁机构确认解除行为的效力。当事人一方未通知对方,直接以提起诉讼或者申请仲裁的方式依法主张解除合同,人民法院或者仲裁机构确认该主张的,合同自起诉状副本或者仲裁申请书副本送达对方时解除。合同解除后,尚未履行的,终止履行;已经履行的,根据履行情况和合同性质,当事人可以请求恢复原状或者采取其他补救措施,并有权请求赔偿损失。合同因违约解除的,解除权人可以请求违约方承担违约责任,但是当事人另有约定的除外。主合同解除后,担保人对债务人应当承担的民事责任仍应当承担担保责任,但是担保合同另有约定的除外。

第八,关于违约责任。当事人一方不履行合同义务或者履行合同义务不符合约定的,应当承担继续履行、采取补救措施或者赔偿损失等违约责任。当事人一方不履行债务或者履行债务不符合约定,根据债务的性质不得强制履行的,对方可以请求其负担由第三人替代履行的费用。当事人一方不履行合同义务或者履行合同义务不符合约定,造成对方损失的,损失赔偿额应当相当于因违约所造成的损失,包括合同履行后可以获得的利益;但是,不得超过违约一方订立合同时预见到或者应当预见到的因违约可能造成的损失。当事人可以约定一方违约时应当根据违约情况向对方支付一定数额的违约金,也可以约定因违约产生的损失赔偿额的计算方法。约定的违约金低于造成的损失的,人民法院或者仲裁机构可以根据当事人的请求予以增加;约定的违约金过分高于造成的损失的,人民法院或者仲裁机构可以根据当事人的请求予以适当减少。定金的数额由当事人约定,但是,不得超过主合同标的额的百分之二十,超过部分不产生定金的效力。给付定金的一方不履行债务或者履行债务不符合约定,致使不能实现合同目的的,无权请求返还定金;收受定金的一方不履行债务或者履行债务不符合约定,致使不能实现合同目的的,应当双倍返还定金。当事人既约定违约金,又约定定金的,一方违约时,对方可以选择适用违约金或者定金条款。定金不足以弥补一方违约造成的损失的,对方可以请求赔偿超过定金数额的损失。当事人一方因不可抗力不能履行合同的,根据不可抗力的影响,部分或者全部免除责任,但是法律另有规定的除外。因不可抗力不能履行合同的,应当及时通知对方，以减轻可能给对方造成的损失，并应当在合理期限内提供证明。当事人迟延履行后发生不可抗力的，不免除其违约责任。当事人一方违约后，对方应当采取适当措施防止损失的扩大；没有采取适当措施致使损失扩大的，不得就扩大的损失请求赔偿。当事人因防止损失扩大而支出的合理费用，由违约方负担。当事人都违反合同的，应当各自承担相应的责任。当事人一方违约造成对方损失，对方对损失的发生有过错的，可以减少相应的损失赔偿额。

第九，有名合同个别重点内容提示。（1）买卖合同。标的物毁损、灭失的风险，在标的物交付之前由出卖人承担，交付之后由买受人承担，但是法律另有规定或者当事人另有约定的除外。当事人约定减轻或者免除出卖人对标的物瑕疵承担的责任，因出卖人故意或者重大过失不告知买受人标的物瑕疵的，出卖人无权主张减轻或者免除责任。依照法律、行政法规的规定或者按照当事人的约定，标的物在有效使用年限届满后应予回收的，出卖人负有自行或者委托第三人对标的物予以回收的义务。当事人可以在买卖合同中约定买受人未履行支付价款或者其他义务的，标的物的所有权属于出卖人。（2）供用电、水、气、热力合同。向社会公众供电的供电人，不得拒绝用电人合理的订立合同要求。用电人逾期不支付电费的，应当按照约定支付违约金，经催告用电人在合理期限内仍不支付电费和违约金的，供电人可以按照国家规定的程序中止供电，但应当事先通知用电人。供用水、供用气、供用热力合同，参照适用供用电合同的有关规定。（3）赠与合同。赠与人在赠与财产的权利转移之前可以撤销赠与，但经过公证的赠与合同或者依法不得撤销的具有救灾、扶贫、助残等公益、道德义务性质的赠与合同除外。（4）借款合同。借款的利息不得预先在本金中扣除。利息预先在本金中扣除的，应当按照实际借款数额返还借款并计算利息。禁止高利放贷，借款的利率不得违反国家有关规定。借款合同对支付利息没有约定的，视为没有利息。借款合同对支付利息约定不明确，当事人不能达成补充协议的，按照当地或者当事人的交易方式、交易习惯、市场利率等因素确定利息；自然人之间借款的，视为没有利息。（5）保证合同。机关法人不得为保证人，但是经国务院批准为使用外国政府或者国际经济组织贷款进行转贷的除外。以公益为目的的非营利法人、非法人组织不得为保证人。保证的方式包括一般保证和连带责任保证。当事人在保证合同中对保证方式没有约定或者约定不明确的，按照一般保证承担保证责任。当事人在保证合同中约定，债务人不能履行债务时，由保证人承担保证责任的，为一般保证。(6)租赁合同。租赁期限不得超过二十年，超过二十年的，超过部分无效。当事人未依照法律、行政法规规定办理租赁合同登记备案手续的，不影响合同的效力。承租人未经出租人同意转租的，出租人可以解除合同。出租人知道或者应当知道承租人转租，但是在六个月内未提出异议的，视为出租人同意转租。出租人出卖租赁房屋的，应当在出卖之前的合理期限内通知承租人，承租人享有以同等条件优先购买的权利；但是，房屋按份共有人行使优先购买权或者出租人将房屋出卖给近亲属的除外。出租人履行通知义务后，承租人在十五日内未明确表示购买的，视为承租人放弃优先购买权。租赁物危及承租人的安全或者健康的，即使承租人订立合同时明知该租赁物质量不合格，承租人仍然可以随时解除合同。(7)保理合同。保理合同是应收账款债权人将现有的或者将有的应收账款转让给保理人，保理人提供资金融通、应收账款管理或者催收、应收账款债务人付款担保等服务的合同。(8)承揽合同。承揽人将其承揽的主要工作交由第三人完成的，应当就该第三人完成的工作成果向定作人负责；未经定作人同意的，定作人也可以解除合同。定作人在承揽人完成工作前可以随时解除合同，造成承揽人损失的，应当赔偿损失。(9)建设工程合同。建设工程合同应当采用书面形式。发包人可以与总承包人订立建设工程合同，也可以分别与勘察人、设计人、施工人订立勘察、设计、施工承包合同。发包人不得将应当由一个承包人完成的建设工程支解成若干部分发包给数个承包人。禁止承包人将工程分包给不具备相应资质条件的单位。禁止分包单位将其承包的工程再分包。建设工程主体结构的施工必须由承包人自行完成。(10)物业服务合同。建设单位依法与物业服务人订立的前期物业服务合同，以及业主委员会与业主大会依法选聘的物业服务人订立的物业服务合同，对业主具有法律约束力。物业服务人应当定期将服务的事项、负责人员、质量要求、收费项目、收费标准、履行情况，以及维修资金使用情况、业主共有部分的经营与收益情况等以合理方式向业主公开并向业主大会、业主委员会报告。业主应当按照约定向物业服务人支付物业费。物业服务人已经按照约定和有关规定提供服务的，业主不得以未接受或者无须接受相关物业服务为由拒绝支付物业费。物业服务人不得采取停止供电、供水、供热、供燃气等方式催交物业费。

（二）民法典对合同制度的革新

《民法典》的合同编共520多条，是整部法典中内容最多的一编，几乎占到了1260条的半壁江山。民法典总体继承了合同法的内容，但也在吸收实践经验的基础上，作出了不少制度创新。具体制度创新如下：

第一，完善了电子合同订立规则。民法典规定通过互联网等信息网络订立的电子合同的标的为交付商品并采用快递物流方式交付的，收货人的签收时间为交付时间。电子合同的标的为提供服务的，生成的电子凭证或者实物凭证中载明的时间为提供服务时间；前述凭证没有载明时间或者载明时间与实际提供服务时间不一致的，以实际提供服务的时间为准。电子合同的标的物为采用在线传输方式交付的，合同标的物进入对方当事人指定的特定系统且能够检索识别的时间为交付时间。电子合同当事人对交付商品或者提供服务的方式、时间另有约定的，按照其约定。

第二，增加了预约合同的具体规定。当事人约定在将来一定期限内订立合同的认购书、订购书、预订书等，构成预约合同。当事人一方不履行预约合同约定的订立合同义务的，对方可以请求其承担预约合同的违约责任。

第三，完善了格式条款制度。采用格式条款订立合同的，提供格式条款的一方应当遵循公平原则确定当事人之间的权利和义务，并采取合理的方式提示对方注意免除或者减轻其责任等与对方有重大利害关系的条款，按照对方的要求，对该条款予以说明。提供格式条款的一方未履行提示或者说明义务，致使对方没有注意或者理解与其有重大利害关系的条款的，对方可以主张该条款不成为合同的内容。同时规定，如果存在提供格式条款一方不合理地免除或者减轻其责任、加重对方责任、限制对方主要权利，或者排除对方主要权利，则该格式条款无效。

第四，结合新冠肺炎疫情防控工作，完善国家订货合同制度。民法典规定国家根据抢险救灾、疫情防控或者其他需要下达国家订货任务、指令性任务的，有关民事主体之间应当依照有关法律、行政法规规定的权利和义务订立合同。依照法律、行政法规的规定负有发出要约义务的当事人，应当及时发出合理的要约。依照法律、行政法规的规定负有作出承诺义务的当事人，不得拒绝对方合理的订立合同要求。

第五，针对实践中一方当事人违反义务不办理报批手续影响合同生效的问题，民法典明确了当事人违反报批义务的法律后果，健全合同效力制度，即依照法律、行政法规的规定，合同应当办理批准等手续的，依照其规定。未办理批准等手续影响合同生效的，不影响合同中履行报批等义务条款以及相关条款的效力。应当办理申请批准等手续的当事人未履行义务的，对方可以请求其承担违反该义务的责任。

第六，完善合同履行制度，落实绿色原则，规定当事人在履行合同过程中应当避免浪费资源、污染环境和破坏生态。同时，在总结司法实践经验的基础上增加规定了情势变更制度。

第七，完善代位权、撤销权等合同保全制度，进一步强化对债权人的保护，细化了债权转让、债务移转制度，增加了债务清偿抵充规则、完善了合同解除等合同终止制度

第八，民法典合同编在合同法15种有名合同（也叫典型合同）的基础上，增加规定了保理合同、物业服务合同、保证合同及合伙合同四类有名合同，进一步丰富了合同类型。

第九，在总结现行合同法实践经验的基础上，完善了其他典型合同：一是通过完善检验期限的规定和所有权保留规则等完善买卖合同。二是为维护正常的金融秩序，明确规定禁止高利放贷，借款的利率不得违反国家有关规定。三是落实党中央提出的建立租购同权住房制度的要求，保护承租人利益，增加规定房屋承租人的优先承租权。四是针对近年来客运合同领域出现的旅客霸座、不配合承运人采取安全运输措施等严重干扰运输秩序和危害运输安全的问题，维护正常的运输秩序，细化了客运合同当事人的权利义务。五是根据经济社会发展需要，修改完善了赠与合同、融资租赁合同、建设工程合同、技术合同、中介合同等典型合同。比如，第六百六十六条增加规定了规定赠与的"穷困抗辩"，即赠与人的经济状况显著恶化，严重影响其生产经营或者家庭生活的，可以不再履行赠与义务。

四、重视合同的谈判、签订和履行

美国前总统杰弗逊曾言，"不要说信赖谁，还是让契约来约束他吧！"犹

太人有一句名言,称"契约是衡量一个人道德品质的天平。遵守契约,你获得的将不只是尊重"。市场就是全部契约的总和。在当今市场经济社会,契约的重要性怎么强调也不为过。然而,虽然我国的改革开放已超过40年,市场经济体制日益健全,合同也越来越受到市场主体的重视,企业领导者也越来越重视合规,但由于我国契约传统和契约文化比较欠缺,契约精神尚未深入人心,全社会尤其是一些政府领导、中小企业领导及普通老百姓的契约意识、合规意识还没有普遍树立起来,对合同谈判、合同签署及合同履行还不够重视。贯彻落实民法典,应当重视合同的谈判、签订和履行。

(一)重视合同的谈判和签署

合同是当事人意思表示一致的产物,是合同当事人谈判的结果。实践中,除了供用电、水、气、热力合同,公共运输合同,强制保险合同等之外大量的合同是可以谈判的,固然谈判受双方实力的影响,但即便是弱势的一方,也有其必须保障的核心利益,不是没有谈判的空间。实践中,很多人由于不了解基本合同制度,不懂得合同谈判重点和技巧,看到一方或中介拿出的合同文本便以为是不可谈判的,很多时候抱着"看不懂""看了也白看"以及过分相信对方的心态放弃了合同谈判,结果造成了自己利益的严重受损。某种意义上讲,合同是谈出来的。不经历艰苦的谈判,很难实现自己利益的最大化;不经历认真的谈判,很难产生明确具体周全的合同。从实践来看,很多人上当受骗的原因就在于不仅合同没有经历谈判过程,就连最后签署之前也没有认真看一遍。

重视合同的谈判和签署,不仅要重视合同的有效性,包括合同实质有效和合同形式有效,避免合同因为存在瑕疵甚至重大缺陷而无效,更要重视合同核心条款约定。合同双方往往利益对立,各方的核心关切和利益往往不一致,在合同谈判和签署中,一定要注意通过明确具体的约定,尤其是违约责任的约定,促使他方履行合同义务,实现自己的权利。一定要避免只重视权利义务的约定,而忽视违约责任的做法。要知道,没有足够的违约责任压力,合同义务的履行就很难有可靠的保证。此外,类似房屋租赁等履行期比较长的合同,一定要注意约定一方违反约定时,另一方单方解除合同的权利。最后,合同纠纷的争议解决方式和管辖也是合同的重要条款,一定要认真对待。合同纠纷的解决方式主要有诉讼和仲裁,仲裁需要当事人在合同中约定仲裁条款或者纠纷发生后双方达成仲裁协议，如果没有仲裁约定，纠纷往往需要通过诉讼途径解决。即使是诉讼，合同中可以对法院管辖进行约定，不同地方的法院管辖，对于当事人诉讼成本的支出等具有重大影响，差旅费和时间成本往往会使"外地"一方放弃诉讼维权或者在调解、和解中处于不利地位。实践中，有的合同约定纠纷由原告所在地法院管辖，这无异于鼓励诉讼；有的约定由被告住所地法院管辖，这对于抑制诉讼有积极价值，但对原告维权可能产生不利影响。

　　合同的谈判重要，但最终的签署才使谈判的成果得以固定、落地。从实践来看，合同的最终签署至少应注意以下几个方面：第一，合同签订主体的一致性和签字代表的代表权。合同签订主体的一致性应注意审查签订主体与谈判主体的一致性，合同首部主体与签字页主体的一致性，尤其要注意防范伪造签章带来的风险。签字代表的代表权需注意法人代表的资格，尤其是非法人代表签字时，其授权代表的授权真实性。第二，谈判内容和签字文本内容的一致性。一定要注意考察谈判内容是否已被纳入合同文本，纳入合同文本的内容是否是经过谈判协商一致的。既要防止已经达成一致的重要内容被"漏掉"，也要避免准备合同文本一方在最终合同文本中加入未经协商一致的"私货"。第三，合同签订的时间最好不要留空。合同签订的时间关系到合同生效的时间、合同义务的履行，而且，如果合同签订时间不明确，往往给对方以"可乘之机"。不仅自己签署合同时要明确时间，还要督促对方明确时间，在自己先签邮寄对方再签章的情形下尤应如此。第四，合同的签订地意义重大，签署合同时应对签订地点特别注意。根据民事诉讼法，合同或者其他财产权益纠纷的当事人可以书面协议选择被告住所地、合同履行地、合同签订地、原告住所地、标的物所在地等与争议有实际联系的地点的人民法院管辖，但不得违反对级别管辖和专属管辖的规定；因合同纠纷或者其他财产权益纠纷，对在中华人民共和国领域内没有住所的被告提起的诉讼，如果合同在中华人民共和国领域内签订或者履行，或者诉讼标的物在中华人民共和国领域内，或者被告在中华人民共和国领域内有可供扣押的财产，或者被告在中华人民共和国领域内设有代表机构，可以由合同签订地、合同履行地、诉讼标的物所在地、可供扣押财产所在地、侵权行为地或者代表机构住所地人民法院管辖。另外，根据涉外民事关系法律适用法，适用"与该涉外民事关系有最密切联系的法律"这项基本原则，而合同的签订地可能是判断是否有"最密切联系"的因素之一。按照民法典规定，当事人采用合同书形式订立合同的，最后签名、盖章或者按指印的地点为合同成立的地点，但是当事人另有约定的除外。也就是说，合同的签订地也是可以约定的，如果没有约定，最后签名、盖章或者按指印的地点为合同成立的地点。

（二）重视合同的履行

合同签署之后，就应当重视合同的履行。各方当事人不仅要重视自己的权利实现，也要重视自己义务的履行；不仅要避免合同签订之后因忽视权利行使的节点而导致权利受损，也要防范因忽视义务的履行而招致严重的违约责任，应该在合同签订之后，对主要权利的行使和义务的履行进行梳理，形成简明扼要的合同权利行使和义务履行时间表和路线图。

重视合同的履行不应仅仅关注权利的行使和重要义务的履行，对于合同约定不明的处理，争议的处理，要基于习惯、惯例和诚信原则，客观、公正对待，尤其要注意基于交易习惯和诚信原则等而产生的通知、协助、保密等义务的履行。有这样一个案例，原告与被告于1999年订立了一份购买被告在北京开发的底商的合同，约定房款490万元（单价9800元/平方米），分五期支付，其中第四期为工程结构封顶时交纳98万元。原告按照合同约定的时间及方式支付了前三期房款，被告于2001年1月14日以原告第四期房款逾期未付10个月为由向原告发出解约通知书解除了合同，并于几天后将合同项下的房屋以12000元/平方米的价格出售给北京市某银行，且为该行办理了入住手续。原告认为被告对工程封顶有通知义务，被告单方解约属于违约，在该房已为善意第三人占有使用、实际履行已不可能的情况下，应当承担违约责任并赔偿原告的损失。法院认为被告对工程封顶有通知义务，正是由于被告未履行通知义务擅自将房屋出售给第三人是造成合同不能够履行的主要原因，判决被告返还已收的工程款299万元，并一次性赔偿原告100万元。这个案例说明，合同的履行应当全面，主要义务固然重要，但也不能忽视次要甚至附随义务的履行，次要、附随义务不履行的后果也可能很重。本案中的"通知义务"虽然不是合同约定的，但该项义务对于原告第四期义务的履行至关重要。

案例解析

宋庄画家村案的核心问题是：1999年《合同法》第五十二条规定的合同无效的情形主要有5种，分别是：一方以欺诈、胁迫的手段订立合同，损害国家利益；恶意串通，损害国家、集体或者第三人利益；以合法形式掩盖非法目的；损害社会公共利益；违反法律、行政法规的强制性规定。从这一规定来看，以违法为由认定合同无效的，所违之法只能是"法律和行政法规"，其他法律规章和规范性文件均不能作为认定合同无效的依据。1999年《最高人民法院关于适用〈中华人民共和国合同法〉若干问题的解释（一）》第四条规定："合同法实施以后，人民法院确认合同无效，应当以全国人大及其常委会制定的法律和国务院制定的行政法规为依据，不得以地方性法规、行政规章为依据。"既然地方性法规和行政规章都不能作为认定合同无效的依据，那么根据举重以明轻原理，规范性文件自然不得作为认定合同无效的依据。对于宅基地使用权能否自由流转的问题，在2007年《物权法》之前，没有法律和行政法规的禁止性规定，当时的《土地管理法》关于宅基地的规定主要是"农村村民一户只能拥有一处宅基地，其宅基地的面积不得超过省、自治区、直辖市规定的标准……农村村民出卖、出租住房后，再申请宅基地的，不予批准"。也就是说，并不禁止宅基地随同房屋转让，只是转让后不得再申请宅基地。真正禁止农房转让、宅基地流转的是1999年《国务院办公厅关于加强土地转让管理严禁炒卖土地的通知》和2004年《国务院关于深化改革严格土地管理的决定》，前者规定"农民的住宅不得向城市居民出售，也不得批准城市居民占用农民集体土地建住宅，有关部门不得为违法建造和购买的住宅发放土地使用证和房产证"。后者规定"加强农村宅基地管理，禁止城镇居民在农村购置宅基地"。从性质上来讲，国务院和国务院办公厅的文件属于规范性文件，不是行政法规。一审法院"经审理认为，违反法律、行政法规强制性规定的合同无效"，但并没有指出违反了哪部法律或行政法规的哪条强制性规定。二审法院认为"原审法院根据我国现行土地管理法律、法规、政策之规定，对于合同效力的认定是正确的"，不仅没有指明据以裁判的法律、行政法规，而且明确指出所依据的制度中包括"政策"。从两审法院的判决来看，都没有直接引用这两个规范性文件，但事实上否定合同效力的根据就是这两个规范性文件。北京高院京高法发〔2004〕391

号《农村私有房屋买卖纠纷合同效力认定及处理原则研讨会会议纪要》指出，与会人员多数意见认为，农村私有房屋买卖合同应当认定无效。主要理由有三个：第一，农村房屋的买卖实际上是宅基地的买卖，这已被国务院文件明确禁止；第二，宅基地使用权是集体经济组织成员享有的权利，与特定的身份关系相联系，不允许转让，处分宅基地损害集体经济组织的权益、买卖虽完成，但买受人无法获得所有权人的保护；第三，认定买卖合同有效不利于保护出卖人的利益，在许多案件中，出卖人相对处于弱者的地位，其要求返还私有房屋的要求更关涉到其生存权益。原最高人民法院副院长黄松有也认为，我国现有法律包括物权法都没有对是否允许城镇居民在农村购买宅基地或者房屋作出明确规定，因此法院裁判就得适用国家政策。根据国家政策，人民法院不应支持城镇居民要求在农村购买宅基地或者房屋的诉讼请求。

政策能否作为认定合同无效的根据？1986年《民法通则》第六条规定："民事活动必须遵守法律，法律没有规定的，应当遵守国家政策。"但在之后的《合同法》明确将认定合同无效的根据限定为法律和行政法规的强制性规定的情况下，法院在本案中以规范性文件的禁止性规定为依据，绕开《合同法》的明确规定，直接以《民法通则》的原则作出裁决，显然是不妥当的。因为，相对于《民法通则》，《合同法》不仅是新法，也是特别法，按照新法优于旧法，特别法优于一般法的原则，应当适用《合同法》。当然，法院作出这样的判决，显然不是故意违法，只能理解为是在具体案件中法律对国家政策的"让步"，这种让步使得国家的农村土地政策保持了一定的稳定性，但代价是对法律权威的伤害。其实，对于宅基地等土地制度的规定，至少应当通过行政法规的形式体现出来，如果当初国务院不是以规范性文件，而是以行政法规的形式规定上述内容，就不会发生本案中法院适用法律的"尴尬"。可喜的是，《民法通则》第六条"民事活动必须遵守法律，法律没有规定的，应当遵守国家政策"的规定，已被《民法总则》第十条"处理民事纠纷，应当依照法律；法律没有规定的，可以适用习惯，但是不得违背公序良俗"所替代。《民法典》延续了《民法总则》的规定。

另外，2007年《物权法》第一百五十三条规定："宅基地使用权的取得、行使和转让，适用土地管理法等法律和国家有关规定。"《民法典》第三百六十三条基本照搬了《物权法》第一百五十三条。这就意味着在《物权法》实施之后，法院可以以"国家有关规定"禁止宅基地对非成员转让为由，认定合同无效。不过,"国家有关规定"是很不明确的概念,而且对于民事权利的规定,以"国家有关规定"进行规范并不符合物权法定原则,不利于宅基地法律关系的稳定。未来应当通过完善土地法律制度予以解决。

第七讲　民事责任制度：风险及其防范

金句名言

任何人不得因自身的不法获得利益。

——拉丁语格言

救济走在权利之前，无救济即无权利。

——英美法谚

人类对于不公正的行为加以指责，并非因为他们愿意做出这种行为，而是唯恐自己会成为这种行为的牺牲者。

——［古希腊］柏拉图

法律的力量仅限于禁止每一个人损害别人的权利，而不禁止他行使自己的权利。

——［法］罗伯斯比尔

举证之所在，败诉之所在。

——古罗马法谚

不知道法律的规定不能成为免责的理由。

——古罗马谚语

于犯罪最强有力的约束力量不是刑罚的严酷性，而是刑罚的必定性……因为，即便是最小的恶果，一旦成了确定的，就总令人心悸。

——［意］贝卡利亚

要点提示

- 责任有法律责任和政治责任之分。① 政治责任是领导干部制定符合民意的公共政策并推动实施的义务，以及没有履行好义务时应受到的制裁和谴责。法律责任有刑事责任、行政责任和民事责任之别。政治责任与法律责任的主要区别有：法律责任必须有法律的明文规定而政治责任不可能由法律明文精确地规定；政治责任的追究相对于法律责任具有优先性；法律责任有专门的认定机关而政治责任不能仅以专门机关来认定；政治责任与法律责任的承担方式不一样；法律责任不具有连带性而政治责任具有连带性。②

- 法律责任有不合宪责任、刑事责任、行政责任和民事责任之别。民事责任是民事主体因违反法律规定或合同约定而应当承担的责任，其主要表现形态是违约责任和侵权责任。违约责任是不履行或不完全履行合同约定义务而产生的责任，侵权责任是侵犯法律规定的权利（一般是指债权之外的权利）或利益而导致的责任，二者本属不同的责任类型，但在特殊情况下可能产生责任的竞合，也就是同一不当行为同时构成违约责任和侵权责任。这时，当事人可以选择一种有利于自己的方式（应根据具体案情酌定）主张权利。

- 是否构成违约责任，主要根据合同的约定判断，如果合同约定不明或没有约定，根据民法典合同编的规定。

- 如果合同他方违约不履行义务，你也可以通过不履行你的义务促使对方履行。如果他的不履行构成了根本违约，导致你的合同目的落空，你可以解除合同。合同解除后，你还可以请求赔偿损失。

---

① 有人主张还应当有道德责任，但道德责任和政治责任有很大的相通性，因此，我们主要讨论法律责任和政治责任。

② 张贤明：《政治责任与法律责任的比较分析》，载《政治学研究》2000 年第 1 期，第 13 页。

- 古代侵权责任是结果责任，那时还不知道过错为何物。近代侵权责任由过错责任主导，在现代，侵权责任的根基还是过错，但无过错责任的大量出现是趋势。
- 是否构成侵权责任，一般是从是否有损害后果、行为是否违法、违法行为与损害后果是否有因果关系，以及行为人是否有过错四个方面予以判断，简单讲，就是从是否有损害、损害是不是由某一行为造成的、行为人是否有过错几个方面判断。这即典型的过错责任。此外，侵权责任还有所谓无过错责任（又称严格责任）之说。无过错责任并不是说行为人事实上没有过错，而是说法律规定某一行为人对某一损害承担责任并不以行为人有过错为前提，也就是行为人要对造成的损害后果承担责任，而不问行为人是否有过错。
- 无过错责任的出现是适应现代工业社会工伤事故、环境污染、交通事故等工业灾害频繁发生而产生的。一方面，工业事故是与工业文明相伴而生的，是我们享受工业文明成果必须承受的代价。另一方面，事故风险的制造者相对而言比受害者有能力控制、承担风险，且也便于将事故风险通过保险等风险管理手段向社会予以分散。因此，无过错侵权责任总是与责任保险相伴，二者互相影响、促进。
- 侵权责任有按份责任和连带责任之分。在现代社会，责任的主流形态是按份责任，连带责任只有在法律（法规规章不可以设定连带责任）明确规定或合同约定的情形下方可成立。只不过，近年来的立法中，出现了越来越多的连带责任规定，比如《食品安全法》《广告法》等法律。
- 在风险无处不在的现代社会，我们应当学会如何识别、控制、分散风险，根据风险发生的可能性、严重程度，以及自身的承受能力，分别选择风险自留、风险规避、风险分散等风险管理手段。
- 民事权利的权利人和义务人总是分离的，而且所有权等权利的实现只需所有权人之外的其他人容忍、尊重、不干涉所有权人行使权利即可。因此，民事权利并不必然与责任联系，只有义务人不履行义务的情况下，法律责任才会从幕后到台前。但公权力不可放弃、不可转让，必须行使，不存在选择的余地。权力、义务主体一致，谁享有权力，谁就承担责任，因此，对公权力而言，权力、义务、责任是一致的，可以说，权力即义务，不履行义务导致责任。正是在这个意义上，我们常说职责，即职权和责任，也就是说，有权必有责。

讨论案例

案例一：八达岭野生动物世界老虎伤人事件[①]

2016 年 7 月 23 日，延庆区北京八达岭野生动物世界有限公司（以下简称八达岭野生动物世界）发生一起东北虎伤人事件，造成 1 死 1 伤，八达岭野生动物世界暂停营业。

8 月 24 日，"7·23"东北虎致游客伤亡事故调查组作出该事件的调查报告，报告认定造成此次事件的原因：一是赵某未遵守八达岭野生动物世界猛兽区严禁下车的规定，对园区相关管理人员和其他游客的警示未予理会，擅自下车，导致其被虎攻击受伤。二是周某见女儿被虎拖走后，救女心切，未遵守八达岭野生动物世界猛兽区严禁下车的规定，施救措施不当，导致其被虎攻击死亡。报告认为，八达岭野生动物世界在事发前进行了口头告知，发放了"六严禁"告知单，与赵某签订了《自驾车入园游览车损责任协议书》，猛兽区游览沿途设置了明显的警示牌和指示牌，事发后工作开展有序，及时进行了现场处置和救援。结合原因分析，调查组认定"7·23"东北虎致游客伤亡事件不属于生产安全责任事故。

8 月 25 日，八达岭野生动物世界重新营业，与出事前一样，自驾游览动物园的游客要与园方签订一份协议书，但较之前增加了游客自驾限速、园方责任义务等方面的内容。出事前的《自驾车入园游览车损责任协议书》显示，进入园区的自驾车进入猛兽区必须关好、锁好车门窗，禁止投食，严禁下车，其余多为车辆在行驶中的一些约束。而新的《自驾车入园游览协议书》将协议分为十二项内容，除旧协议书有的上述内容外，还规定了自驾游园的收费标准，园方应履行的相关安全管理责任义务，包括在园区内设置明显通行警示标志、在

---

① 本案例根据 2016 年 7 月 26 日《澎湃新闻》、8 月 24 日《央视新闻》、8 月 27 日《北京青年报》、11 月 23 日《新京报》等的报道编写。

猛兽区配置安全巡逻车等。新协议中，有三个条款被画下划线并加粗，包括游客自驾游览猛兽区时必须关闭车门锁、严禁离开自驾车辆和开窗、园区电话等内容。

11月，死伤者家属向延庆法院提起侵权诉讼，死者周某的三名亲人作为原告，向动物园索赔丧葬费、死亡赔偿金、被抚养人生活费、精神损害赔偿金近125万元，赵女士则提出了31万余元赔偿，包括医疗整形费、误工费、住院伙食补助费、营养费、护理费、精神损失费、残疾赔偿金、被抚养人生活费。原告认为，家人误判过了猛兽区而下车有一定过错。但作为经营者的动物园管理方过错明显更大，应当对损害结果承担大部分责任。11月15日，延庆法院受理此案。

思考问题： 原告可以以被告违约请求损害赔偿吗？

案例二：邱少华诉孙杰、加多宝（中国）饮料有限公司一般人格权纠纷案[①]

2013年5月22日，新浪微博知名博主（当时有603万余个"粉丝"）孙杰在新浪微博通过用户名为"作业本"的账号发文称："由于邱少云趴在火堆里一动不动最终食客们拒绝为半面熟买单，他们纷纷表示还是赖宁的烤肉较好。"该文发布不久即被转发662次，点赞78次，评论884次。23日凌晨，该篇微博博文被删除。

2015年4月，加多宝（中国）饮料有限公司（以下简称加多宝公司）在其举办的"加多宝凉茶2014年再次销量夺金"的"多谢"活动中，通过"加多宝活动"微博发布了近300条"多谢"海报，感谢对象包括孙杰，博文称："多谢@作业本，恭喜你与烧烤齐名。作为凉茶，我们力挺你成为烧烤摊CEO，开店十万罐，说到做到^_^# 多谢行动 #"，并配了一张与文字内容一致的图片。孙杰用"作业本"账号于2015年4月16日转发并公开回应："多谢你这十万罐，我一定会开烧烤店，只是没定哪天，反正在此留言者，进店就是免费喝！！！"该互动微博在短时间内被大量转发并受到广大网友的批评，在网络上引起了较大反响。

[①] 根据2016年9月20日新华网等报道及最高人民法院公告典型案例改编。http://www.chinacourt.org/article/detail/2016/10/id/2320407.shtml。

2015年6月30日，烈士邱少云之弟邱少华以孙杰的前述博文对邱少云烈士进行侮辱、丑化，加多宝公司以违背社会公德的方式贬损烈士形象用于市场营销的低俗行为，在社会上造成了极其恶劣的影响为由，向北京市大兴区人民法院提起诉讼，请求判令二被告立即停止侵害、消除影响、赔礼道歉，赔偿精神损失费1元。

思考问题：如何看待该诉讼？

主要内容

一、在责任体系中，民事责任是重要一员

责任有政治责任、纪律责任和法律责任等之分。著名学者张友渔指出，"我们党的历史上，曾经出现过好几次路线错误。犯错误的同志，大多数人的出发点是好的，但由于对客观形势作了错误的估量，采取了错误的路线、方针、策略，给工作造成损失，路线问题和犯罪行为性质不同、目的不同、手段不同，处理也应当不同。对路线问题不能采取法律手段解决"。[①] 路线问题（实际上就是政策性问题）是政治责任问题，不是刑事责任问题，自然也不能因为政治责任问题而追究刑事责任。大致来讲，政治责任是领导干部违反制定符合民意的公共政策并推动其实施的义务时所应受的谴责和制裁。相比之下，我们对纪律责任和法律责任要熟悉得多。

法律责任有刑事法律责任、行政法律责任、民事法律责任和不合宪责任之别。（1）刑事法律责任。刑事法律责任通过犯罪和刑罚表现出来。刑罚分为主刑和附加刑。主刑的种类有管制、拘役、有期徒刑、无期徒刑、死刑；附加刑的种类有罚金、剥夺政治权利、没收财产，附加刑也可以独立适用。此外，对于犯罪的外国人，可以独立适用或者附加适用驱逐出境。（2）行政法律责任。行政法律责任包括行政处分和行政处罚。《公务员法》规定的处分类型有：警告、记过、记大过、降级、撤职、开除。《公职人员政务处分法》规定的政务处分种类有：警告、记过、记大过、降级、撤职、开除。《行政处罚法》规定的行政

[①] 《张友渔文选》，法律出版社1997年版，第73页。

处罚种类主要有：警告、通告批评、罚款、没收违法所得、没收非法财物、暂扣吊销许可证件、降低资质等级、吊销许可证件、限制开展生产经营活动、责令停产停业、责令关闭、限制从业、行政拘留以及法律、行政法规规定的其他行政处罚。（3）民事法律责任。民事法律责任主要包括违约和侵权两种责任形式。违约，顾名思义，就是指违反合同约定的行为。违约成立的前提是有效合同的存在，如果合同未成立或无效，就不存在违约责任的基础。违约责任的主要责任承担方式有：继续履行、采取补救措施或者赔偿损失。侵权行为，是指行为人不法侵害他人权利或利益，而应负担损害赔偿责任的行为。一般情况下，侵权责任是指侵犯人格权、身份权、物权、知识产权、社员权等权利的行为。侵权责任的方式主要有停止侵害、排除妨碍、消除危险、返还财产、恢复原状、赔偿损失、赔礼道歉、消除影响、恢复名誉。（4）不合宪责任是一种特殊的法律责任，它主要是指国家机关及其工作人员违反宪法、宪法性法律，甚至宪法惯例而必须承担的法律责任。以不合宪责任主体为标准，不合宪责任可分为：立法机关不合宪责任，司法机关不合宪责任，国家重要领导人不合宪责任和政党不合宪责任。不合宪责任的形式有：弹劾、罢免、撤销、宣告无效、拒绝使用、取缔政治组织。在我国，负责监督宪法实施的机构是全国人大常委会。在过去很长一段时期，我国没有建立有效的不合宪责任机制，导致法律法规不统一问题始终没有解决。十八届四中全会《决定》提出，"完善全国人大及其常委会宪法监督制度，健全宪法解释程序机制。加强备案审查制度和能力建设，把所有规范性文件纳入备案审查范围，依法撤销和纠正违宪违法的规范性文件，禁止地方制发带有立法性质的文件"。2018年3月11日，第十三届全国人民代表大会第一次会议通过《中华人民共和国宪法修正案》，将"全国人大法律委员会"更名为"全国人大宪法和法律委员会"，宪法和法律委员会推动宪法实施、开展宪法解释、推进合宪性审查、加强宪法监督、配合宪法宣传等职责。

与传统法律责任相比，现代法律责任总体来讲呈现出过错责任、独立责任、财产责任、有限责任的特点。首先，古代法律责任主要表现为结果归责，现代法律责任基本属于过错责任。比如，3800年前的《汉谟拉比法典》第二百一十八条规定，倘医生以青铜刀为自由民施行严重的手术，而致此自由民于死，或以青铜刀割自由民之眼疮，而毁损自由民之眼，则彼应断指。而《德国民法典》第八百二十三条规定，因故意或者过失不法侵害他人生命、身体、健康、自由、所有权或者其他权利者，对他人因此而产生的损害负赔偿义务。《刑法》规定的犯罪要么是故意犯罪，要么是过失犯罪。故意犯罪，应当负刑事责任；过失犯罪，法律有规定的才负刑事责任。行政法律责任也基本是过错责任，民事责任有过错责任和无过错责任之分，但以过错责任为原则，且无过错责任也不是真正的没有过错，而是不问过错的有无，同时，无过错责任往往与责任保险结合，意在有效分散风险。其次，现代法律责任为独立责任。与古代社会的株连责任不同，现代法律责任为独立责任，"谁之过，谁负责"。而且，这种责任的独立性也体现在现代法对"父债子还"的否定。当然，现代责任并不完全否定连带责任，但连带责任只有在法律（法规规章不可以设定连带责任）明确规定或合同约定的情形下方可成立。再次，现代法律责任更多地体现为财产责任。与古代社会动辄诉诸人身罚的刑事责任不同，现代法律责任更多地通过财产责任矫正违法违规行为。最后，现代责任越来越多地体现为有限责任。公司的有限责任技术是近代的重大发明，并在现代社会得到了淋漓尽致的发挥。同时，现代责任的有限性还通过破产（包括个人、政府破产，这在我国还没有建立起来）制度体现出来。

二、三、四步识别法判定侵权损害赔偿责任之有无

在现代社会，交通事故、食品事故、产品事故、环境污染事故等各类事故频发，我们有时是受害者，有时是施害者。作为受害者，总觉得别人应当承担责任，但又怕别人不承担责任；作为施害者，生怕承担责任，尤其是过重的赔偿责任。因此，每当遇到事情，尤其是突发事故，总会慌张万分、不知所措，不能客观、理性对待。

从表面上看，侵权损害赔偿责任类型繁多、责任规定各异，比如侵权责任法明确规定的侵权责任类型有一般侵权责任和特殊侵权责任。一般侵权责任实行过错责任，即受害人要让加害人承担损害赔偿责任，首先须证明加害人有过错。而特殊侵权责任实行过错规定或无过错责任，将原本应当由受害人举证证明加害人有过错的责任倒置为由加害人证明自己没有过错，或者干脆规定不问加害人是否有过错即承担责任。民法典规定的特殊侵权责任又有产品责任、机动车交通事故责任、医疗损害责任、环境污染责任、高度危险责任、饲养动

物损害责任、物件损害责任，不同的侵权责任类型法律规定的责任构成要素也不一样，真有令人眼花缭乱之感，非法律专业人士恐不易掌握。然而，万变不离其宗，也是有简单识别纷繁复杂的世界之法的，即侵权责任有无的"三、四步识别法"。

所谓侵权责任有无判断的"三、四步识别法"，是指侵权责任的判定可以基本按以下三、四个前后相继的步骤完成：第一步，区分该侵权行为是一般侵权还是特殊侵权，如果归属于《民法典》侵权责任编规定的某一特殊侵权类型，就对照该类型的侵权责任规定条文，逐一对照确定。比如，八达岭野生动物园老虎咬人事件，就应当对照《侵权责任法》第十章"饲养动物损害责任"的规定，从中很容易发现该适用其第八十一条规定："动物园的动物造成他人损害的，动物园应当承担侵权责任，但能够证明尽到管理职责的，不承担责任。"[①]第二步，如果不属特殊侵权类型，就应看是否有损害，且损害是不是加害人造成的，也就是说损害和加害人的行为之间是否存在因果关系。一般情况下，因果关系好判断，但也有些特殊情形，比如环境污染损害、食品事故等，如果没有专业机构检测鉴定，很难证明。现代社会的有些损害后果潜伏期长（比如有些药物致害、环境致害）、致害原因复杂，要证明因果关系的存在需要借助于专业技术设备。需要指出的是，这里讲的因果关系是指法律上的因果关系，一般称之为相当因果关系，而不是事实上的因果关系。即只有损害的行为和受损害结果之间的联系达到一般观念中相当的程度，方可认定该损害与行为之间存在因果关系。比如，几年前在河南郑州发生的电梯劝烟案，一审法院认为双方都无过错，根据公平原则判决由被告（劝烟者）分担1.5万元的损失。判决后，被告尽管不服，但没有上诉，而原告认为补偿太少提起了上诉。结果二审法院以劝说不要吸烟行为与受害人犯心脏病死亡的损害之间没有法律所要求的相当因果关系，从而判决原告败诉，驳回了原告的上诉。第三步，加害人是否有过错。侵权责任的主要形态是过错责任，除非法律有特殊规定。一般情况下，加害人只对他的过错行为向受害人承担损害赔偿责任。而过错的判断主要看加害人是否违法，是否违反了一般人的注意义务。第四步，加害人是否有抗辩事由。

[①] 民法典实施后的案件，应当适用民法典的规定。不过，民法典在动物侵权责任方面几乎没有实质性修改。

主要的抗辩事由是行使职权行为、不可抗力、正当防卫、紧急避险、受害人同意、受害人有过错等。需要指出的是，以上几个判断步骤是前后相继的，如果第二步判断的结果是不存在损害或因果关系，责任就当然不成立，就没有进一步判断的必要。之后的判断亦然。此外，需要特别提醒的是，一般情况下不可抗力是加害人不承担责任的抗辩事由，但在特殊侵权，甚至不同的特殊侵权，关于不可抗力的规定都不一致，需要根据具体侵权类型判定。比如，民用核设施发生核事故造成他人损害或者民用航空器造成他人损害的，即使核事故和民用航空事故是由不可抗力造成的，也不免除责任人的责任。

三、不惧怕风险，但也应学会识别、控制风险

现代社会是个风险社会，每个人不可能生活在无风险状态。因此，正确的态度是准确识别风险、控制风险。

笔者在仲裁实践中遇到过这样的一个案件，基本案情大概是：2008年5月，张三从李四那里买了一套二手房（价款90万元），双方合同约定产权过户之日起30日内李四迁出所有登记在该房屋的户口，否则每日承担已付房款总额万分之五的违约金。合同签订后2个月，双方办妥了产权过户手续。2013年7月，张三将该房屋转卖给了王五（价款350万元），双方同样约定产权过户之日起30日内李四迁出所有登记在该房屋的户口，否则每日承担已付房款总额万分之五的违约金，合同签订3个月后，双方同样办妥了产权过户登记手续。2016年8月，王五在将自己家人的户口迁入所买房屋时，才发现李四一家的户口还在该房屋，尤其是还有一个学龄前儿童的户口。由于担心原户主户口的存在影响自己孩子就近上学和未来房屋的转让，王五在多次催促张三和李四迁出户口未果的情况下，向法院提起诉讼要求迁出李四一家的户口并根据合同约定承担接近200万元的违约金。此时，张三才意识到问题的严重性，他认真根据合同计算了一下，如果严格按照合同执行，他要向王五承担接近200万元的违约金损失，但他只能向李四主张100多万元的违约金赔偿；而且如果李四迟迁出户口一日，他要向王五每日承担约1500元的违约金，但他只能向李四主张每日不到500元的违约金赔偿。这个案件中最终张三多付出多少违约金无从得知。但这一案例却告诉我们签订合同时审慎

确定违约风险的重要性。实践中，好多当事人在签订合同时并不认真，对于合同履行过于乐观，对于约定的违约责任也满不在乎，而在合同履行过程中，又对于合同是否履行或者完全履行关注不够，对可能招致的法律责任更是没有认真识别，结果导致"祸从天降"之后，只能被动承受。

刚才的故事讲的是违约风险，其实，实践中的事故等侵权风险也是非常大的，北京、上海、广州、深圳等大城市，一起严重交通事故的损害风险动辄百万元，且不说产品质量风险、食品安全风险。《民法典》还规定了三种情形的惩罚性赔偿，即第一千一百八十五条规定，故意侵害他人知识产权，情节严重的，被侵权人有权请求相应的惩罚性赔偿。第一千二百零七条规定，明知产品存在缺陷仍然生产、销售，或者没有依据前条规定采取有效补救措施，造成他人死亡或者健康严重损害的，被侵权人有权请求相应的惩罚性赔偿。第一千二百三十二条规定，侵权人违反法律规定故意污染环境、破坏生态造成严重后果的，被侵权人有权请求相应的惩罚性赔偿。

然而，从实践来看，多数人对于风险并没有一个清晰的认识，对于如何识别、管理风险基本没有概念。结果，没事则已，一旦有事就倾家荡产。可是，普通的社会成员如何承担如此巨大的风险呢？现在的大型公司都特别强调风险管理，即通过风险识别，根据风险的大小和发生的可能性，将风险予以类别化，然后根据公司的风险偏好和承受能力，分别选择避免风险、预防风险、自保风险和转移风险等风险管理方法。生活在现代风险社会的个人及中小企业主，也应当逐步树立风险管理意识。为此，特别建议：

第一，要有风险识别意识。 风险在哪里？风险管理的前提是要知道可能的风险点。普通百姓的生活，从"柴米油盐酱醋茶"到购房置业、重大投资，其风险显然不同。我们没有必要为一般"柴米油盐酱醋茶"去斤斤计较，但必须为自己的重大决定负责。从作者所提供法律服务的情况来看，好多人并不在乎合同的签订，当然也不懂得如何审查合同。其实，合同有一页纸的，也有几十成百页纸的。简单并不意味着没有风险，复杂也不意味着没有头绪可以理。一个市场交换行为一般都由四个方面构成，分别是交换的主体、交换的对象、交换的工具、交换的责任。主体就是合同的双方当事人，对象就是交换的权利，交换的工具主要是合同，交换的责任主要是违约责任。对于普通百姓来讲，不管合同是复杂还是简单，核心者无非这四点，因此，可以从这几个角度分别考察：

（1）你在和谁做交易？你的对手是谁这个问题如同你找的对象是谁一样的重要。俗话说"女怕嫁错郎"，讲的就是这个道理。你在和谁做交易这个问题，需要你明白你的交易对手是自然人，还是公司、合伙等组织。如果是公司，就登录"国家企业信用信息公示系统"（http://www.gsxt.gov.cn/index.html），看看其设立人情况、股权变更情况、资产负债情况、经营是否正常等；如果是合伙，不仅要看合伙企业，还要看合伙人的构成以及各合伙人的责任承担方式，因为合伙内部，还有普通合伙企业和特殊合伙企业之分，在特殊合伙企业，不仅普通合伙人，还有有限合伙人，实践中甚至存在一般有限合伙人和优先有限合伙人的复杂结构设计。有些人买房子，在没弄清楚这房子是家庭或夫妻共有财产还是个人财产的情况下，就贸然签订合同、交付定金，结果因为房屋共有人不签字同意而使交易无法推进。（2）你在买什么或者卖什么？我们买一个金手镯可能需要考虑是不是真金、成色几何等问题，本来这不应该是问题，可是，大千世界无奇不有，真有好多善良的人是在没有弄清楚交易的对象是什么的情况下已经开始了交易谈判甚至成交。例如，温州住宅国有土地使用权期满自动续期事件中，王女士根本没有考虑到她买的对象除了房屋所有权之外，还有国有土地使用权，而这个国有土地使用权是有期限限制的；有些人买房子或受让土地，不知道房子或土地的产权性质、土地的用途、房子或土地上是否有抵押负担或者租赁等债权负担，就谈判签署合同，结果上当受骗在所难免。（3）你的合同有效吗？签订了合同并不必然意味着合同有效。合同可能因为违法而无效，比如贩卖人口、器官、枪支弹药、毒品的合同就是无效的；合同可能因为双方意思表示不真实而无效，比如双方串通起来签订合同损害国家、集体或第三人利益；合同可能因为欺诈、胁迫、重大误解以及利用对方危困状态等而可撤销；合同还可能因为代理人无权代理、附条件、附期限等而效力待定；等等。面对如此复杂的情况，作为合同的一方当事人，真有必要好好考虑一下合同是否有效这个问题，因为合同生效是合同履行的前提，也是让对方承担违约责任的前提。（4）违约的后果是什么？合同虽然已经生效，并不必然意味着合同一定能够得到履行，且不说发生不可抗力等特殊情况，就是不发生特殊情况，合同对方也有可能故意不履行，比如合同签订后，房屋价格大涨，这时好多人选择了不履行。

第二，要有风险评估意识。仅仅知道风险的存在是不够的，要进行有效风险管理，需要对风险进行科学评估。房屋买卖，你不仅需要识别可能的违约风险，还需要更进一步对风险的大小及发生的概率进行评估。比如，如果你是买方，就需要明白对方不履行时你有没有有效合法的制约手段，合同约定的违约金是否足以促使对方老老实实地履行合同；如果你是卖方，你真想突破诚信的道德底线，那至少也得算计一下不履行的可能后果。如果你购买了机动车，就要对交通事故风险作出评估。从实践来看，驾驶机动车发生交通事故的风险是比较大的，尤其是新手上路。这里的风险不仅可能是自己车辆的损坏、他人车辆的损坏，还可能是更为严重的人身伤亡。车辆损失的风险因车辆价值不同而相去甚远，人身伤亡的损害赔偿风险也因地域的不同而差别很大，发达地区人的"命价"动辄百万元，而落后地区可能就二三十万元。

第三，要有风险控制意识。识别风险、评估风险之后，就应当对风险如何处置予以安排。如何对待或处置风险，不仅取决于风险的大小（风险发生的概率和风险的大小），而且与风险主体的风险偏好有关。因此，风险如何控制，不仅取决于风险的识别、评估，还与每个人的风险偏好、风险承受能力等有关。但无论如何，都应当是理性思考之后的决策。敢于冒险者与风险厌恶者的差别自然不会小，即使是同类之人，也会选择不同的风险应对办法。可能的办法是风险自留、风险避免、风险转移等。保险是转移风险的选项之一，其中包括损失保险、责任保险、保证保险、信用保险等不同类型，每个人应当根据自己的具体需要，选择投保不同的保险产品。

四、侵权责任重点制度提示

（一）侵权责任的种类

侵权行为依据不同的标准可以作出不同的分类，如一般侵权行为与特殊侵权行为，单独侵权行为与共同侵权行为等。一般侵权行为与特殊侵权行为的划分标准为所负赔偿责任的性质，即真正侵害行为自己仅负单纯的过错责任的，为一般侵权行为；而所负责任非为单纯的过错责任，或者最终负责任的非为真正侵害行为人等的则为特殊侵权行为。单独侵权行为与共同侵权行为的划分则是以侵权行为的人数为标准的。共同侵权行为的实施人至少两人以上。不过需要注意的是，共同侵权行为与共同犯罪的要求并不相同，共同犯罪一定是两人以上共同故意犯罪，而共同侵权的成立也可能是共同过错，甚至数人事先并无任何的意思联络也可能成立共同侵权责任。

（二）特殊侵权行为

与一般侵权行为不同，特殊侵权行为不仅在构成要件上与一般侵权行为不同，而且在行为的表现上大多为因未履行必要义务而导致的不作为侵权行为。同时，多数特殊侵权行为体现了分配正义的理念。特殊侵权行为主要有：

1. 职务侵权

职务侵权行为，是指企业、事业单位和社会团体等法人的工作人员在执行职务中实施的侵权行为。职务侵权行为仍然为过错责任，只不过在赔偿损害时，先由工作人员所在的法人承担。劳务派遣期间，被派遣的工作人员因执行工作任务造成他人损害的，由接受劳务派遣的用工单位承担侵权责任；劳务派遣单位有过错的，承担相应的补充责任。至于法人赔偿后向有过错的工作人员的追偿，则为另一法律关系。

2. 监护侵权

监护侵权行为，是指无行为能力人或限制行为能力人实施的侵权行为或加害行为，以其财产或由其监护人的财产负赔偿责任的特殊侵权行为。监护侵权行为的责任由监护人承担，但如果被监护人有财产的，则由其本人负责。本人财产不足的，由监护人负补充责任。监护人尽到监护责任的，可以减轻其侵权责任。

3. 网络侵权

网络用户、网络服务提供者利用网络侵害他人民事权益的，应当承担侵权责任。法律另有规定的，依照其规定。

网络用户利用网络服务实施侵权行为的，权利人有权通知网络服务提供者采取删除、屏蔽、断开链接等必要措施。通知应当包括构成侵权的初步证据及权利人的真实身份信息。网络服务提供者接到通知后，应当及时将该通知转送相关网络用户，并根据构成侵权的初步证据和服务类型采取必要措施；未及时采取必要措施的，对损害的扩大部分与该网络用户承担连带责任。权利人因错误通知造成网络用户或者网络服务提供者损害的，应当承担侵权责任。网络用户接到转送的通知后，可以向网络服务提供者提交不存在侵权行为的声明，声明应当包括不存在侵权行为的初步证据及网络用户的真实身份信息。网络服务提供者接到声明后,应当将该声明转送发出通知的权利人,并告知其可以向有关部门投诉或者向人民法院提起诉讼。网络服务提供者在转送声明到达权利人后的合理期限内,未收到权利人已经投诉或者提起诉讼通知的,应当及时终止所采取的措施。

网络服务提供者知道或者应当知道网络用户利用其网络服务侵害他人民事权益,未采取必要措施的,与该网络用户承担连带责任。

4. 校园事故侵权

无行为能力人在幼儿园、学校或者其他教育机构学习、生活期间受到人身损害的,幼儿园、学校或者其他教育机构应当承担过错推定责任。限制行为能力人在学校或者其他教育机构学习、生活期间受到人身损害的,学校或者其他教育机构承担过错责任。但是,无行为能力人或者限制民事行为能力人在上述机构学习、生活期间,受到幼儿园、学校或者其他教育机构以外的第三人人身损害的,由第三人承担侵权责任;幼儿园、学校或者其他教育机构未尽到管理职责的,承担相应的补充责任。幼儿园、学校或者其他教育机构承担补充责任后,可以向第三人追偿。

5. 产品侵权

产品侵权,是指产品缺陷致人损害的侵权责任。产品侵权责任的责任承担者包括生产者、销售者以及运输者、仓储者等。对于消费者的损害,生产者承担的是无过错责任,销售者承担的是过错责任,但销售者不能指明缺陷产品的生产者也不能指明缺陷产品的供货者的,销售者应当承担侵权责任。运输者、仓储者等第三人承担的是过错责任。不过,因产品存在缺陷造成损害的,被侵权人可以向产品的生产者请求赔偿,也可以向产品的销售者请求赔偿。产品缺陷由生产者造成的,销售者赔偿后,有权向生产者追偿。因销售者的过错使产品存在缺陷的,生产者赔偿后,有权向销售者追偿。

此外,产品投入流通后发现存在缺陷的,生产者、销售者应当及时采取停止销售、警示、召回等补救措施;未及时采取补救措施或者补救措施不力造成损害扩大的,对扩大的损害也应当承担侵权责任。采取召回措施的,生产者、销售者应当负担被侵权人因此支出的必要费用。明知产品存在缺陷仍然生产、销售,或者没有采取停止销售、警示、召回等有效补救措施,造成他人死亡或者健康严重损害的，被侵权人有权请求相应的惩罚性赔偿。

6. 机动车侵权

机动车侵权是指机动车发生交通事故导致受害人人身伤亡或财产损失的侵权责任。根据民法典、道路交通安全法及其他法律法规，我国实行机动车强制保险制度（即"交强险"），对机动车第三者责任强制保险责任限额范围内（20万元，其中死亡伤残赔偿限额为18万元，医疗费用赔偿限额为1.8万元，财产损失赔偿限额为0.2万元）的损害，由保险公司赔偿；保险赔偿不足的部分，机动车之间的交通事故，根据各自过错的大小承担相应的责任，而机动车与非机动车驾驶人、行人之间的交通事故，由机动车一方承担赔偿责任，但有证据证明非机动车驾驶人、行人有过错的，根据过错程度适当减轻机动车一方的赔偿责任；机动车一方没有过错的，承担不超过10%的赔偿责任。当然，如果交通事故的损失是由非机动车驾驶人、行人故意碰撞机动车造成的，机动车一方不承担赔偿责任。

租赁、借用机动车发生交通事故，交强险赔偿范围之外的机动车一方的损害赔偿责任由机动车使用人承担；机动车所有人对损害的发生有过错的，承担相应的赔偿责任。以买卖等方式转让并交付但未办理所有权转移登记的机动车发生交通事故，交强险赔偿范围之外的机动车一方的损害赔偿责任由受让人承担。以挂靠形式从事道路运输经营活动的机动车，发生交通事故造成损害，属于该机动车一方责任的，由挂靠人和被挂靠人承担连带责任。盗窃、抢劫或者抢夺的机动车发生交通事故造成损害的，由盗窃人、抢劫人或者抢夺人承担赔偿责任；盗窃人、抢劫人或者抢夺人与机动车使用人不是同一人，发生交通事故造成损害，属于该机动车一方责任的，由盗窃人、抢劫人或者抢夺人与机动车使用人承担连带责任。

机动车发生交通事故造成损害，属于该机动车一方责任的，先由承保机动车强制保险的保险人在强制保险责任限额范围内予以赔偿；不足部分，由承保机动车商业保险的保险人按照保险合同的约定予以赔偿；仍然不足或者没有投保机动车商业保险的，由侵权人赔偿。

机动车驾驶人发生交通事故后逃逸，该机动车参加强制保险的，由保险人在机动车强制保险责任限额范围内予以赔偿；机动车不明、该机动车未参加强制保险或者抢救费用超过机动车强制保险责任限额，需要支付被侵权人人身伤亡的抢救、丧葬等费用的，由道路交通事故社会救助基金垫付。道路交通事故社会救助基金垫付后，其管理机构有权向交通事故责任人追偿。

非营运机动车发生交通事故造成无偿搭乘人损害，属于该机动车一方责任的，应当减轻其赔偿责任，但是机动车使用人有故意或者重大过失的除外。

7. 医疗侵权

医疗侵权一般为过错责任，即一般情况下，患者在诊疗活动中受到损害，医疗机构或者其医务人员有过错的，由医疗机构承担赔偿责任。但是，医疗机构存在违反法律、行政法规、规章以及其他有关诊疗规范的规定，隐匿或者拒绝提供与纠纷有关的病历资料，遗失、伪造、篡改或者违法销毁病历资料等行为的，推定医疗机构有过错。

医务人员在诊疗活动中应当向患者说明病情和医疗措施。需要实施手术、特殊检查、特殊治疗的，医务人员应当及时向患者具体说明医疗风险、替代医疗方案等情况，并取得其明确同意；不能或者不宜向患者说明的，应当向患者的近亲属说明，并取得其明确同意。但因抢救生命垂危的患者等紧急情况，不能取得患者或者其近亲属意见的，经医疗机构负责人或者授权的负责人批准，可以立即实施相应的医疗措施。

因药品、消毒产品、医疗器械的缺陷，或者输入不合格的血液造成患者损害的，患者可以向药品上市许可持有人、生产者、血液提供机构请求赔偿，也可以向医疗机构请求赔偿。患者向医疗机构请求赔偿的，医疗机构赔偿后，有权向负有责任的药品上市许可持有人、生产者、血液提供机构追偿。

患者在诊疗活动中受到损害，有下列情形之一的，医疗机构不承担赔偿责任：（1）患者或者其近亲属不配合医疗机构进行符合诊疗规范的诊疗（医疗机构或者其医务人员也有过错的，应当承担相应的赔偿责任）；（2）医务人员在抢救生命垂危的患者等紧急情况下已经尽到合理诊疗义务；（3）限于当时的医疗水平难以诊疗。

8. 环境污染和生态破坏侵权

环境污染和生态破坏责任为无过错责任。因污染环境、破坏生态发生纠纷，行为人应当就法律规定的不承担责任或者减轻责任的情形及其行为与损害之间不存在因果关系承担举证责任。

两个以上侵权人污染环境、破坏生态的，承担责任的大小，根据污染物的种类、浓度、排放量、破坏生态的方式、范围、程度，以及行为对损害后果所起的作用等因素确定。

侵权人违反法律规定故意污染环境、破坏生态造成严重后果的，被侵权人有权请求相应的惩罚性赔偿。

因第三人的过错污染环境、破坏生态的，被侵权人可以向侵权人请求赔偿，也可以向第三人请求赔偿。侵权人赔偿后，有权向第三人追偿。

违反国家规定造成生态环境损害，生态环境能够修复的，国家规定的机关或者法律规定的组织有权请求侵权人在合理期限内承担修复责任。侵权人在期限内未修复的，国家规定的机关或者法律规定的组织可以自行或者委托他人进行修复，所需费用由侵权人负担。

违反国家规定造成生态环境损害的，国家规定的机关或者法律规定的组织有权请求侵权人赔偿下列损失和费用：（1）生态环境受到损害至修复完成期间服务功能丧失导致的损失；（2）生态环境功能永久性损害造成的损失；（3）生态环境损害调查、鉴定评估等费用；（4）清除污染、修复生态环境的费用；（5）防止损害的发生和扩大所支出的合理费用。

9. 高度危险作业侵权

高度危险作业包括民用核设施（包括运入运出核设施的核材料）、民用航空器等的运行，使用易燃、易爆、剧毒、高放射性、强腐蚀性、高致病性等高度危险物，从事高空、高压、地下挖掘活动或者使用高速轨道运输工具。高度危险作业侵权责任为无过错责任，除了受害人故意这一共同的免责事由以外，各种不同的高度危险作业的免责或减责事由并不相同。如民用核设施的侵权中，只有战争、武装冲突、暴乱等少数的不可抗力可以免责，民用航空器侵权中，不可抗力不是免责事由；易燃、易爆、剧毒、高放射性、强腐蚀性、高致病性等高度危险物造成他人损害的侵权责任中，不可抗力可以免责，被侵权人的重大过失可以减轻占有人或者使用人的责任；高空、高压、地下挖掘活动或者使用高速轨道运输工具的侵权责任中，不仅不可抗力可以免责，而且只要被侵权人对损害的发生有重大过失，就可以减轻经营者的责任。

承担高度危险责任，法律规定赔偿限额的，依照其规定，但是行为人有故意或者重大过失的除外。

10. 饲养动物侵权

饲养的动物造成他人损害的，动物饲养人或者管理人应当承担侵权责任，但能够证明损害是因被侵权人故意或者重大过失造成的，可以不承担或者减轻责任。违反管理规定，未对动物采取安全措施造成他人损害的，动物饲养人或者管理人应当承担侵权责任；但是，能够证明损害是因被侵权人故意造成的，可以减轻责任。禁止饲养的烈性犬等危险动物造成他人损害的，动物饲养人或者管理人应当承担侵权责任。动物园的动物造成他人损害的，动物园应当承担侵权责任，但能够证明尽到管理职责的，不承担侵权责任。遗弃、逃逸的动物在遗弃、逃逸期间造成他人损害的，由动物原饲养人或者管理人承担侵权责任。

11. 建筑物和物件侵权

建筑物、构筑物或者其他设施倒塌、塌陷造成他人损害的，由建设单位与施工单位承担连带责任，但是建设单位与施工单位能够证明不存在质量缺陷的除外。建设单位、施工单位赔偿后，有其他责任人的，有权向其他责任人追偿。因所有人、管理人、使用人或者第三人的原因，建筑物、构筑物或者其他设施倒塌、塌陷造成他人损害的，由所有人、管理人、使用人或者第三人承担侵权责任。

建筑物、构筑物或者其他设施及其搁置物、悬挂物发生脱落、坠落造成他人损害，所有人、管理人或者使用人不能证明自己没有过错的，应当承担侵权责任。所有人、管理人或者使用人赔偿后，有其他责任人的，有权向其他责任人追偿。

禁止从建筑物中抛掷物品。从建筑物中抛掷物品或者从建筑物上坠落的物品造成他人损害的，由侵权人依法承担侵权责任；公安等机关应当依法及时调查，查清责任人；经调查难以确定具体侵权人的，除能够证明自己不是侵权人的外，由可能加害的建筑物使用人给予补偿。可能加害的建筑物使用人补偿后，有权向侵权人追偿。物业服务企业等建筑物管理人应当采取必要的安全保障措施防止前述情形的发生；未采取必要的安全保障措施的，应当依法承担未履行安全保障义务的侵权责任。

堆放物倒塌、滚落或者滑落造成他人损害，堆放人不能证明自己没有过错的，应当承担侵权责任。

在公共道路上堆放、倾倒、遗撒妨碍通行的物品造成他人损害的，由行为人承担侵权责任。公共道路管理人不能证明已经尽到清理、防护、警示等义务的，应当承担相应的责任。

因林木折断、倾倒或者果实坠落等造成他人损害，林木的所有人或者管理人不能证明自己没有过错的，应当承担侵权责任。

在公共场所或者道路上挖掘、修缮安装地下设施等造成他人损害，施工人不能证明已经设置明显标志和采取安全措施的，应当承担侵权责任。窨井等地下设施造成他人损害，管理人不能证明尽到管理职责的，应当承担侵权责任。

（三）侵权损害赔偿

1. 人身损害的赔偿

侵害他人造成人身损害的，应当赔偿医疗费、护理费、交通费、营养费、住院伙食补助费等为治疗和康复支出的合理费用，以及因误工减少的收入。造成残疾的，还应当赔偿辅助器具费和残疾赔偿金；造成死亡的，还应当赔偿丧葬费和死亡赔偿金。因同一侵权行为造成多人死亡的，可以以相同数额确定死亡赔偿金。

被侵权人死亡的，其近亲属有权请求侵权人承担侵权责任。被侵权人为组织，该组织分立、合并的，承继权利的组织有权请求侵权人承担侵权责任。支付被侵权人医疗费、丧葬费等合理费用的人有权请求侵权人赔偿费用，但是侵权人已经支付该费用的除外。

侵害他人人身权益造成财产损失的，按照被侵权人因此受到的损失或者侵权人因此获得的利益赔偿；被侵权人因此受到的损失以及侵权人因此获得的利益难以确定，被侵权人和侵权人就赔偿数额协商不一致，向人民法院提起诉讼的，由人民法院根据实际情况确定赔偿数额。

侵害自然人人身权益造成严重精神损害的，被侵权人有权请求精神损害赔偿。因故意或者重大过失侵害自然人具有人身意义的特定物造成严重精神损害的，被侵权人有权请求精神损害赔偿。

2. 财产损害的赔偿

侵害他人财产的，财产损失按照损失发生时的市场价格或者其他合理方式计算。

故意侵害他人知识产权，情节严重的，被侵权人有权请求相应的惩罚性赔偿。

受害人和行为人对损害的发生都没有过错的，依照法律的规定由双方分担损失。

损害发生后，当事人可以协商赔偿费用的支付方式。协商不一致的，赔偿费用应当一次性支付；一次性支付确有困难的，可以分期支付，但是被侵权人有权请求提供相应的担保。

五、莫让英雄流血又流泪

我们常说要助人为乐，但是没有解释助人为何可以为乐。从个体的角度看，助人之所以为乐，是因为"赠人玫瑰，手有余香"。这种快乐源于自我价值的体现，源于别人的尊重。从社会整体的角度看，助人之所以为乐，是因为"我为人人，人人为我"，今天你伸出援助之手，明天你遇到困难，也会有人热情相助。这种快乐源于一种温暖、和谐的社会氛围。正因为如此，"救人于水火之中，帮人于危难之时"成为中华民族长期以来形成的优良传统之一。

（一）助人为"祸"

倘若助人不仅不能为乐，反而要惹祸上身，那么人们日后面对他人危难之时，会是什么态度呢？且让我们先来看一看南京一位彭先生的遭遇。彭先生向媒体的投诉称：2006年11月20日上午9点左右，他乘坐83路公交车，在南京水西门广场站下车。他第一个走下了车，看到一位老太太倒在离站台不远的地方。出于好心，他忙上前将其扶起。当时，老太太也连声道谢。事发时，现场有一名陈先生也过来帮忙，一起将老太太搀扶到路边。由于老太太的儿子提出，待会儿到医院，他又要挂号又要扶着母亲，怕忙不过来，问彭先生能不能帮忙帮到底，一同去医院。于是，彭先生就同意了。不曾想到，当老太太及其家人得知胫骨骨折要花费数万元医药费时，他们异口同声指责彭先生撞了人，要彭先生承担数万元医疗费。这一事件在老太太那里的版本则是：老太太认为自己亲眼看到是彭先生撞倒自己的。当时她在车站赶后面一辆83路公交车，从前面一辆车后门窜下来的彭先生将其撞倒。老太太向彭先生索赔未果，遂向鼓楼区法院起诉，要求其赔偿各项损失13万余元。

一审法院认定，原告系与被告相撞后受伤。理由主要有二。一是，原、被告双方在庭审中均未陈述存在原告绊倒或滑倒等事实，被告也未对此提供反证证明，故而本案应着重分析原告被撞倒之外力情形。法院认为，人被外力撞倒后，一般首先会确定外力来源、辨认相撞之人，如果相撞之人逃逸，作为被撞倒之人的第一反应是呼救并请人帮忙阻止。本案事发地点在人员较多的公交车站，是公共场所，事发时间在视线较好的上午，事故发生的过程非常短促，故撞倒原告的人不可能轻易逃逸。"根据被告自认，其是第一个下车之人，从常理分析，其与原告相撞的可能性较大。"法院认为，"如果被告是见义勇为做好事，更符合实际的做法应是抓住撞倒原告的人，而不仅仅是好心相扶；如果被告是做好事，根据社会情理，在原告的家人到达后，其完全可以在言明事实经过并让原告的家人将原告送往医院，然后自行离开，但被告未作此等选择，其行为显然与情理相悖"。

二是，被告在事发当天给付原告二百多元钱款且一直未要求原告返还。法院认为，"根据日常生活经验，原、被告素不相识，一般不会贸然借款，即便如被告所称为借款，在有承担事故责任之虞时，也应请公交站台上无利害关系的其他人证明，或者向原告亲属说明情况后索取借条（或说明）等书面材料"。

法院进一步认为，在彭先生和老太太相撞是事实的情况下，由于双方是在赶车和下车短暂时间发生的碰撞，双方均无过错，因此判令彭先生赔偿老太太四万余元的损失。

如此的判决对于自认为是做好事的彭先生来说，当然是十分的不服。彭先生因此大呼："我也不知道这一扶，会惹出这么多麻烦来！"

如果真的是彭先生撞了老太太，应该说让彭先生承担法律责任并没有什么错误。只是，法院对于事实的认定似乎并不能让公众信服，以至于判决一出，舆论哗然，纷纷认为法院滥用司法自由裁量权。

细细品味，看得出法院的判决倒也是经过一番推敲得出来的。只不过，似乎仍然存在诸多的疑点，不能完全让人心服口服。首先，虽然原、被告双方在庭审中均未陈述存在原告绊倒或滑倒等事实，被告彭先生也未对此提供反证证明，但是并不能因此就排除原告是绊倒或者滑倒的情况。很简单，原告起诉要求彭先生赔偿，自然即使是自己被绊倒或者滑倒也不可能自己承认；被告认为自己是助人为乐，在下车之后发现原告倒在地上而帮忙扶起来，并不知道原告如何倒地，如何可能提出反证的证明，况且这也不是被告的义务。其次，法院认为，人被外力撞倒后，一般首先会确定外力来源、辨认相撞之人，如果相撞之人逃逸，作为被撞倒之人的第一反应是呼救并请人帮忙阻止。本案事发地点在人员较多的公交车站，是公共场所，事发时间在视线较好的上午，事故发生的过程非常短促，故撞倒原告的人不可能轻易逃逸。法院显然是要以此来认定，老太太没有高声呼救是因为已经找到了撞坏自己的彭先生。但是，反过来为何不可能是老太太自己摔倒了，所以没有高声呼救呢？最后，法院认为，"如果被告是见义勇为做好事，更符合实际的做法应是抓住撞倒原告的人，而不仅仅是好心相扶；如果被告是做好事，根据社会情理，在原告的家人到达后，其完全可以在言明事实经过并让原告的家人将原告送往医院，然后自行离开，但被告未作此等选择，其行为显然与情理相悖"。法院的这种认定似乎也可以说"与情理相悖"，见人摔倒，第一反应应当是扶起摔倒在地的人，而不是去追冲撞的人吧。况且，法院已经认定，老太太当时并没有大声呼救，彭先生又是刚下车，不知要让彭先生追谁呢？至于法院以彭先生垫付医药费作为证据认定彭先生乃是自己承认撞坏了老太太所以先行赔偿，似乎也没有太充足的理由。不过，我们没有从判决中得到太多的关于付款的细节，故而无从加以评论。

之所以详细解读法院的判决，并不是我们一定要为彭先生证明他确实没有撞老太太，而是因为本案的判决，不免让人忧心忡忡。从上述对于判决书的分析可以看出，按照该案判决的逻辑，如果你没办法证明对方是自己倒地，那么你有可能会被认定为是撞人的人。如果你的第一反应只是帮忙扶起来，而不是去追逐撞人者，你也可能会因此被认为撞了人。如果你先行支付医药费，除非你先找一个证明人，说明你并不是在支付赔款，否则你还可能因此而被认为是自己默认撞了人。

法院的判决也许并非完全没有道理，但是这样的判决会让我们的社会变得更加冷漠，人与人之间仅存的一点信任可能将荡然无存。人们对处于危难中的陌生人将更不敢伸出援手，理性的选择应当是袖手旁观。到了那个时候，哀叹世态炎凉，"世风日下，人心不古"，还不如反省社会的制度环节是否出了什么问题，以至于人们会毅然割舍善良的秉性，放弃日后获得他人救助的机会呢？

（二）圣人的智慧

如何对待助人为乐，两千年以前孔圣人早有教导。据《吕氏春秋》的记载，"鲁国之法，鲁人为人臣妾于诸侯，有能赎之者，取其金于府。子贡赎鲁人于诸侯，来而让，不取其金。孔子曰：'赐失之矣。自今以往，鲁人不赎人矣。取其金则无损于行，不取其金则不复赎人矣。'子路拯溺者，其人拜之以牛，子路受之。孔子曰：'鲁人必拯溺者矣。'孔子见之以细，观化远也。"

意思是说，鲁国的法律规定，如果有人在其他国家看到有鲁国人沦为奴隶，则可以先把他赎买回来，然后到政府那里去报销赎回国人的费用。一次，孔子的学生子贡，从别国赎回了一个奴隶。虽然按照规定可以向官府报销，但子贡认为这样做并不道德，因此拒绝从官府那里报销费用。虽然别人都夸赞子贡的道德高尚，而孔子知道了，批评子贡说："端木赐（子贡的名字），你这样做就不对了。从今以后，鲁国人就不肯再替沦为奴隶的本国同胞赎身了。你收回国家抵偿你的赎金，不会损害你的行为的价值；你不拿国家抵偿的赎金，以后再也不会有人去赎回鲁国的同胞了。"

又有一回，孔子的一个学生子路救起了一个落水的人，这个获救者于是酬谢给子路一头牛，子路很高兴就收下了。自然会有很多人指责这学生的道德不高尚。孔子却表扬了子路，说："从此以后，鲁国人都会去拯救落水之人。"

《吕氏春秋》把孔子的这两个小故事放在"察微"这一段中，并且指出"孔子见之以细，观化远也"。今天，我们也不能不佩服圣人的高瞻远瞩。诚然，子贡用自己的钱财把同胞从别国赎回，又不肯到官府那里去报销费用，品德十分高尚。但是孔子并不是从单个行为来判断是非，孔子想到的是，其他人并不一定都像子贡那样不在乎这笔赎金，也许付出赎金就会影响他本人的生活。由于子贡为这些人设定了很高的道德标准，后来的人就不好再去向官府报销费用。于是人们出于自身利益的考虑，反而会对沦落在异国他乡的同胞视而不见，以免自己白白掏出赎金。这样，子贡不是拯救了那些落难的同胞，反而是减少了他们获救的机会。同理，对于拯救溺水之人，如果子路不肯接受被救者的酬谢，那么虽然设定了很高的道德标准，但是反而让人们觉得这样的行为划不来，不肯去做，整体而言降低了溺水之人获救的可能性。

冯梦龙在他的《智囊》里记载孔子针对这两件事还说，"夫圣人之举事，可以移风易俗，而教导可施于百姓，非独适己之行也"。就是说，圣人更加注意的是引导百姓的行为，而不是仅仅看重自己的举止。孔子之所以对我们看起来十分高尚的行为加以批评，就是因为他认识到脱离现实的"高尚"反而会成为海市蜃楼抑或空中楼阁。法律制度也是这样，需要的是让社会芸芸众生接受，而不仅仅是为贤良君子所赞赏。法律支持社会的道德规范，但就如鲁迅先生曾说："道德这事，必须普遍，人人应做，人人能行，又于自他两利，才有存在的价值。"法律并不需要刻意地去树立凡人不可触及的道德楷模或者褒扬凡人无法到达的道德境界。

（三）法律的权衡

我们已经知道法律应当保护人们助人为乐的精神，同时也知道法律不应当过分追求高尚情操。作为一种权衡，《民法典》坚持同样的立场，其第一百二十一条规定："没有法定的或者约定的义务，为避免他人利益受损失而进行管理的人，有权请求受益人偿还由此支出的必要费用。"这就是说民法承认，一个人在没有法定或者约定的情况下可以管理他人的事务，虽然这并没有事先获得他人的同意，但是由于这种管理是为了避免他人的利益受到损失，因此不构成一项侵害他人的行为。与此同时，帮助他人的人可以从本人那里获得必要的补偿，以填补自己所支出的费用和受到的损失。

值得注意的是，民法上并不承认管理人有因此而从本人那里获得报酬的权利。也许有细心的读者马上就会提出疑问，这样子岂不是不符合孔圣人的教导，夫子明显是赞同接受别人的报酬的。其实，民法上的这一规定"无违夫子"。在子贡的这个案例当中，子贡支出的赎金属于支出的费用，按照现代民法自然应当获得补偿。而在子路的案例当中，子路并没有主动让被救者给自己酬谢。从民法的角度看，子路也不可以请求被拯救的人给他报酬，因为这并不属于子路为了救人而付出的费用。但是民法也没有禁止子路在被救之人主动答谢的情况下，接受被救者所给的酬谢。孔夫子同意的也正是子路完全可以接受被救者给予的酬谢，而不必感到什么不道德。

可惜的是，某些情况下，我国法律没有将我们分析得出来的上述法律逻辑贯彻到底。《民法通则》第一百零九条规定，"因防止、制止国家的、集体的财产或者他人的财产、人身遭受侵害而使自己受到损害的，由侵害人承担赔偿责任，受益人也可以给予适当的补偿"。按照这一规定，防止、制止国家的、集体的财产或者他人的财产、人身遭受侵害而使自己受到损害的，或者通常讲叫作"见义勇为"的人，应当向侵害人请求赔偿自己因此受到的损害。作为受益人，仅仅是"可以"给予"适当"的补偿。只是这种基于受益人意愿的"适当"的补偿往往不见踪影，致使英雄常常"流血又流泪"。据报载，2003年，广西的韦兆安在珠海当保安时，面对抢包歹徒，挺身而出，勇擒歹徒，却身中三刀，昏迷不醒，经过了三次手术才脱离危险。他从此落下了病根，经常肚子疼得痛不欲生。由于家境贫寒，他把一万元见义勇为的奖金也给了家里，在自己的医疗费用没有着落的情况下，韦兆安从南宁一个医院的高楼上跃身跳下。这位勇斗歹徒的英雄到头来却没有办法拯救自己年轻的生命，令多少旁人扼腕叹息，长叹不已。与韦兆安遭遇相同命运的还有吉林的胡茂东，江苏的许勇锋等。

2003年最高人民法院制定的《关于审理人身损害赔偿案件适用法律若干问题的解释》第十五条规定："为维护国家、集体或者他人的合法权益而使自己受到人身损害，因没有侵权人、不能确定侵权人或者侵权人没有赔偿能力，赔偿权利人请求受益人在受益范围内予以适当补偿的，人民法院应予支持。"显然，最高人民法院的这一规定稍稍放宽了《民法通则》的限制。根据《民法通则》的规定，见义勇为者首先应当去寻找加害人，受益人只是"可以"给予适当补偿。然而，就像最高人民法院司法解释里所描述的那样，可能并没有加害人，例如山洪暴发导致国家、集体、他人的人身和财产受到危害；也可能不能确定侵权人，例如抢劫财物的罪犯可能已经跑得无影无踪，即使警察也无法把他们绳之于法；还有可能侵权人没有赔偿能力，即使加害人得以确定，但是他家徒四壁，专以为非作歹为营生，并没有攒下几个钱。此时如果严格恪守《民法通则》的字面意思，要求见义勇为者一定要向加害人索取赔偿，只能是对英雄的落井下石。最高人民法院允许，此时可以让见义勇为者转向受益人，要求受益人给予适当的补偿，可以宽解英雄的窘迫。

但依笔者看，英雄纵然义薄云天，浩气长存，但是英雄同样需要呵护，英雄的家人更需要英雄的照顾，即使英雄无法应受到英雄般的厚待，作为最低的要求，受益于英雄之人应当有义务补偿英雄受到的损失。只有这样，我们大家每一个人的内心深处那盏见义勇为、匡扶正义、扶危济困的心火才不会日渐微弱，而是能够在心灵里永驻，并且代代相传，永不灭失。可喜的是，《民法典》对《民法通则》的上述规定作了微调，其第一百八十三条规定："因保护他人民事权益使自己受到损害的，由侵权人承担民事责任，受益人可以给予适当补偿。没有侵权人、侵权人逃逸或者无力承担民事责任，受害人请求补偿的，受益人应当给予适当补偿。"从而一定程度上弥补了上述缺憾。而且，为了免除救助人可能的责任负担，《民法典》第一百八十四条规定："因自愿实施紧急救助行为造成受助人损害的，救助人不承担民事责任。"这就意味着，《民法典》从三个方面对见义勇为行为给予了较为周全的保护：一是必要费用的偿还请求权；二是自身损害的请求赔偿或补偿权；三是可能招致责任的免除。

案例解析

案例一：八达岭野生动物世界老虎伤人事件

本案是一起典型的违约责任和侵权责任竞合（竞合是指两种责任可同时成立）案件。不管本案中的八达岭野生动物世界最终是否承担责任，本案的原告既可以基于被告违约提起诉讼，也可以基于被告侵权提起诉讼。因为，本案的事故受害人与八达岭野生动物世界之间因为购票、签署协议等行为产生合同关系，根据合同约定，八达岭野生动物世界有安全保障义务，在造成1死1伤后果的情况下，原告有权提起违约诉讼，至于八达岭野生动物世界是否已经尽到安全保障义务，则属法院审查范围。此外，八达岭野生动物世界饲养的老虎造成1死1伤的后果，死者家属和伤者当然有权以生命、健康权受侵害为由起诉八达岭野生动物世界构成侵权。在原告既可以主张违约责任，也可以主张侵权责任的情形下，原告就有权在这二者中进行有利于自己的选择。一般来讲，原告主张违约责任的举证责任负担较轻，但赔偿范围会小一些，主要表现在很难获得精神损害赔偿，而主张侵权责任正好相反。但在饲养的野生动物侵权的场合，由于侵权责任法规定此时野生动物园应当承担举证证明自己已经尽到管理职责，也就是说法律将一般侵权情形本应由原告承担的举证责任规定由被告承担（这叫举证责任倒置），从而大大减轻了原告的举证负担，加之原告主张侵权责任可以请求精神损害赔偿，所以本案的原告选择了有利于自己的侵权诉讼。

关于本案的责任认定。学者、律师有不同看法，有主张被告没有完全尽到管理职责，因而不能免责的；也有主张被告已经尽到管理职责，因而无须承担赔偿责任的。至于造成分歧的原因，主要在于对于事实的认定是否能够推导出被告已经尽到安全保障义务，笔者无意对此作出进一步评论。需要强调的是：第一，类似本案被告的营业机构，即使与被告签订相关协议完全免除自己的责任，并不能完全保证自己真的不承担责任。《合同法》第四十条规定，"提供格式条款一方免除其责任、加重对方责任、排除对方主要权利的，该条款无效"。《合同法》第五十三条也规定，"（一）造成对方人身伤害的；（二）因故意或者重大过失造成对方财产损失的"属于合同中无效的免责条款。第二，鉴于消费者往往因为合同复杂、不易理解、时间紧张等原因不会认真阅读合同条款的现实，类似被告的格式合同提供者应当对合同中影响消费者权益的重要条款给予明确提示。八达岭野生动物世界在该事件发生后能够总结经验教训，在新协议中对一些重要条款通过画下划线并加粗的方式给予明确提示，一方面是对消费者负责的举动，另一方面也是有效分散自己风险的举措。在现代市场经济中，契约是当事人安排自己事务的有效手段，国家机关、社会组织和企业等，应当重视契约、善用契约。

最后需要指出的是，《民法典》第九百九十六条规定，因当事人一方的违约行为，损害对方人格权并造成严重精神损害，受损害方选择请求其承担违约责任的，不影响受损害方请求精神损害赔偿。第四百九十六条第二款规定，采用格式条款订立合同的，提供格式条款的一方应当遵循公平原则确定当事人之间的权利和义务，并采取合理的方式提示对方注意免除或者减轻其责任等与对方有重大利害关系的条款，按照对方的要求，对该条款予以说明。提供格式条款的一方未履行提示或者说明义务，致使对方没有注意或者理解与其有重大利害关系的条款的，对方可以主张该条款不成为合同的内容。根据第四百九十七条规定，如果存在提供格式条款一方不合理地免除或者减轻其责任、加重对方责任、限制对方主要权利，或者提供格式条款一方排除对方主要权利等情形，该格式条款无效。第四百九十八条规定，对格式条款的理解发生争议的，应当按照通常理解予以解释。对格式条款有两种以上解释的，应当作出不利于提供格式条款一方的解释。格式条款和非格式条款不一致的，应当采用非格式条款。

至于动物侵权责任的规定，民法典并无实质性修改。

案例二：邱少华诉孙杰、加多宝（中国）饮料有限公司一般人格权纠纷案

大兴区法院于 2016 年 7 月 15 日公开开庭审理了此案。法院审理认为，根据侵权责任法和最高法院的相关司法解释，邱少云烈士生前的人格利益仍受法律保护，邱少华作为邱少云的近亲属，有权提起本案诉讼。孙杰发表的言论将"邱少云烈士在烈火中英勇献身"比作"半边熟的烤肉"，是对邱少云烈士的人格贬损和侮辱，属于故意的侵权行为，且该言论通过公众网络平台快速传播，已经造成了严重的社会影响，伤害了社会公众的民族和历史感情，同时损害了公共利益，也给邱少云烈士的亲属带来了精神伤害。虽然孙杰发表的侵权言论的原始微博文章已经删除且孙杰通过微博予以致歉，但侵权言论通过微博已经被大量转载，在网络上广泛流传，已经造成了严重的社会影响。因此，应在全国性媒体刊物上予以正式公开道歉，消除侵权言论造成的不良社会影响。加多宝公司发表的案涉言论在客观方面系与孙杰的侵权言论相互呼应且传播迅速，产生较大负面影响；主观上，加多宝公司在其策划的商业活动中应尽到审慎的注意义务，加多宝公司应当对孙杰发表的影响较大的不当言论进行审查而未审查，存有过错，因此，亦应承担侵权责任。但是，由于孙杰和加多宝公司已经主动删除原始侵权言论，因此只能通过赔礼道歉、消除影响的方式消除侵权所造成的后果，故判决：孙杰、加多宝公司于判决生效后三日内公开发布赔礼道歉公告，公告须连续刊登五日；孙杰、加多宝公司连带赔偿邱少华精神损害抚慰金 1 元。一审判决后，双方当事人均未上诉。

最高人民法院在关于该案的"典型意义"中指出，本案是恶意诋毁、侮辱民族英雄和革命先烈，侵害其人格利益的典型案件。这一判决，维护了民族英雄和革命先烈的合法权益，对于以侮辱、诋毁民族英雄和革命先烈的人格为手段，恶意商业炒作获得不法利益的侵权行为，具有鲜明的警示意义。

值得注意的是，《民法典》第一百八十五条规定："侵害英雄烈士等的姓名、肖像、名誉、荣誉，损害社会公共利益的，应当承担民事责任。"

第八讲　婚姻家庭继承这些"家务事"真那么难断吗

金句名言

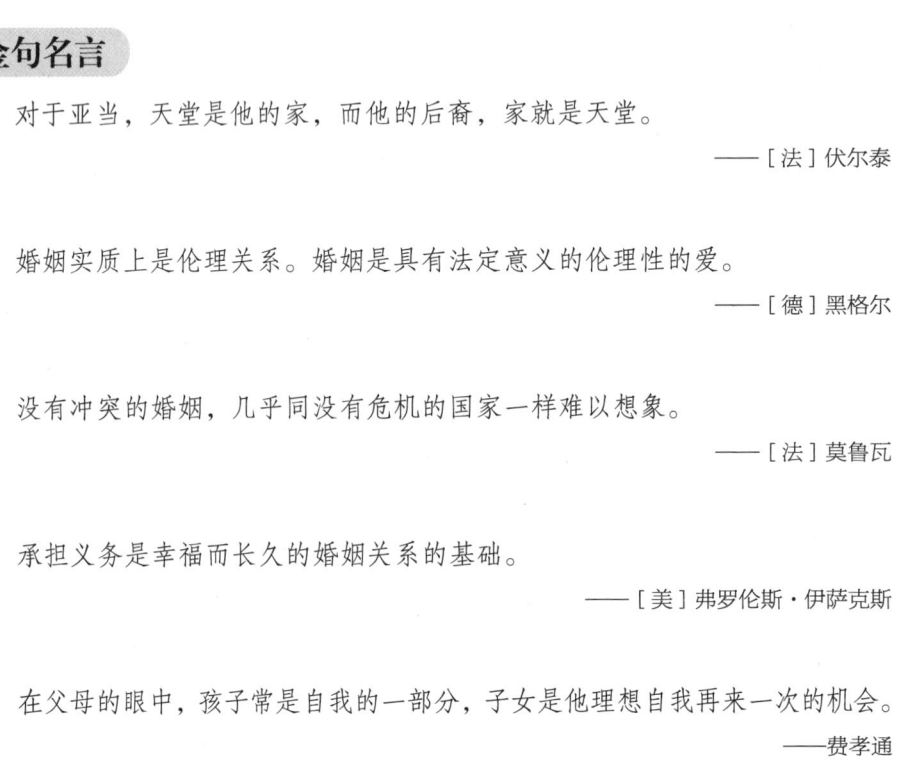

对于亚当,天堂是他的家,而他的后裔,家就是天堂。

——[法]伏尔泰

婚姻实质上是伦理关系。婚姻是具有法定意义的伦理性的爱。

——[德]黑格尔

没有冲突的婚姻,几乎同没有危机的国家一样难以想象。

——[法]莫鲁瓦

承担义务是幸福而长久的婚姻关系的基础。

——[美]弗罗伦斯·伊萨克斯

在父母的眼中,孩子常是自我的一部分,子女是他理想自我再来一次的机会。

——费孝通

子女中那种得不到遗产继承权的幼子,常常会通过自身奋斗获得好的发展。而坐享其成者,却很少能成大业。

——[英]培根

在巨富中死去是一种耻辱。

——[美]卡耐基

要点提示

- 我国实行婚姻自由、一夫一妻、男女平等的婚姻制度。结婚应当男女双方完全自愿，禁止任何一方对另一方加以强迫，禁止任何组织或者个人加以干涉。父母不得干涉子女的婚姻，子女也不得干涉父母离婚、再婚以及婚后的生活。禁止包办、买卖婚姻和其他干涉婚姻自由的行为。禁止借婚姻索取财物。禁止重婚。禁止有配偶者与他人同居。

- 谁是家庭成员？配偶、父母、子女和其他共同生活的近亲属为家庭成员，而近亲属包括配偶、父母、子女、兄弟姐妹、祖父母、外祖父母、孙子女、外孙子女，因此家庭成员只能是近亲属范围中的某些人。需要注意的是，配偶、父母、子女作为家庭成员不以共同生活为条件，其他近亲属要成为家庭成员需共同生活。

- 婚姻法将"患有医学上认为不应当结婚的疾病"作为禁止结婚的情形，民法典并未延续这一规定，只是规定一方患有重大疾病的，应当在结婚登记前如实告知另一方；不如实告知的，另一方可以向人民法院请求撤销婚姻。

- 夫妻的财产，有约定的按照约定。男女双方可以约定婚姻关系存续期间所得的财产以及婚前财产归各自所有、共同所有或者部分各自所有、部分共同所有。只不过约定应当采用书面形式。

- 夫妻的财产，如果没有约定，除一方的婚前财产、一方因受到人身损害获得的赔偿或者补偿、遗嘱或者赠与合同中确定只归一方的财产、一方专用的生活用品等外，其余为夫妻共同财产。这里要特别注意两点：遗嘱或者赠与合同如果确定只归一方的财产归个人财产，如果没有确定或者没有遗嘱，将为共同财产。另外，生产、经营、投资的收益为共同财产，即使投资行为发生在婚前，只要收益产生于婚内，就归夫妻共同财产。

- 夫妻的债务，夫妻双方共同签名或者夫妻一方事后追认等共同意思表示所负的债务，以及夫妻一方在婚姻关系存续期间以个人名义为家庭日常生活需要所负的债务，属于夫妻共同债务。夫妻一方在婚姻关系存续期间以个人名义超出家庭日常生活需要所负的债务，不属于夫妻共同债务；

但是,债权人能够证明该债务用于夫妻共同生活、共同生产经营或者基于夫妻双方共同意思表示的除外。

- 对亲子关系有异议且有正当理由的,父或者母可以向人民法院提起诉讼,请求确认或者否认亲子关系。对亲子关系有异议且有正当理由的,成年子女可以向人民法院提起诉讼,请求确认亲子关系。
- 夫妻双方自愿离婚的,应当签订书面离婚协议,并亲自到婚姻登记机关申请离婚登记。离婚协议应当载明双方自愿离婚的意思表示和对子女抚养、财产以及债务处理等事项协商一致的意见。自婚姻登记机关收到离婚登记申请之日起三十日内,任何一方不愿意离婚的,可以向婚姻登记机关撤回离婚登记申请。三十日期限届满后三十日内,双方应当亲自到婚姻登记机关申请发给离婚证;未申请的,视为撤回离婚登记申请。
- 离婚时,夫妻的共同财产由双方协议处理;协议不成的,由人民法院根据财产的具体情况,按照照顾子女、女方和无过错方权益的原则判决。
- 因重婚、与他人同居、实施家庭暴力、虐待遗弃家庭成员或其他重大过错导致离婚的,无过错方有权请求损害赔偿。
- 收养人应当同时具备下列条件:无子女或者只有一名子女;有抚养、教育和保护被收养人的能力;未患有在医学上认为不应当收养子女的疾病;无不利于被收养人健康成长的违法犯罪记录;年满三十周岁。
- 继承开始后,按照法定继承办理;有遗嘱的,按照遗嘱继承或者遗赠办理;有遗赠扶养协议的,按照协议办理。
- 继承开始后,继承人放弃继承的,应当在遗产处理前,以书面形式作出放弃继承的表示;没有表示的,视为接受继承。受遗赠人应当在知道受遗赠后六十日内,作出接受或者放弃受遗赠的表示;到期没有表示的,视为放弃受遗赠。
- 遗产按照下列顺序继承:(一)第一顺序:配偶、子女、父母;(二)第二顺序:兄弟姐妹、祖父母、外祖父母。继承开始后,由第一顺序继承人继承,第二顺序继承人不继承;没有第一顺序继承人继承的,由第二顺序继承人继承。被继承人的子女先于被继承人死亡的,由被继承人的子女的直系晚辈血亲代位继承。被继承人的兄弟姐妹先于被继承人死亡的，由被继承人的兄弟姐妹的子女代位继承。丧偶儿媳对公婆，丧偶女婿对岳父母，尽了主要赡养义务的，作为第一顺序继承人。

- 我们不仅要善于运用合同等法律工具从事交易、安排好当下的生活，也要善于运用遗嘱提前安排"后事"。太多的案例已经表明，如果不提前安排妥当，财富多不一定是好事。
- 遗嘱的种类包括自书遗嘱、代书遗嘱、打印遗嘱、录音录像遗嘱、口头遗嘱、公证遗嘱。遗嘱对立遗嘱人、遗嘱的形式等有严格的要求，如立遗嘱人必须具有完全民事行为能力，打印遗嘱应当有两个以上见证人在场见证，遗嘱人和见证人应当在遗嘱每一页签名，注明年、月、日，立口头遗嘱只限于立遗嘱人处于危急情况的特殊情形。

讨论案例

案例一：

张某与王某系夫妻，张某的父亲得了重大疾病需要巨额医疗费用。张某欲卖掉家里的另一套商品房为父治病，可妻子王某坚决不同意。

思考问题：张某该如何是好？

案例二：

李某有一个妹妹，父亲早逝，母亲有一套房。两年前母亲身体健康时写了遗嘱，言明房子由李某继承，并进行了公证。如今民法典已颁布，李某得知民法典规定"立有数份遗嘱，内容相抵触的，以最后的遗嘱为准"，因此她觉得公证的遗嘱也不一定可靠，想寻求法律帮助。

思考问题：李某该怎么办？

主要内容

一、基本婚姻家庭制度

（一）婚姻自由及婚姻效力的认定

婚姻自由是民法自愿原则在婚姻家庭编的贯彻落实。

首先，婚姻自由要求结婚应当男女双方完全自愿，不仅禁止一方对另一方实施强迫，也不允许一方对另一方进行欺诈。对于受胁迫或受欺诈的婚姻，受害一方有权申请撤销。《民法典》第一千零五十二条规定，因胁迫结婚的，受胁迫的一方可以向人民法院请求撤销婚姻。请求撤销婚姻的，应当自胁迫行为终止之日起一年内提出。被非法限制人身自由的当事人请求撤销婚姻的，应当自恢复人身自由之日起一年内提出。第一千零五十三条规定，一方患有重大疾病的，应当在结婚登记前如实告知另一方；不如实告知的，另一方可以向人民法院请求撤销婚姻。请求撤销婚姻的，应当自知道或者应当知道撤销事由之日起一年内提出。

其次，婚姻自由要求任何组织或者个人不得干涉他人的婚姻。这里的任何个人包括父母，也包括子女。父母不得干预子女的婚姻自由，子女也应当尊重父母的婚姻权利，不得干涉父母离婚、再婚以及婚后的生活，子女对父母的赡养义务，不因父母的婚姻关系变化而终止。

最后，婚姻自由要求禁止包办、买卖婚姻和其他干涉婚姻自由的行为，禁止借婚姻索取财物。

（二）夫妻财产的认定

关于夫妻财产的归属，民法依然坚持意思自治原则，即有约定且约定合法有效的，尊重夫妻之间的约定。《民法典》第一千零六十五条规定，男女双方可以约定婚姻关系存续期间所得的财产以及婚前财产归各自所有、共同所有或者部分各自所有、部分共同所有。约定应当采用书面形式。

夫妻双方没有约定或者约定不明确的，适用《民法典》第一千零六十二条、第一千零六十三条的规定，即下列财产为夫妻一方的个人财产：（1）一方的婚前财产；（2）一方因受到人身损害获得的赔偿或者补偿；（3）遗嘱或者赠与合同中确定只归一方的财产；（4）一方专用的生活用品；（5）其他应当归一方的财产。而夫妻在婚姻关系存续期间所得的下列财产，为夫妻的共同财产，归夫妻共同所有：（1）工资、奖金、劳务报酬；（2）生产、经营、投资的收益；（3）知识产权的收益；（4）继承或者受赠的财产，除非遗嘱或者赠与合同中确定只归一方；（5）其他应当归共同所有的财产。

需要注意的是，现在很多父母为子女出资购置房屋或汽车等重要财产。对于这些财产的归属，父母如果仅愿意自己的子女享有所有权，就应当通过赠与合同明确约定只归自己的子女，并在相应的产权登记中予以落实。另外，如果父母有只让自己的子女继承其遗产的意愿，也应当通过遗嘱明确指定遗产只归自己的子女。最后，虽然婚前的财产为一方的个人财产，但是，生产、经营、投资的收益为共同财产，即使投资行为发生在婚前，只要收益产生于婚内，就归夫妻共同财产。

（三）夫妻债务的认定

夫妻债务可区分为共同债务和个人债务，我们只要明确了哪些是共同债务，也就知道了哪些是个人债务。

关于夫妻共同债务，主要有以下三类：第一，夫妻双方共同意思表示认可的债务，也就是双方明确认可的债务。一类是共同签字所负的债务，即我们讲的"共债共签"；另一类是夫妻一方所负债务，另一方事后追认的债务。第二，夫妻一方在婚姻关系存续期间，以个人名义为家庭日常生活需要所负的债务。何为"日常家庭生活需要"，有些可能很容易判断，有些则不然，因为不同的家庭收入不同、生活方式不同，消费结构也有很大不同。民间有一种说法，"量家当吃饭"，就是说消费要与收入差不多。因此，举债数额是判断是否属于日常家庭生活的关键因素，一般情况下，为家庭日常生活需要所负的债务不应超过家庭年收入过多。第三，债权人能够证明该债务用于共同生活、共同生产经营，或者基于夫妻双方意思表示的也属于共同债务。

关于夫妻债务，1950年《婚姻法》第二十四条规定，离婚时，原为夫妻共同生活所负担的债务，以共同生活时所得财产偿还；如无共同生活时所得财产或共同生活时所得财产不足清偿时，由男方清偿。男女一方单独所负的债务，由本人偿还。1980年《婚姻法》基本延续了1950年《婚姻法》的规定，其第三十二条规定，离婚时，原为夫妻共同生活所负的债务，以共同财产偿还。如该项财产不足清偿时，由双方协议清偿；协议不成时，由人民法院判决。男女一方单独所负债务，由本人偿还。2001年《婚姻法》第十九条第三款规定，夫妻对婚姻关系存续期间所得的财产约定归各自所有的，夫或妻一方对外所负的债务，第三人知道该约定的，以夫或妻一方所有的财产清偿。第四十一条规定，离婚时，原为夫妻共同生活所负的债务，应当共同偿还。共同财产不足清偿的，或财产归各自所有的，由双方协议清偿；协议不成时，由人民法院判决。2003年《最高人民法院关于适用〈中华人民共和国婚姻法〉若干问题的解释（二）》（以下简称《婚姻法司法解释（二）》）第二十四条规定："债权人就婚姻关系存续期间夫妻一方以个人名义所负债务主张权利的，应当按夫妻共同债务处理。但夫妻一方能够证明债权人与债务人明确约定为个人债务，或者能够证明属于婚姻法第十九条第三款规定情形的除外。"2017年2月28日，最高人民法院公布《最高人民法院关于适用〈中华人民共和国婚姻法〉若干问题的解释（二）的补充规定》，在《婚姻法司法解释解释（二）》第二十四条的基础上增加两款，分别作为该条第二款和第三款，内容是：夫妻一方与第三人串通，虚构债务，第三人主张权利的，人民法院不予支持。夫妻一方在从事赌博、吸毒等违法犯罪活动中所负债务，第三人主张权利的，人民法院不予支持。由此可见，夫妻一方所负债务的法律规定，除了基于共同生活所负债务以外，基本经历了个人负担，到共同负担，再到民法典的个人负担的发展历程。

应该说，民法典对夫妻债务的规定对我们的生活影响不小。从风险防范的角度讲，民法典实施后给已婚的他（她）人借钱，一定要考虑这笔钱借给他（她）之后，究竟他（她）是以家庭共同财产保证偿还，还是仅仅以个人财产保证偿还。如果数额比较大，还有必要问一下借款的用途。当然，从日常生活观念及证据的角度来讲，了解所借款项的支付收款方或去向也对于判断是否属于夫妻共同债务具有重要意义。

（四）离婚

离婚有协议离婚和诉讼离婚两种形式。协议离婚的前提是夫妻双方自愿，并对子女抚养、财产以及债务处理等事项协商一致,签订了书面离婚协议。如果双方无法达成书面离婚协议,只能通过诉讼途径离婚。

协议离婚的,夫妻双方需亲自到婚姻登记机关申请离婚登记。之所以法律要求夫妻双方需亲自到婚姻登记机关申请离婚登记,是因为离婚和结婚这样的身份行为是不允许代理的。另外,对于协议离婚,民法典为了防止现实中存在的各种草率离婚,专门增加规定了离婚"冷静期"制度,其第一千零七十七条规定,自婚姻登记机关收到离婚登记申请之日起三十日内,任何一方不愿意离婚的,可以向婚姻登记机关撤回离婚登记申请。这里的"三十日"即为冷静期,而三十日"冷静期"届满后三十日内,双方应当亲自到婚姻登记机关申请发给离婚证;未申请的,视为撤回离婚登记申请。

诉讼离婚的,人民法院应当进行调解。如果感情确已破裂,调解无效的,应当准予离婚。有下列情形之一,调解无效的,应当准予离婚:(1)重婚或者与他人同居;(2)实施家庭暴力或者虐待、遗弃家庭成员;(3)有赌博、吸毒等恶习屡教不改;(4)因感情不和分居满二年;(5)其他导致夫妻感情破裂的情形。此外,一方被宣告失踪,另一方提起离婚诉讼的,应当准予离婚。经人民法院判决不准离婚后,双方又分居满一年,一方再次提起离婚诉讼的,应当准予离婚。

诉讼离婚需要注意的事项有:一是现役军人的配偶要求离婚,应当征得军人同意,但是军人一方有重大过错的除外。二是女方在怀孕期间、分娩后一年内或者终止妊娠后六个月内,男方不得提出离婚;但是,女方提出离婚或者人民法院认为确有必要受理男方离婚请求的除外。三是离婚时,夫妻的共同财产由双方协议处理;协议不成的,由人民法院根据财产的具体情况,按照照顾子女、女方和无过错方权益的原则判决。四是有下列情形之一,导致离婚的,无过错方有权请求损害赔偿:(1)重婚;(2)与他人同居;(3)实施家庭暴力;(4)虐待、遗弃家庭成员;(5)有其他重大过错。五是夫妻一方隐藏、转移、变卖、毁损、挥霍夫妻共同财产,或者伪造夫妻共同债务企图侵占另一方财产的,在离婚分割夫妻共同财产时,对该方可以少分或者不分。离婚后,另一方发现有上述行为的,可以向人民法院提起诉讼,请求再次分割夫妻共同财产。

（五）家庭关系

谁是家庭成员？这是一个似乎很明白但又说不清楚的问题。我们经常填各种表格，配偶、父母、子女和其他共同生活的近亲属为家庭成员，而近亲属包括配偶、父母、子女、兄弟姐妹、祖父母、外祖父母、孙子女、外孙子女，因此家庭成员只能是近亲属范围中的某些人。需要注意的是，配偶、父母、子女作为家庭成员不以共同生活为条件，其他近亲属要成为家庭成员需共同生活。

二、基本收养制度

（一）送养人、被收养人和收养人的资格

孤儿的监护人、儿童福利机构和有特殊困难无力抚养子女的生父母可以作为送养人。未成年人的父母均不具备完全民事行为能力且可能严重危害该未成年人的，该未成年人的监护人可以将其送养。

丧失父母的孤儿、查找不到生父母的未成年人和生父母有特殊困难无力抚养的未成年子女可以被收养。

收养人一般应当同时具备下列条件：（1）无子女或者只有一名子女；（2）有抚养、教育和保护被收养人的能力；（3）未患有在医学上认为不应当收养子女的疾病；（4）无不利于被收养人健康成长的违法犯罪记录；（5）年满三十周岁。

（二）收养的特殊限制

无子女的收养人可以收养两名子女；有子女的收养人只能收养一名子女。收养孤儿、残疾未成年人或者儿童福利机构抚养的查找不到生父母的未成年人，可以不受收养子女或自己子女数量的限制。

有配偶者收养子女，应当夫妻共同收养。无配偶者收养异性子女的，收养人与被收养人的年龄应当相差四十周岁以上。

配偶一方死亡，另一方送养未成年子女的，死亡一方的父母有优先抚养的

权利。

收养人、送养人要求保守收养秘密的,其他人应当尊重其意愿,不得泄露。

(三)收养的成立与生效

收养应当向县级以上人民政府民政部门登记。收养关系自登记之日起成立。收养关系当事人各方或者一方要求办理收养公证的,应当办理收养公证。

自收养关系成立之日起,养父母与养子女间的权利义务关系,适用民法典关于父母子女关系的规定;养子女与养父母的近亲属间的权利义务关系,适用民法典关于子女与父母的近亲属关系的规定。

养子女与生父母以及其他近亲属间的权利义务关系,因收养关系的成立而消除。

三、基本继承制度

(一)遗产的范围

遗产是自然人死亡时遗留的个人合法财产。依照法律规定或者根据其性质不得继承的遗产,不得继承。

(二)继承权及其丧失

继承权男女平等。遗产按照下列顺序继承:(1)第一顺序:配偶、子女、父母;(2)第二顺序:兄弟姐妹、祖父母、外祖父母。继承开始后,由第一顺序继承人继承,第二顺序继承人不继承;没有第一顺序继承人继承的,由第二顺序继承人继承。丧偶儿媳对公婆,丧偶女婿对岳父母,尽了主要赡养义务的,作为第一顺序继承人。被继承人的子女先于被继承人死亡的,由被继承人的子女的直系晚辈血亲代位继承。被继承人的兄弟姐妹先于被继承人死亡的,由被继承人的兄弟姐妹的子女代位继承。代位继承人一般只能继承被代位继承人有权继承的遗产份额。

继承人有下列行为之一的,丧失继承权:(1)故意杀害被继承人;(2)为争夺遗产而杀害其他继承人;(3)遗弃被继承人,或者虐待被继承人情节严重;

(4) 伪造、篡改、隐匿或者销毁遗嘱，情节严重；(5) 以欺诈、胁迫手段迫使或者妨碍被继承人设立、变更或者撤回遗嘱，情节严重。继承人有前述第三项至第五项行为，确有悔改表现，被继承人表示宽恕或者事后在遗嘱中将其列为继承人的，该继承人不丧失继承权。

（三）遗嘱继承和遗赠

自然人可以立遗嘱将个人财产指定由法定继承人中的一人或者数人继承，也可以立遗嘱将个人财产赠与国家、集体或者法定继承人以外的组织、个人，还可以依法设立遗嘱信托。

遗嘱的种类有自书遗嘱、代书遗嘱、打印遗嘱、录音录像遗嘱、口头遗嘱、公证遗嘱。(1) 自书遗嘱。自书遗嘱由遗嘱人亲笔书写，签名，注明年、月、日。(2) 代书遗嘱。代书遗嘱应当有两个以上见证人在场见证，由其中一人代书，并由遗嘱人、代书人和其他见证人签名，注明年、月、日。(3) 打印遗嘱。打印遗嘱应当有两个以上见证人在场见证。遗嘱人和见证人应当在遗嘱每一页签名，注明年、月、日。(4) 录音录像遗嘱。以录音录像形式立的遗嘱，应当有两个以上见证人在场见证。遗嘱人和见证人应当在录音录像中记录其姓名或者肖像，以及年、月、日。(5) 口头遗嘱。遗嘱人在危急情况下，可以立口头遗嘱。口头遗嘱应当有两个以上见证人在场见证。危急情况消除后，遗嘱人能够以书面或者录音录像形式立遗嘱的，所立的口头遗嘱无效。(6) 公证遗嘱。公证遗嘱由遗嘱人经公证机构办理。

除自书遗嘱、公证遗嘱外，其他遗嘱均要求有两个以上见证人见证。下列人员不能作为遗嘱见证人：(1) 无民事行为能力人、限制民事行为能力人以及其他不具有见证能力的人；(2) 继承人、受遗赠人；(3) 与继承人、受遗赠人有利害关系的人。

遗嘱人可以撤回、变更自己所立的遗嘱。立遗嘱后，遗嘱人实施与遗嘱内容相反的民事法律行为的，视为对遗嘱相关内容的撤回。立有数份遗嘱，内容相抵触的，以最后的遗嘱为准。

下列遗嘱无效：无民事行为能力人或者限制民事行为能力人所立的遗嘱，受欺诈、胁迫所立的遗嘱，伪造的遗嘱以及被篡改的遗嘱中篡改的内容无效。

（四）遗赠扶养协议

自然人可以与继承人以外的组织或者个人签订遗赠扶养协议。按照协议，该组织或者个人承担该自然人生养死葬的义务，享有受遗赠的权利。

（五）无人继承又无人受遗赠遗产的处理

无人继承又无人受遗赠的遗产，归国家所有，用于公益事业；死者生前是集体所有制组织成员的，归所在集体所有制组织所有。

（六）遗产管理人

继承开始后，遗嘱执行人为遗产管理人；没有遗嘱执行人的，继承人应当及时推选遗产管理人；继承人未推选的，由继承人共同担任遗产管理人；没有继承人或者继承人均放弃继承的，由被继承人生前住所地的民政部门或者村民委员会担任遗产管理人。对遗产管理人的确定有争议的，利害关系人可以向人民法院申请指定遗产管理人。

遗产管理人应当依法履行职责，因故意或者重大过失造成继承人、受遗赠人、债权人损害的，应当承担民事责任。

遗产管理人可以依照法律规定或者按照约定获得报酬。

案例解析

案例一：

首先，需要说明的是，张某的父亲是王某的公公，根据《民法典》的规定，王某对其公公无法定赡养义务，王某的公公也不是王某的家庭成员，因此，王某不同意支付巨额医疗费用从法律上讲也无可厚非。

其次，张某对其父亲有法定赡养义务，张某提出以家庭共有的另一套商品房的变卖款为父亲治病诚属正当。

最后，以往的法律并未对这种复杂情况提供明确的解决办法。《民法典》对此作了回应，即该法第一千零六十六条规定，婚姻关系存续期间，有下列情形之一的，夫妻一方可以向人民法院请求分割共同财产：（1）一方有隐藏、转移、变卖、毁损、挥霍夫妻共同财产或者伪造夫妻共同债务等严重损害夫妻共同财产利益的行为；（2）一方负有法定扶养义务的人患重大疾病需要医治，另一方不同意支付相关医疗费用。

值得进一步强调的是，《民法典》是社会生活的百科全书，这部法典为我们提供了丰富的解决复杂疑难问题的思路或具体办法。我们学习《民法典》不仅仅是为了守法，更重要的是要学会善于运用民法为我们提供的选择机会和方法更好地安排生活、解决矛盾纠纷。或许《民法典》为我们提供的解决办法不是最好的，但至少是能够为社会大众所普遍接受的，因为法律本身就是社会大众共同意志的产物。

案例二：

首先，《民法典》在遗嘱的形式和效力方面的确有比较大的改变。在遗嘱的形式方面，在原来继承法规定的口头遗嘱、自书遗嘱、代书遗嘱、录音遗嘱和公证遗嘱的基础上，增加规定了打印遗嘱和录像遗嘱，使得立遗嘱人有了更多的选择。在遗嘱的效力上，《继承法》第二十条第二款规定，立有数份遗嘱，内容相抵触的，以最后的遗嘱为准。第三款规定，自书、代书、录音、口头遗嘱，不得撤销、变更公证遗嘱。由此确立了公证遗嘱相对于其他遗嘱的优先效力。但《民法典》改变了这一规则，其第一千一百四十二条只是规定，立有数份遗嘱，内容相抵触的，以最后的遗嘱为准，从而取消了公证遗嘱的优先效力。

其次，虽然民法典改变了遗嘱的效力规则，使得公证遗嘱的优先效力丧失，但民法典于2021年1月1日生效。按照法不溯及既往的原则，对于民法典生效之前所立的数份遗嘱，如果内容相抵触且有公证遗嘱的，当然应当按照继承法的规定确定遗嘱的效力。但问题是，在民法典实施后，李某的母亲仍有可能立新遗嘱。如果民法典实施之前的公证遗嘱和民法典实施之后的其他遗嘱内容相抵触，公证遗嘱并不当然具有优先效力。

最后，民法典的司法解释正在制定中，届时会对这一问题给予明确解释。对于李某来讲，如果要确保她所持有的公证遗嘱得以顺利执行，避免日后的矛盾纠纷，还可以在其母亲判断能力缺乏时申请认定其母亲为限制行为能力人或无行为能力人，因为按照《民法典》规定，无民事行为能力人和限制民事行为能力人所立的遗嘱无效。

第九讲　攸关权利"生命"的时间

金句名言

法律帮助勤勉人，不帮睡眠人。

——西方法谚

有些权利也有保质期，不是年份越久，权利的成色越足。

要点提示

- 诉讼时效有一般诉讼时效、特殊诉讼时效和最长诉讼时效之分。《民法通则》规定的一般诉讼时效期间是二年，民法典将这一期间延长为三年，这是一个重大变化。
- 《民法通则》规定诉讼时效期间从知道或者应当知道权利被侵害时起计算，《民法典》规定诉讼时效期间自权利人知道或者应当知道权利受到损害以及义务人之日起计算。这一改变非常有利于保护权利人，因为如果不知道义务人，受害人无法提起诉讼保护自己的权利。此外，未成年人遭受性侵害的损害赔偿请求权的诉讼时效期间，自受害人年满十八周岁之日起计算。
- 在诉讼时效期间的最后六个月内，发生不可抗力导致权利人不能行使请求权的，诉讼时效中止。
- 权利人向义务人提出履行请求、义务人同意履行义务、权利人提起诉讼或者申请仲裁等可使诉讼时效中断，诉讼时效中断后，时效期间重新计算。当然，是否出现导致诉讼时效中断的事由，需要证据证明，这就意味着权利人需注意收集并妥当保存可证明时效中断的证据。
- 诉讼时效届满的后果是：义务人可以提出不履行义务的抗辩，但法院不得主动适用诉讼时效的规定；诉讼时效期间届满后，义务人同意履行的，不得以诉讼时效期间届满为由抗辩；义务人已自愿履行的，不得请求返还。

讨论案例

案例一：张某"有权不使、过期作废"案

2015年，张某与某开发公司签订商品房预售合同（合同文本由开发公司提供），约定当年年底前交房。同时合同中用不起眼的小号字体约定：导致不能按期交房的"其他难以预计的客观情况"包括供水、供电、煤气、排水、通信、网络、道路等公共配套设施的延误，发生上述情况不属于开发公司逾期交房。2016年7月1日，开发公司交房。之后，张某以开发公司延迟交房为由诉请支付违约金，但开发公司认为施工过程中出现的小区沿河道路和煤气配套公共管道安装和对接的问题，属于合同约定的"不可抗力"，因此，开发公司不属于逾期交房。

思考问题：本案合同中有关开发公司免责的约定有效吗？

案例二：20年前的借款还能要回吗？

张某因养殖花蛤需要资金，分别于1994年1月12日和12月7日向王某借款2万元、1万元，约定半年后还本付息，并出具借条两份。在此之后，张某除在1994年农历腊月三十日偿还给王某借款本金1万元外，再未还本付息。2015年9月15日，王某向法院提起诉讼，请求张某偿还本息。

思考问题：王某的请求能得到法院的保护吗？

主要内容

一、民法典规定的时间及其分类

《民法典》关于时间的规定不少,总则编第九章专门规定了诉讼时效,第九章专门规定了期间的计算。而在具体规定中,有不少条文涉及时间,如第一百五十二条关于撤销权消灭期间的规定,第三百一十二条关于所有权人有权追回已被他人转让遗失物的期间规定,第六百六十三条、第六百六十四条关于受赠人、赠与人的继承人或者法定代理人撤销权行使期间的规定,第七百一十八条关于出租人对承租人转租异议期的规定,第一千零五十二条和第一千零五十三条有关受胁迫婚姻、受欺诈婚姻受害人请求撤销婚姻期间的规定,以及第一千二百五十九条有关"以上""以下""以内""届满""不满""超过""以外"等与时间有关的概念是否包含本数的规定,等等。民法典关于时间的规定要么关乎民事权利的存亡,要么影响民事权利的实现,因此对权利的影响甚大,但相当部分的人对于时间的意义认识不足。

总的来看,民法上涉及时间的规定非常复杂,如自然人的出生、死亡,法人的设立、终止,无效婚姻、可撤销合同撤销权的行使期间,租赁合同的最长期间,以及诉讼时效期间等。概括起来,民法上的时间有期日和期间之分。期日是指不可分或视为不可分的特定时间,如某日、某月或某年。期间是指从起始点到终止点所经过的时间区段,如从某年某月某日至某年某月某日。民法规定的期间主要有除斥期间和诉讼时效两类。

关于期间的起算与终止。民法所称的期间按照公历年、月、日、小时计算。规定按照日、月、年计算期间的,开始的当日不算入,从下一日开始计算。按照小时计算期间的,自法律规定或者当事人约定的时间开始计算。按照年、月计算期间的,到期月的对应日为期间的最后一日;没有对应日的,月末日为期间的最后一日。期间的最后一日是法定休假日的,以法定休假日结束的次日为期间的最后一日。期间的最后一日的截止时间为二十四时;有业务时间的,停止业务活动的时间为截止时间。期间的最后一天是星期日或者其他法定休假日,而星期日或者其他法定休假日有变通的,以实际休假日的次日为期间的最后一天。另外，民法所称的"以上""以下""以内""届满"，包括本数；所称的"不满""超过""以外"，不包括本数。

二、除斥期间

除斥期间，是指法律规定的某种权利预定存续的期间，权利人在此期间不行使权利，预定期间届满，便可发生该权利消灭的法律后果。如《民法典》第一百五十二条关于撤销权消灭期间的规定，第三百一十二条所有权人有权追回已被他人转让遗失物的期间规定，第六百六十三条、第六百六十四条关于受赠人、赠与人的继承人或者法定代理人撤销权行使期间的规定，第七百一十八条关于出租人对承租人转租异议期的规定，第一千零五十二条和第一千零五十三条有关受胁迫婚姻、受欺诈婚姻受害人请求撤销婚姻期间的规定，第一千一百二十四条关于受遗赠人接受或放弃受遗赠表示期间的规定，等等。具体讲，若赠与人根据第六百六十三条规定的受赠人侵害赠与人或者赠与人近亲属的合法权益等而撤销赠与，应当自知道或者应当知道撤销事由之日起一年内行使，如果超过这一期限不行使，此项撤销权消灭。再如，若受遗赠人在知道受遗赠后六十日内未作出接受或者放弃受遗赠的表示，受遗赠权消灭。需要注意的是，除斥期间为不变期间，不和诉讼时效一样有中断、中止和延长的可能。对此，《民法典》第一百九十九条规定，法律规定或者当事人约定的撤销权、解除权等权利的存续期间，除法律另有规定外，自权利人知道或者应当知道权利产生之日起计算，不适用有关诉讼时效中止、中断和延长的规定。存续期间届满，撤销权、解除权等权利消灭。

三、诉讼时效

（一）诉讼时效的界定、适用对象和种类

诉讼时效在国外也被称为消灭时效，是指权利受到侵害之人在法定期间内持续不行使其权利，义务人即取得永久性抗辩权的法律制度。换言之，诉讼时效已过的，请求权人虽有权向债务人提出请求，也有权向法院起诉，但债务人可以不履行，也可以在法院以诉讼时效经过为由予以抗辩，这就意味着，请求权人可能丧失"胜诉权"。

关于诉讼时效的适用对象，各国法律规定并不相同，日本法律规定适用于债权及除所有权外的财产权，德国民法和瑞士债务法规定适用于请求权，我国民法典规定诉讼时效仅适用于债权。《民法典》第一百九十六条规定，下列请求权不适用诉讼时效的规定：（1）请求停止侵害、排除妨碍、消除危险；（2）不动产物权和登记的动产物权的权利人请求返还财产；（3）请求支付抚养费、赡养费或者扶养费；（4）依法不适用诉讼时效的其他请求权。

诉讼时效包括一般诉讼时效、特殊诉讼时效和最长诉讼时效。一般诉讼时效也称普通诉讼时效，其期间为三年。特殊诉讼时效如《民法典》第五百九十四条规定的"因国际货物买卖合同和技术进出口合同争议提起诉讼或者申请仲裁的时效期间为四年"。最长诉讼时效的时效期间为二十年。最长诉讼时效的起算时间是从权利被侵害之日起算，且不再适用中止、中断的规定。

（二）诉讼时效的起算

除最长诉讼时效从权利被侵害之日起算，其余的诉讼时效都从"知道或者应当知道权利受到损害以及义务人之日起计算"。具体讲：

合同债权的诉讼时效起算如下：定有履行期限的债权，从履行期限届满之时开始计算。未定履行期限的债权，从权利人向债务人请求并且给债务人的履行宽限期届满之日起算。若债务人在履行宽限期届满之前明确表明不予履行的，则从债务人拒绝履行之日起算。附延缓条件的债权，从条件成就之时开始计算，但如果还定有履行期间，则从履行期限届满之时开始计算。附始期的债权，从始期到来之时开始计算，但如果还定有履行期限，则从履行期限届满之时开始计算。当事人约定同一债务分期履行的，诉讼时效期间从最后一期履行期限届满之日起计算。合同被撤销，返还财产、赔偿损失请求权的诉讼时效期间从合同被撤销之日起计算。

侵权损害赔偿请求权的诉讼时效起算时间是：关于人身损害赔偿的诉讼时效，伤害明显的，从受伤害之日起计算，伤害当时未曾发现，后经检查确诊并能证明是由侵害引起的，从伤势确诊之日起算。未成年人遭受性侵害的损害赔偿请求权的诉讼时效期间，自受害人年满十八周岁之日起计算。其他侵权从权利人知道或者应当知道加害人之日起算。

(三)诉讼时效的中止、中断和延长

诉讼时效的中止,是指在诉讼时效进行中,因一定的法定事由的发生而使权利人无法行使请求权,暂时停止计算诉讼时效期间。《民法典》第一百九十四条第一款规定,在诉讼时效期间的最后六个月内,因下列障碍,不能行使请求权的,诉讼时效中止:(1)不可抗力;(2)无民事行为能力人或者限制民事行为能力人没有法定代理人,或者法定代理人死亡、丧失民事行为能力、丧失代理权;(3)继承开始后未确定继承人或者遗产管理人;(4)权利人被义务人或者其他人控制;(5)其他导致权利人不能行使请求权的障碍。该条第二款规定,自中止时效的原因消除之日起满六个月,诉讼时效期间届满。

诉讼时效的中断,是指在诉讼时效进行中,因法定事由的发生致使已经进行的诉讼时效期间全部归于无效,诉讼时效期间重新计算。《民法典》第一百九十五条规定,有下列情形之一的,诉讼时效中断,从中断、有关程序终结时起,诉讼时效期间重新计算:(1)权利人向义务人提出履行请求;(2)义务人同意履行义务;(3)权利人提起诉讼或者申请仲裁;(4)与提起诉讼或者申请仲裁具有同等效力的其他情形。需要注意的是,诉讼时效中断后,诉讼时效重新起算,即之前已经经过的时效期间归于无效。诉讼时效的中断可以多次进行,但最长不得超过法律规定的二十年的最长诉讼时效。

诉讼时效的延长是指如果在法定期限内没有行使权利是由于某种客观上的障碍,人民法院可以斟酌具体情况,延长诉讼时效期间。

(四)诉讼时效经过的后果

诉讼时效经过,并不导致权利人的权利消灭。因此,诉讼时效期间届满后,如果义务人已经自愿履行的,不得请求返还;义务人同意履行的,不得以诉讼时效期间届满为由抗辩。如果义务人不履行,权利人仍然可以向人民法院起诉,对于权利人的起诉,人民法院应予以受理。而且,人民法院受理案件后,被告一方如果没有提出诉讼时效届满的抗辩的,人民法院不得主动适用诉讼时效的规定,即不得以原告的权利已经过了诉讼时效而驳回原告的诉讼请求,人民法院不能提示被告原告的请求已过诉讼时效,也不能询问被告是否主张诉讼时效的抗辩。但是，如果义务人提出诉讼时效届满抗辩的，法院应当判决驳回原告的诉讼请求。

（五）诉讼时效不得通过约定排除或改变

诉讼时效制度属于法律上的效力性强制性规定。当事人既不得通过约定排除诉讼时效制度的适用，也不得通过约定改变诉讼时效规范的具体内容，即使约定的，其约定也属无效。

案例解析

案例一：

法院审理后认为，本案中的责任限制条款是合同开发公司事先拟定并在房屋销售过程中反复使用的条款，因而属于格式条款。该条款以列举免责事项的形式限制了开发公司逾期交房的违约责任，且在签订合同过程中，开发公司并未以足以引起张某注意的方式对该条款予以说明，根据《最高人民法院关于适用〈合同法〉若干问题的解释（二）》第九条规定，张某可申请撤销该格式条款。不过，张某在法定的一年除斥期间内并未申请撤销该条款，故该条款仍属有效。不过开发公司主张"煤气、道路公共配套设施"为"难以预计""无法预见"并无正当理由，此类事项不属于法定可免责的"不可抗力"范畴。根据诚信原则，法院判决开发公司支付张某逾期交房违约金3.2万余元。

值得注意的是，《民法典》为了保护消费者合法权益，进一步强化了对格式条款的规制，其第四百九十六条规定，采用格式条款订立合同的，提供格式条款的一方应当遵循公平原则确定当事人之间的权利和义务，并采取合理的方式提示对方注意免除或者减轻其责任等与对方有重大利害关系的条款，按照对方的要求，对该条款予以说明。提供格式条款的一方未履行提示或者说明义务，致使对方没有注意或者理解与其有重大利害关系的条款的，对方可以主张该条款不成为合同的内容。同时，第四百九十七条又规定，存在提供格式条款一方不合理地免除或者减轻其责任、加重对方责任、限制对方主要权利，或者提供格式条款一方排除对方主要权利等情形的，该格式条款无效。无论是"不成为合同的内容",还是"格式条款无效",显然让格式条款提供一方承担了比之前的可撤销更为严重的后果。

案例二：

本案债权债务关系清楚，关键是张某除于1994年偿还给王某1万元本金外，再未还本付息。王某未能举证证明在张某偿还本金1万元后的20余年中，自己曾向张某催讨过借款。显然，双方约定的还本付息期限已过20年。也就是说，王某的诉讼请求不仅超过了《民法通则》规定的二年普通时效，也超过了20年最长时效，因此，不受法律的保护，法院也因此驳回了王某的诉讼请求。

值得指出的是，民法典将普通诉讼时效期间延长为三年，最长诉讼时效期间依然为二十年，即自权利受到损害之日起超过二十年的，人民法院不予保护，有特殊情况的，人民法院可以根据权利人的申请决定延长。

第十讲　民法典普法如何"普"

金句名言

国无常强,无常弱。奉法者强,则国强;奉法者弱,则国弱。

——《韩非子》

君臣上下贵贱皆从法,此谓为大治。

——《管子》

徒善不足以为政,徒法不能以自行。

——《孟子》

家有常业,虽饥不饿;国有常法,虽危不亡。

——《韩非子》

法之不行,自上犯之。

——[秦]商鞅

君好法,则臣以法事君;君好言,则臣以言事君。君好法,则端直之士在前;君好言,则毁誉之臣在侧。

——[秦]商鞅

有法而不循法,法虽善与无法等。

——[清]沈家本

不知道法律的规定不能成为免责的理由。

——古罗马谚语

不遵守规章制度的,不能自由。

——[英]卡莱尔

法律给人类带来的好处是:法律为每一个人规定了行为准则,描述了使他能获得社会支持和保护的方式。

——[英]塞缪尔·约翰逊

一旦法律丧失了力量,一切就都告绝望了;只要法律不再有力量,一切合法的东西也都不会再有力量。

——[法]卢梭

一切法律中最重要的法律,既不是刻在大理石上,也不是刻在铜表上,而是铭刻在公民的内心里。

——[法]卢梭

法律必须被信仰,否则就形同虚设。

——[美]伯尔曼

若是没有公众舆论的支援,法律是丝毫没有力量的。

——[美]菲力普斯

要点提示

- 民法典是"十四五"时期普法的重点。
- 未来民法典的普法应坚持需求导向、目标定向、科学规划、形式多样原则。

- 领导干部的民法典普法应突出实施好民法典重大意义、民法基本原则和基本制度的宣传教育。
- 青少年的民法典普法应尊重青少年成长规律、教育规律，突出民法价值引领，培养积极、负责任公民。
- 广大群众的民法典普法要贴近生活，既要重视权利教育也要强调权利界限和义务教育，要重点关注老年人和小微企业的民法典教育，使优质普法资源向基层下沉。

主要内容

民法典诞生的第二天，中央政治局就围绕"切实实施民法典"举行集体学习，习近平总书记在讲话中指出，"要广泛开展民法典普法工作，将其作为'十四五'时期普法工作的重点来抓"[①]。"广泛开展民法典普法工作"是对普法对象广度的要求，民法典的普及不能局限于某一个或某几个重点群体。"将其作为'十四五'时期普法工作的重点来抓"是对民法典普法工作长期性和重要性的强调，民法典的普及不可能通过一两场报告、讲座即可完成。做好"十四五"时期民法典普法工作，应该坚持需求导向、目标定向、科学规划、形式多样等原则，分别针对领导干部、青少年和社会大众制定不同的普法规划。

一、"十四五"时期民法典普法工作应坚持的原则

（一）需求导向

对于非民法专业人员尤其是非法律专业人员，要求其全面学习掌握民法典既无必要也不现实。需要是最好的老师，年龄不同、行业不同、职位不同，乃至财富拥有的不同，对民法的需求不同。需要又有个人需要、工作需要、组织需要等不同类别。要想让民法典不仅走到群众身边、走进群众心里，还让民法典的普法工作取得实效，就应瞄准不同群体的不同需要，精准供给，力戒"大水漫灌"、轰轰烈烈搞形式主义、走过场。即使做不到根据个体需要绝对精准，也应尽可能

[①] 习近平：《充分认识颁布实施民法典重大意义 依法更好保障人民合法权益》，载《求是》2020年第12期。

细分普法对象实施相对精准普法。比如，针对领导干部的民法典教育培训要突出领导干部的岗位职责需求，要使领导干部在掌握基本民事法律知识、认真对待民事主体合法权益、妥当处理公权私权关系上下功夫；针对青少年的民法教育要根据青少年成长规律和教育规律，贴近不同年龄段的民事法律知识需求，从最基本的家庭权利义务、学习生活权利义务关系入手，满足成长中青少年的民法知识需求；针对社会大众的民法宣传应突出婚姻家庭、遗产继承、人身财产权的保护等基本知识的普及。当然，普法对象的划分还应更加具体，比如针对社会大众的民法典普法，至少应当包括针对老年人对民法的特殊需求，专门量身打造的方案。"十四五"民法典普法，需求导向是应当坚持的首要原则。

（二）目标定向

法治精神是在民法原则的基础上形成的，民法最充分地体现了现代法治的价值。[①]法治中国的实现需要时日，民法典普法是一项长期性工作，是"十四五"普法的重点，也应该成为未来很长一段时期普法的重点。

未来民法典的普法，要坚持目标导向，确立总目标和不同阶段的具体目标，协调好需求和目标的关系。对于领导干部的民法典教育培训，要以保护民众合法权益、正确处理公权私权关系、发展市场经济、提高治理能力为目标，突出平等、自愿、公平、诚信等民法基本原则、基本精神的教育培训。对于青少年的民法典教育，要以具备基本民法素养、培育基本民法精神为总目标，根据不同年龄阶段的特点，设置具体目标，既要重视基本知识的普及，更要强化权利及权利界限教育、义务教育，要将民法原则教育贯穿整个过程。对于普通群众的民法典普法，要从权益保障和全民守法的高度出发，既要重视权益保护，也要强调权利界限及义务的宣传，突出规则意识、守法用法意识。

（三）科学规划

2020年是"七五"普法收官之年。回顾"一五"至"七五"普法，成绩不容否定，但普法缺乏科学规划及规划缺乏刚性的问题比较突出。民法典的普法，是一项基础性长期工程，民法典纳入青少年国民教育需要科学规划，要从中小

---

① 张文显：《中国步入法治社会的必由之路》，载《中国社会科学》1989年第2期。

学法治教育大纲、教材及师资队伍建设等方面全面规划。领导干部和普通民众的民法典普法也应当科学规划，统筹部署、有节奏地开展，避免多头普法、重复普法、低效甚至无效普法。

（四）形式多样

多样的群体、多元的需求，需要多样、丰富的供给形式。普法要力戒应付、走过场、凑数字、完任务等诸多形式主义。民法典的普法，要以满足不同群体对于民法的需求为出发点，充分利用好传统和现代的各种形式，面向实践、不留死角，让民法真正走到群众身边、走进群众心里，解决群众的困惑、难题甚至纠纷。

总之，面对博大精深、体量庞大的民法典，其宣传普及工作必须分门别类、有的放矢，提高针对性、突出实效性，力戒形式主义、走过场。

二、领导干部的民法典普法工作

领导干部的民法典普法工作应突出实施好民法典的重大意义、民法基本原则及基本制度三个重点。

（一）实施好民法典的重大意义

第一，要让领导干部充分认识到实施好民法典是保障民事主体权益实现和发展的必然要求。民法是权利法，民法典是以权利为要素构建起来的权利大厦。权利是借助于"法之力"保障的民事利益，权利的核心是利益。实现好、维护好、发展好人民的根本利益，首先应当实现好、维护好、发展好人民的权利。民事权利的实现与发展，既需要民事权利受到侵犯或有侵犯之虞时得到公权力的保护或裁决，也需要公权力创造权利实现的条件，如不动产权利转让的登记。民事权利是老百姓的根本利益之所在，领导干部不了解基本民事权利，就意味着不了解民众的基本需求，为人民服务很可能沦为一句空话。

第二，要让领导干部充分认识到实施好民法典是发展社会主义市场经济、巩固社会主义基本经济制度的必然要求。民法源自古罗马法，罗马法包含着资本主义时期的大多数法权关系，是"商品生产者社会第一个世界性法律"。民法表达的是商品生产与交换的一般条件，包括社会分工与所有权、身份平等、契约自由。民法的历史表明，民法的发达程度与市场经济的繁荣程度呈正相关。民法典是民事基本规范的系统整合，是市场经济的基本法。市场交换的主体（自然人、法人和非法人组织）、对象（权益）、工具（合同等）及交换脱轨的救济（违约、侵权）等基本制度均由民法典规定。领导干部学习民法，应当对民法典建立的市场经济制度基本框架有所了解，要对市场经济运行的基本制度有所把握。此外，民法典以法典的形式肯定了社会主义市场经济体制等社会主义基本经济制度，意义深远，在固根本的同时，有利于稳预期和利长远。

第三，要让领导干部充分认识到实施好民法典是提高我们党治国理政水平的必然要求。提高党治国理政水平，一项重要任务就是规范约束公权力，避免公权对私权的不当侵犯。领导干部是公权力的执掌者，公权力与私权利的关系错综复杂，只知道自己手中的公权力是无法行使好公权力的，只有既知公权，又明私权，且懂公权限制私权的基本准则，方可妥当行使公权，维护和实现私权。比如，公权限制私权的基本准则是：目的的正当性（公共利益）、形式的正当性（法定性）、程序的正当性（可参与性和可救济性），以及征收征用情形补偿的公正性（及时合理补偿）。领导干部如果掌握了这些公权力限制私权利的基本要求，在诸如疫情防控、征收征用、"合村并居"等活动中涉及限制民事权利时，多问问是否符合公共利益标准、是否有法律依据、是否履行了正当程序、是否给予了公正补偿，就会减少社会矛盾，降低舆情风险。

（二）民法典的基本原则

民法典规定的基本原则有平等、自愿、公平、诚信、守法、公序良俗、绿色。民法典规定的这些基本原则，是整部民法典的灵魂，是贯穿民法典的价值主线。如民法典不仅在总则编规定了民事活动应当遵守平等原则及主体平等，而且在分编规定了各种产权平等受保护，婚姻家庭男女平等，家庭成员应当维护平等、和睦、文明的婚姻家庭关系，继承权男女平等，等等。再如，民法典在总则编规定了民事活动的自愿原则，在各分编分别规定了契约自由、婚姻自由、夫妻财产自由约定、遗嘱自由等。又如，民法典在总则编规定了公平原则及显失公平法律行为的撤销制度，在合同编规定了情势变更导致的合同变更和撤销制度，在侵权责任编规定了双方均无过错行为的公平补偿制度。应该说，在民法的诸原则中，平等是最基本的原则，自愿是最核心的原则。民法的奥秘就在于意思自治，而立基于意思自治基础上的自主参与、自己责任是社会发展和经济繁荣的活力之源，也正是在这个意义上，我们说意思自治是一个社会的发动机。而民法的公平、诚信、守法、公序良俗及绿色等原则，更像是为自由发展的民事主体奠定了基本遵循、划定底线。对于领导干部而言，基本原则的深刻学习领会是打开民法典的钥匙，是提高科学立法、严格规范公正文明执法、公正司法能力的关键。掌握了基本原则，就不会犯方向性、原则性的低级错误，就会逐渐树立民法精神、民法思维，进而培育法治精神。

（三）民法典的基本制度

民法博大精深、规则复杂，专业术语众多。领导干部学习民法，应重点掌握基本的主体制度、权利制度、行为制度、责任制度、婚姻家庭制度及继承制度，这是领导干部学习把握民法的基础，也是深刻领会民法基本原则的基础，更是正确行使权力、保护民事权益的基础。而在基本制度之外，民法典在不少地方直接规定了政府和有关组织的责任，如因发生突发事件等紧急情况，监护人暂时无法履行监护职责，被监护人的生活处于无人照料状态的，被监护人住所地的居民委员会、村民委员会或者民政部门应当为被监护人安排必要的临时生活照料措施。民法典规定的类似职责不少，这是需要领导干部特别关注的。

三、青少年的民法典普及工作

（一）法治教育及其重点

法治教育真正受到重视是在 20 世纪中后期。1978 年美国国会通过的《法治教育法案》（Law-Related Education Act of 1978），将法治教育（law-related education）定义为"用与法律、法律程序、法律系统及它们赖以为基础的基本原则和价值观相关的知识和技能装备非法律专业人员的教育"[1]。莱明（Leming）与海利（Healy）认为，法治教育是"一种有组织的学习经历，它向教师和学

---

[1] Robert S Leming. Essentials of Law-related education. American Bar Association's National Law-Related Education Resource Center, 1995.

生提供理解法律制度赖以建立的价值和原则的机会"。[①] 日本关东律师协会联盟于 2002 年发表了题为《为了青少年的法教育》的宣言，将法教育定义为：以非法律专业人士为对象的、使其掌握有关法律法规、法律程序、法律制度以及奠定它们基础的基本原则和价值观等方面的知识和技术的教育。其特征是让受教育者掌握自由、公正的民主主义社会所必需的，基于自由、公正、责任等原则的思考方式。[②]

从法治教育的历史来看，法治教育就是以青少年为重点对象的法律知识、法律原则和价值观教育，主要内容涉及知识、技能和价值观三个方面，如美国法治教育的主要内容包括知识（核心概念包括法律、权力、公正、自由和平等）、技能（研究、思考、交流与社会参与）和态度、信念、价值观三个部分。[③] 法治教育的目标是培养积极的、有法治精神的、负责任的公民。

（二）我国青少年普法教育的问题

青少年一直是我国普法的重点。从过去 30 多年普法的历程来看，青少年普法教育在摸索中前进，取得了一定进展，但存在的问题必须面对。中国教育科学研究院的郏芳认为，当前中小学法治教育主要存在四个方面的问题：育人目标不够凸显，法治观念和法治精神的培育仍待加强，课堂教学的形式不能满足法治教育的要求，法治教育的师资比较匮乏。[④] 总的来看，我国青少年法治教育还处于碎片化的法律条文教育、知识教育、说教教育阶段，没有充分结合青少年的学习、生活实际，缺少价值观的引导与渗透，在培养青少年知权利、明义务、守规矩、懂责任等方面还很欠缺。而中小学法治教育之薄弱，也体现在法治教育教材的"四重四轻"，即重知识传授，轻观念和能力培养；重灌输说教，轻互动实践；重法制，轻法治；重知法、守法好公民培养，轻具备法治能力的积极公民培养。各阶段教材缺乏统筹规划，内容简单重复比较多，生动性、

---

① Carolyn Pereira. Law-related Education in Elementary and Secondary Schools . ERJC Clearinghouse for Social Studies/Social Science Education Bloomington IN，1988.
② 关东律师协会联盟:《法教育指导纲要（方案）》，沈晓敏、刘晓萍译，载《全球教育展望》2016 年第 2 期。
③ 蒋一之:《培养积极公民的另一种努力——美国中小学法治教育述评》，载《外国中小学教育》2003 年第 9 期。
④ 郏芳:《论中小学法治教育课程的四个转向》，载《课程教育研究》2019 年第 5 期。

可读性、趣味性不够。

（三）青少年民法典教育的重点

在我国，民法是青少年普法教育的一项重要内容，民法教育存在与法治教育同样的问题。"十四五"时期及之后的民法典教育，应当针对当前法治教育教材及实践中存在的突出问题，从教学大纲改革入手，优化法治教育教材，创新内容和形式。在内容上突出与各年龄阶段生活、学习相关的民事基本知识教育，如自然人民事行为能力、父母子女权利义务关系、隐私与个人信息保护、基本财产权制度等；突出平等、自愿、公平、诚信、公序良俗等基本原则教育，将价值引领贯穿于中小学法治教育的始终。在形式上更加重视活动、项目和实践等参与式法治教育，让学生从被动听适当转向做中学、参与中悟，切实提高民法典普法的实效，提高学生运用民法分析问题、处理问题的能力，树立民法精神和民法思维。

四、社会大众的民法典普法工作

社会大众的民法典普法，很难像对青少年那样进行系统规划、长期开展。在内容设计上，应当更加突出实用性、操作性，以社会大众普遍关注的热点、难点问题为重点。在形式上，要突出多样性、力求全覆盖，从而满足不同年龄段、不同行业、不同地域、不同民族、不同文化水平群众的需要。以下特别强调三点：

（一）内容上重视权利教育和义务教育

首先，要重视权利教育。民法是权利法，民法典的普法自然应以权利为中心，突出权利种类、权利实现、权利维护、权利救济，尤其是民法典新规定的居住权、隐私权、土地经营权等新型权利。一方面，要加强权利种类、权利实现的宣传教育，让广大群众知道自己享有哪些权利，如何实现权利。民法典规定的权利类型有人格权、身份权、物权、债权、知识产权和股权等类型，在每一类权利之下，又有众多具体权利或者次级权利类型，如自然人的人格权包括生命权、身体权、健康权、姓名权、肖像权、名誉权、荣誉权、隐私权、婚姻自主权等具体权利，物权包括所有权、用益物权、担保物权，而用益物权又包括国有土地使用权、农村土地承包经营权、宅基地使用权、集体建设用地使用权、土地经营权、居住权、地役权等具体权利。要给广大群众盘点清楚可能享有的具体权利及其实现方式，更多地从自由、选择、活学活用的角度宣传权利。因为，权利即自由，多掌握一种权利，就多一种选择、多一种方法。比如，对于老年再婚者而言，知道了民法典新创设的居住权制度，就可以为无房的配偶设定居住权（需到登记部门登记），赋予配偶有生之年无偿居住的权利，以保障其晚年住房需要，同时给子女留下房屋所有权，从而比较好地平衡再婚配偶和子女的利益冲突。对于农村土地承包经营户而言，知道了民法典新规定的土地经营权制度，就可以通过创设土地经营权实现担保融资。再如，民法典对夫妻债务、遗嘱形式及效力等作出了实质性修改，这对于老百姓的权利实现有重大影响，需要重点普及。另一方面，要加强权利维护及其救济的宣传。权利需要维护，"有权不使、过期作废"在民事生活中是存在的，比如：对他人遗产的受遗赠权如果在知道受遗赠权后60日不明确表示接受，将被视为放弃受遗赠；基于重大误解实施的民事法律行为，行为人有权请求人民法院或者仲裁机构予以撤销，但重大误解的当事人自知道或者应当知道撤销事由之日起90日内没有行使撤销权的，撤销权消灭。权利受到侵犯后要及时行使救济权，超过诉讼时效（民法典规定的一般诉讼时效是3年）就得不到法律的保护。

其次，要重视权利界限的教育。需要特别强调的是，权力有边界，权利也有其界限；权力不得滥用，权利同样不得滥用。从我国的实践来看，权力滥用存在，权利滥用的现象也比较普遍。《日本民法典》第一条（基本原则）明确规定：私权应服从公共福利；行使权利及履行义务时，应恪守信义，诚实实行；不得滥用权利。在第三章所有权部分，第一节的标题即为"所有权的界限"，突出权利的界限。《德国民法典》第二百二十六条规定"权利的行使不得以损害他人为目的"，第九百零三条关于所有权人的权限的规定中，首先规定"在不违反法律和第三人利益的范围内，物的所有权人可以随意处分其物……"，第九百零四条规定了紧急状态情形对所有权的限制，第九百零五条规定了土地所有权的限度。《意大利民法典》第八百三十三条规定所有权人不得从事旨在损害或者骚扰他人的活动。第八百三十四条至第八百三十九条分别规定了为公共利益进行的征用、紧急情况征调及对有关企业的约束、物资储备、对涉及国民生产利益或者公共利益的财产实行的征收等财产权限制。《韩国民法》第二条（诚实信用）规定：权利的行使和义务的履行，应恪守信义，诚实履行；权利不得滥用。我国《民法典》第七条在规定"民事主体从事民事活动，应当遵循诚信原则，秉持诚实，恪守承诺"这一诚信原则的同时，在第一百三十二条又规定："民事主体不得滥用民事权利损害国家利益、社会公共利益或者他人合法权益。"此外，第八十三条、第三百八十四条对营利法人出资人滥用出资人权利和法人独立地位，地役权人滥用地役权等作出了禁止性规定和相应的救济措施。总的来看，诚信是民法的帝王条款，禁止权利滥用是民法的基本精神，权利的正当行使是权利实现、利益协调、纠纷预防的重要方面。在民法典的普法过程中，一定要加强权利正当行使及不得滥用的教育，这对于权利意识、规则意识的形成至关重要，对于社会治理能力的提高、和谐社会的构建也至关重要。

最后，要重视民事义务的教育。《民法典》第一百三十一条规定："民事主体行使权利时，应当履行法律规定的和当事人约定的义务。"义务即担当、责任，多明晰一些义务，就可能少一些纠纷、多一份担当和责任。民法规定的义务既可能是积极的作为，如承租方支付房租的义务；也可能是容忍他人权利行使的消极不作为义务，如不干涉他人行使房屋所有权；还可能是兼具权利属性的义务，如父母对未成年子女的抚养、教育和保护义务。民法典新设定的或予以明确的义务不少，掌握这些义务，就有利于减少矛盾、保障权利、维护和谐。比如，民法典规定了民政部门在特殊情形的临时监护义务，这对于无缝隙保护无行为能力人或限制行为能力人有重大意义。再如，如果了解了民法典关于"物业服务人已经按照约定和有关规定提供服务的，业主不得以未接受或者无须接受相关物业服务为由拒绝支付物业费"的规定，就不至于以"未接受相关物业服务为由"和物业公司对簿公堂。当然，民法典对以往民事规定的延续，也不见得大家都已掌握。又如，很多人不知道儿媳对公婆、女婿对岳父母无法定赡养义务（也很难有继承遗产的权利），很多人不知道民法典规定的家庭成员仅仅包括配偶、父母、子女和其他共同生活的近亲属，不包括公婆和岳父母，以至于在家庭关系处理中对儿媳、女婿提出过高的要求，从而影响到家庭关系的妥当处理。民法倡导互相帮助、和睦相处的良好家风，但良好家庭关系的维护一定要在基本权利义务明晰的基础上，履职尽责、相互鼓励，追求更高的境界，不顾实际地一味拔高标准、出于自己的感情而给他人提出过高的要求往往适得其反。

民法是社会生活的百科全书。要让广大老百姓明权利、知义务，还需民法典的宣传教育再往基层走、往心里走。要贴近生活，突出家庭成员权利义务明晰、财富保障传承和风险防范需求，紧紧围绕大家最为关心的婚姻家庭、财产继承、小区业主权利行使和物业关系处理等展开，不仅要让老百姓知道如何维护权利，也要让其知道如何妥当履行义务；不仅要让其知道遵守法律，更要让其懂得活学活用民法合理安排生活、妥当处理关系，善于运用民法典修身齐家、和睦邻里、积累财富、稳妥交易、防范风险、处理纠纷，从而让生活美好幸福。

（二）对象上要突出对老年人等弱势群体的民法典普法

民法典与每一个人关系密切，因此，需要广泛宣传教育。但从近年来的纠纷类型、上当受骗及其他权益受损情况来看，老年人、小微企业的民法典普法工作应首先予以保障。

从近年来的新闻报道和纠纷类型来看，老年人已然是权益容易受到侵犯的一个主要群体。无论是投资上当、集资诈骗，还是以房养老骗局，其对老年人及家庭的影响是巨大的。而基本民法知识缺乏，民事法律风险防范能力低是老年人权益受损的主要原因。对老年人的民法典普法，内容上应针对老年人权益受损的主要类型，突出讲清、讲透相关纠纷类型中的基本权利义务关系，尤其是导致老年人权利受损的主要法律风险点；形式上要结合老年人的特点和活动规律，走到老年人身边、走到老年人活动密集的地方去，用老年人喜闻乐见、易于接受的方式，通过典型案例解析等，让老年人对基本民事法律关系有所了解，切实提高风险防范能力。

民法典的普法还应突出对小微企业的特殊关照。"小微企业不仅是吸纳就业的'主力军'，更是激励创新、带动投资、促进消费的重要'生力军'。"[1] 但小微企业的法律意识、合规意识淡薄，依法防范风险能力低下。面对日益增加的法律顾问成本，小微企业的合规和风险防范需求很难通过自己聘用法律工作

---

[1] 《为何把支持小微企业发展摆到这么重要的位置？》，载中国政府网 2020 年 9 月 21 日，http://www.gov.cn/guowuyuan/2017-09/29/content_5228599.htm。

人员或法律顾问形式得到满足。民法是市场经济的基本法，与企业关系非常密切。民法典的普法，应当专门针对小微企业进行规划设计，以物权担保、合同订立、违约及侵权风险防范等为重点，加大对小微企业普法的支持力度。

（三）推动民法普法优质资源向基层下沉

我国的优质法治教育资源主要分布在北京、上海等法学院校和研究机构比较集中的几个城市。北京市海淀区人民法院可以邀请到北大、清华、人大、法大、中国社会科学院等著名高校和法学研究机构的名家解读民法典，而这在很多中部、尤其是西部边远地区是很难实现的。前不久，中宣部等八部门印发通知，部署学习宣传民法典，要求"推动民法典进机关、进乡村、进社区、进学校、进企业、进单位"。贯彻落实中央要求，关键的一点就是如何保证普法优质资源向基层下沉。为此，建议中央普法主管部门根据民法典普法的要求，组织优质普法资源，开发个性化、多样化的普法产品，免费提供给地方、尤其是落后地方的基层单位使用。